教育部人文社会科学青年基金项目（项目编号：14YJC820031）

| 光明社科文库 |

相邻不可量物排放的私法调整

李云波◎著

光明日报出版社

图书在版编目（CIP）数据

相邻不可量物排放的私法调整 / 李云波著 . -- 北京：
光明日报出版社，2020.4

ISBN 978 - 7 - 5194 - 5651 - 1

Ⅰ. ①相… Ⅱ. ①李… Ⅲ. ①物权法—研究 Ⅳ.
① D913.204

中国版本图书馆 CIP 数据核字（2020）第 044938 号

相邻不可量物排放的私法调整
XIANGLIN BUKELIANGWU PAIFANG DE SIFA TIAOZHENG

著　　者：李云波

责任编辑：曹美娜　黄　莺　　　　责任校对：兰兆媛
封面设计：中联学林　　　　　　　特约编辑：田　军
责任印制：曹　净

出版发行：光明日报出版社
地　　址：北京市西城区永安路 106 号，100050
电　　话：010-63139890（咨询），010-63131930（邮购）
传　　真：010-63131930
网　　址：http://book.gmw.cn
E - mail：caomeina@gmw.cn
法律顾问：北京德恒律师事务所龚柳方律师

印　　刷：三河市华东印刷有限公司
装　　订：三河市华东印刷有限公司
本书如有破损、缺页、装订错误，请与本社联系调换，电话：010-63131930

开　　本：170mm×240mm
字　　数：223 千字　　　　　　印　　张：15
版　　次：2020 年 4 月第 1 版　　印　　次：2020 年 4 月第 1 次印刷
书　　号：ISBN 978 - 7 - 5194 - 5651 - 1

定　　价：95.00 元

前言（代序）

一

相邻关系是以调节相邻不动产的"使用"为基础而产生的，[①] 相邻不可量物排放关系是相邻关系中的重要部分，有德国学者认为"相邻关系的主要内容，为不可量物侵害法（无形侵害法，又称干涉法）"[②]。不动产权利人排放烟尘、废气、蒸气、臭气、噪音、强光、辐射等不可以传统度量工具加以称量的物质，其邻人可能因此而受到损害，那么邻人应当在何种程度上对这种排放予以容忍，在何种条件下可以获得并行使救济请求权以使其所受到侵害的利益得到恢复？这是相邻不可量物排放关系的核心问题。

"不可量物侵害"或"不可量物侵入"等称谓来自德国，《德国民法典》第906条用"不可量物"来指称"煤气、蒸气、臭气、烟、煤烟子、热、噪音、震动"等物质。法国民法与此相对应的制度称为"近邻妨害制度"，台湾地区相关规定第793条称之为"气响侵入"。英美法通过判例形成了私人侵扰制度（private nuisance），美国不少州还通过了专门的侵扰法，美国《侵权法重述》（第2次）第40章中对此做出了详细的总结。无论是欧美大陆法系还是英美法系，均不仅仅在私法上对该问题加以规范，也在公

---

① [日]我妻荣.我妻荣民法讲义Ⅱ·新订物权法[M].罗丽，译.北京：中国法制出版社，2008：294.

② [德]鲍尔·施蒂尔纳.德国物权法：上册[M].张双根，译.北京：法律出版社，2004：537.

法上做出了相应的规定，这在德国法学理论中被称为双轨制。英美法上在私人侵扰制度之外也存在公共侵扰（public nuisance）制度，公共侵扰与行政法具有较多的关联。在救济上，英美法注重经济分析的方法，强调在侵扰行为对原告所带来的收益与对被告所带来的成本之间进行衡量。德国法上突出受害方的容忍义务，当突破容忍义务的限度时，受害方有权请求相应的金钱补偿，或者请求排除侵扰，或者请求损害赔偿。容忍义务由此而成为一个核心的概念。英美法上，这一问题在财产法与侵权法中均备受关注。① 在德国法上，虽然这一问题主要被规定在民法典物权编中，但是其与侵权法亦具有密切的联系。

我国《物权法》第90条被不少学者解读为相邻不可量物排放条款，但这一条文在司法实践中并未发挥很好的裁判功能，在处理相邻不可量物排放纠纷时，法官宁可援引《物权法》第84条"有利生产、方便生活、团结互助、公平合理"的十六字方针，而不援引第90条。如何改造《物权法》第90条，使其获得更为具体的行为指引功能和裁判功能，成为越来越多的学者和司法者所关注的问题。

在理论层面，我国法学界对相邻不可量物排放问题的关注始于20世纪90年代后期，此后陆续出现了一批与此相关的研究成果。在这些成果中，占比最大的是期刊（包括辑刊）文章，其次是硕士学位论文，再次是各类著作中研讨该问题的部分章节，目前尚未发现有关该问题的专题著作。目前能够查阅到以此为博士论文选题的也非常稀少，分别为本人的《相邻不可量物排放关系的私法调整》，孙磊的《环境相邻权研究》，② 刘丽的《侵权法上私人妨害制度比较研究》③。不仅如此，以不可量物排放的上位法——相邻关系法为主题的博士论文，目前也只有两篇，分别是金启洲的《民法

---

① 英美法系法学理论中，并无如同大陆法系国家那样独立的"相邻关系"概念，其有关相邻关系的各问题要素具有很强的分散性。但也有少量把这些内容统合到"相邻关系"名下加以研究的成果。典型的如：Jacqueline P.Hand, James C.Smith, Neighboring Property Owners, Shepard's / McGraw-Hill, Inc., 1988.

② 孙磊. 环境相邻权研究 [D]. 哈尔滨：黑龙江大学，2014.

③ 刘丽. 侵权法上私人妨害制度比较研究 [D]. 北京：对外经济贸易大学，2014.

相邻关系制度》①与韩光明的《不动产相邻关系规则分析》。② 在各种研究成果中，以译介各国相关制度和理论者占据最大比重，并且这些成果集中于对德国、法国、英美法系（主要是美国）的相关制度和理论进行介绍。③ 除译介之外，还有一些成果对上述各国的相关制度进行比较分析，并试图

① 金启洲．民法相邻关系制度 [D]．北京：中国社会科学院，2005．金启洲博士在其毕业论文中对大陆法系国家尤其是德国的不可量物侵入制度和法国的近邻妨害制度做出了较为细致的考察，但未涉及英美法系中的私人侵扰制度，而且他也只是把这一问题放置到物权法中的相邻关系之中加以研究，未以侵权法的视角对其展开探讨。

② 韩光明．不动产相邻关系规则分析 [D]．北京：中国政法大学，2006．该博士论文后来以《财产权利与容忍义务——不动产相邻关系规则分析》为名作为专著出版，作者在书名中将"财产权利"与"容忍义务"凝结为不动产相邻关系规则的关键要素，体现了作者的洞见。作者更是高度重视"容忍义务"在相邻关系规则中的重要地位，认为"容忍义务"是"相邻关系的核心技术"。

③ 对德国不可量物侵害制度加以介绍的如：陈华彬．德国相邻关系制度研究——以不可量物侵害制度为中心 [M]// 梁慧星．民商法论丛：第4卷．北京：法律出版社，1996．金启洲．德国公法相邻关系制度初论 [J]．环球法律评论，2006（1）．对法国近邻妨害制度加以介绍的如：陈华彬．法国近邻妨害问题研究——兼论中国的近邻妨害制度及其完善 [M]// 梁慧星．民商法论丛：第5卷．北京：法律出版社，1996．王明远．法国环境侵权救济法研究 [J]．清华大学学报（哲学社会科学版），2000（1）．对美国和英国侵扰法予以介绍的文章相对较多，具有代表性的如：徐爱国．英美法中"侵扰的侵权行为责任" [J]．外国法译评，2000（4）．王明远．美国妨害法在环境侵权救济中的运用和发展 [J]．政法论坛，2003（5）．鲍晓华．论英国侵权法上的私人侵扰 [D]．北京：对外经济贸易大学，2004．周鹏．论美国侵权法中的侵扰制度 [J]．环球法律评论，2006（2）．苗壮．美国财产法妨害制度的经济分析 [J]．环球法律评论，2006（1）．陈鑫．论美国侵权法中的公共侵扰 [J]．江苏行政学院学报，2006（4）．唐纳德·G.吉福德．公共侵扰与大规模侵权责任 [J]．陈鑫，译．北大法律评论，2006（2）：381-454．王洪平．"自找妨害"之诉的救济——以利益平衡基础上的英美判例法为视角 [J]．烟台大学学报（哲学社会科学版），2009（3）．张平华．英美侵扰法的发展趋势 [M]// 东吴法学：2010年春季卷．北京：中国法制出版社，2010：35-49．于雪锋．英美法私人侵扰规则的反思与借鉴——以美国法为中心 [J]．判解研究，2011（1）．秦伟．英美侵扰制度中容忍义务判断标准考 [J]．政法论丛，2015（4）．崔兰琴．从被动阻止侵扰到主动增进福祉——美国法中土地区划理念的变迁 [J]．环球法律评论，2015（1）．瞿晓丽．美国精神侵扰法律规制研究 [D]．南京：南京大学，2018．

通过这些比较分析，提出完善我国相邻不可量物排放制度的思路。①

相对译介、比较性的文章来说，从我国具体情况出发对该问题予以探讨的成果数量偏少，直接来自司法实务部门的研究成果更为少见。②立足于我国具体现实的研究成果之中，其探讨的内容，大致包含但不限于以下问题。第一，如何定位"相邻不可量物侵权"，大致有物权法说（属于物权法中的相邻关系）、侵权法说（属于侵权法域）、环境法说（属于环境法域）三类。第二，不可量物侵权的对象是什么，目前有人格权说、环境权说、物权说、安宁权说等各种论断。第三，不可量物侵权的构成要素有哪些，如何来确定双方主体，如何确定排放行为的适当与非适当，如何认定相邻不可量物侵权的归责原则，等等。第四，如何对不可量物侵权加以救济。第五，如何确定当事人容忍义务的负担。第六，我国相关法律的现

① 具有代表性的成果如：王明远. 相邻关系制度的调整与环境侵权的救济 [J]. 法学研究，1999（3）. 彭诚信. 不可称量物质的近邻妨害问题研究 [J]. 法制与社会发展，2005（5）. 冯珏. 论妨害排除请求权 [J]. 比较法研究，2008（4）. 王丽萍. 国外不可量物侵害制度及对我国物权立法的启示 [J]. 法学论坛，2000（2）. Nancy J·Knauer. 私人妨害原则与相邻权、地役权 [J]. 葛英姿，译. 清华大学学报（哲学社会科学版），2003（1）. 马新彦，郑天娇. 妨害及其救济制度比较研究 [J]. 社会科学战线，2008（8）. 郑晓剑，邱鹭风. 比较法视域下不可量物侵害制度 [J]. 长安大学学报（社会科学版），2009（4）. 王秀红. 论相邻环境侵权中停止侵害的适用 [J]. 湖北师范学院学报（哲学社会科学版），2005（4）. 刘波. 英美法妨害与德国法不可量物侵害比较与借鉴——兼评《物权法》第89条和第90条 [J]. 广西政法管理干部学院学报，2012（3）. 周美华. 大陆法相邻不可量物妨害制度的要素扩张——兼评我国相邻不可量物妨害制度 [J]. 集美大学学报（哲学社会科学版），2015（3）.

② 具有代表性的成果有：王成. 环境侵权行为构成的解释论及立法论之考察 [J]. 法学评论，2008（6）. 文章把不可量物侵害定位为环境侵权，认为国家排污标准是构成环境侵权的要素之一，环境侵权以过错责任为原则。李友根. 容忍合理损害义务的法理——基于案例的整理与学说的梳理 [J]. 法学，2007（7）. 张平华. 不可量物侵害的私法救济 [J]. 法学杂志，2006（6）. 陈忠，杨泽. 论不可量物侵害之容忍义务制度的构建——对我国《物权法》第90条的反思 [J]. 法律适用，2011（5）. 郑晓剑. 论建立开放的不可量物侵害救济体系 [J]. 东方法学，2011（3）. 石珍. 不可量物侵入之补偿请求权的法律构建——以相邻关系视域下《物权法》第90条的修正为视角 [J]. 上海政法学院学报（法治论丛），2012（1）. 邓建云，顾乐永. 不可量物侵害补偿制度适用问题探讨 [J]. 法律适用，2013（2）. 焦富民. 容忍义务：相邻权扩张与限制的基点——以不可量物侵扰制度为中心 [J]. 政法论坛，2013（4）. 马勇. 环境保护视野下的不可量物侵害——评赵文欣诉上海商城等相邻关系纠纷案 [J]. 中国不动产法研究，2015（1）. 阙占文. 不可量物侵害之诉的法律适用. 新形势下环境法的发展与完善——2016年全国环境资源法学研讨会（年会）论文集.

状、不足与完善。总结起来，目前我国对相邻不可量物排放问题的研究，呈现出几个特点：

首先，整体研究成果数量偏少，深层次研究成果缺乏。不管把这一问题放置在物权法、侵权法、环境法等何种法域之下，与它所在的同一法域中的其他问题相比，对这类问题研究的成果在数量上都相对偏少。在研究质量上和影响力上，高质量的具有标志性的研究成果相对缺乏。①

其次，在内容上，译介、比较性的研究成果占比重较大，原创性分析成果较为少见。在为数不多的研究成果中，介绍、比较国外的相关制度和理论的研究成果占据了一大部分。介绍、比较其他国家的制度和理论无疑是具有重要意义的，但在数量上呈现如此之高的比重，只能说明我国对此类问题的理论研究尚处于起步阶段。结合我国本土实践经验与立法经验进行原创性分析的成果较为少见。

再者，个案分析数量偏少。无论是在英美法系还是大陆法系，均有大量的个案分析。甚至可以说，该领域中每次新的发展，都与某个个案具有极大的关联。在我国的研究成果中，此类个案分析成果屈指可数。典型案例往往负载着丰富的法律意涵，对中国本土产生的个案展开深入分析，无论

---

① 相邻不可量物排放问题仅仅是相邻关系的一小部分，如果可以把《物权法》第90条作为有关相邻不可量物排放问题的直接条文的话，那么从条文数量上来看，它也仅仅占到了所有有关相邻关系的条文总数的九分之一。这样微小的地位，使得很多人在忽略了相邻关系制度的理论重要性时，也顺带着忽略了相邻不可量物排放问题的理论重要性。于是造成了不仅仅是对相邻不可量物排放问题的理论研究薄弱，即使是对整个相邻关系制度，理论研究也相对薄弱。有学者在谈到相邻关系制度的理论研究现状时，无奈地说"相邻关系制度可以说一直处在比较尴尬的地位，在所有的民法教科书上几乎都不会忽略这一制度内容，但又都语焉不详。民国时期的民法著作中一般是作为所有权一章中的部分内容进行简单介绍（概念、类型），而在1949年后，大陆地区的民法教科书在体例上通常的做法是将其作为不动产所有权一章的附属内容或者单独列为一章，而具体内容则基本是依据民法通则以及意见从概念特征、原则和类型方面进行的简单列举。在教学中很多老师明确表示该部分内容不甚重要，甚至经常略过；而很多法科学生则更是对其只曾谋面，却未曾相识"。"理论界对相邻关系的专论也不多见，而做出较为深入分析研究的论文则更少"。参见韩光明. 财产权利与容忍义务——不动产相邻关系规则分析 [M]. 北京：知识产权出版社，2010：10–11. 另外，金启洲博士在谈到国内关于相邻关系制度的研究时也认为，"从总体上看，我国相邻关系制度的研究水平目前还处于教科书阶段。"参见金启洲. 民法相邻关系制度 [M]. 北京：法律出版社，2009：4.

是对理论研究抑或制度建设，均将具有较大的推动作用。

最后，视角分散，共识有待进一步凝练。最基本的共识性观点缺乏，其原因是多方面的，如理论研究起步较晚，立法的不足与分散，司法创造性的缺乏等。无论其原因如何，缺乏最基本的共识性观点，所导致的便是讨论平台的缺失，一旦缺失这个有效的讨论平台，很多貌似激烈的争论，实际上是各说各话，难以凝成有效的理论力量。

有美国学者把"侵扰"一词称为"最难以穿越的丛林"，① 以表明这一问题的复杂。当前我国理论界对这一问题贡献出来的种种观点也表明，在我国，不可量物排放问题同样是一个"难以穿越的丛林"。但有所不同的是，一些发达的大陆法系国家和英美法系国家已对这片丛林有了很高程度的探险和开发，而在我国尚未达到同等的探险和开发程度，这在给我们的研究带来困难的同时，反而会增强我们学术探险的好奇心。除了理论上的研究领域非常广阔之外，现实生活中层出不穷的此类案件是丰富的具有中国本土特色的实证资源。而作为"地方性知识"的法律，其形成与完善、发展均应充分利用广大资源。

二

本书的写作，遵循以下思路。

首先，对两大法系中的相关制度展开考察。尤其是对以《德国民法典》第906条为典型代表的大陆法系各国民法典中关于相邻不可量物排放的核心条款予以介绍、比较。无论是我国最高立法机关、最高司法机关还是学者，多认为我国《物权法》第90条是在借鉴以《德国民法典》第906条为代表的欧洲大陆法系各国的不可量物排放条款的基础上发展而来。按这种认识，上述借鉴对象便构成了我国《物权法》第90条的历史源头。对历史源头的考察对探讨以我国《物权法》第90条为标志的不可量物排放条款具有正本清源的意义。

其次，对相邻不可量物排放规则在我国的历史演变做出梳理。通过这

---

① [美] 约翰·G.斯普兰克林.美国财产法精解 [M].钟书峰，译.北京：北京大学出版社，2009：466.

种梳理，凝结最低限度的共识，并将这些共识作为进一步分析相邻不可量物排放规则、阐释相邻不可量物排放规则的基本理论，撰写未来民法典相邻不可量物排放规则建议条文的重要参照。

再者，探讨相邻不可量物排放规则在民事法律中的定位。这是一个宏观问题，它涉及相邻不可量物排放规则在未来民法典中的体系安排。本书的基本观点是，相邻不可量物排放行为可能会涉及民法中的两个领域，分别是物权法（尤其是物权法中的相邻关系法）以及侵权法。可以把相邻不可量物排放分为两种状态：常态和非常态。物权法规则调整并维续着前者，侵权法规则所调整的是后者，所欲恢复的是前者。在常态之下，相邻不可量物排放关系呈现和谐状态，物权法是维持这种和谐状态的重要因素；当这种和谐状态打破，便进入非常态的相邻不可量物排放关系，侵权法是使其恢复和谐状态的重要因素。在常态之下相邻各方的关系处理中，容忍义务为其核心概念，在非常态之下，救济请求权为其核心概念。

最后，从上述所做出的法律定位出发，在接下来的内容中，具体探讨分处上述两种不同形态之中的相邻不可量物排放关系。对常态下的相邻不可量物排放关系，将着重分析容忍义务的功能与各项要素，及其在各国立法和司法中的体现与适用。对非常态下的相邻不可量物排放关系，将以受害人的救济请求权为核心，分别考察基于不适当排放所产生的侵权责任的构成及对受害人的救济。

三

本书的标题为"相邻不可量物排放的私法调整"。这一标题包含了如下的思考。

第一，本书把研究的对象定位于"相邻不可量物排放"。本标题未使用"环境相邻权"或"环境相邻关系"等词语。这并不表明本书完全不赞同从环境法的视野考察相邻不可量物排放。采取这样的处理，一方面是因为专业原因，术业有专攻，环境法非属研究所熟悉的领域；另一方面是因为无论把相邻不可量物排放关系中所包含的权利或利益概括为什么——具有公法色彩的"环境权"或具有私法色彩的"相邻权"等——只有从私法的角度转化成私法上的权利、义务，对每个具体的私人才最具有意义。事实上，很多国家环境法的形成和发展都是以民事上的救济为起点的。[①]本书也未采用"相邻排污关系"这一术语。"污染"一词的使用，隐含着一种环境法的关怀，同时也包含了某种先入为主式的价值判断。但在实际上，判断"污染"，既有质的因素，又有量的因素，是否所排放的所有类型的不可量物都能称得上"污染"，尚值商榷。

第二，标题中之所以采用"私法调整"，其原因在于，对相邻不可量物排放，既存在着私法调整，也存在着公法调整。本书着重于从私法的视角出发，把这一问题放置于私法领域内加以讨论。

第三，标题中使用"排放"一词，而未采取"侵入"或"侵扰""侵害""妨害"等词语。其原因在于，"排放"一词更为客观中立，它所指明的是在我们日常生活于其中的经验世界中客观存在的一种未经评价的现状。"排放"既包含了常态下的排放，也包含了非常态下的排放。其中的"常态"与"非常态"，便分别是对"未超过一定限度的排放"和"超过一定限度的排放"的评价。而"侵入""侵扰""侵害"等词只涵盖了"超过一定限度的排放"而未涵盖"未超过一定限度的排放"。因此这些词语便具有了较强的法域上的导向性（导向侵权法），以及价值评判上的导向性（否定性评价），它们会把人们的目光更多的吸引到非常态下的排放上，而使他们忽略了同等重要的常态下的排放。我国学者长期使用不可量物"侵扰""侵入"等词汇可能受到两方面影响。一个是英美法上的"nuisance"一词，另一个则是汉译《德国民法典》第906条的标题，其中后一个因素的影响更为突出。《德国民法典》第906条的标题被译为"不可量物的侵入"或"不可称量物质的侵入"或"不可衡量物质之入侵"。[②]《德国民法典》第906条的标题的德语表达是"Zuführung unwägbarer Stoffe"，"Zuführung"是"Zuführen"的动词变位形式，"Zuführen"具

---

① 王明远.日本环境公害民事赔偿法研究 [M]// 北大法律评论：第4卷第1辑.北京：法律出版社，2001：291.

② 上述三种翻译方式分别见于德国民法典的陈卫佐译本，杜景林、卢谌译本，台湾大学法律学院、台大法学基金会译本。

有"供给、供应、输送、带来、领来、通向、通达、导向"等意义，[①]但无主观色彩浓厚的"侵入"之意。《德国民法典》第906条的英文译本较为忠实地反映了这一用语的客观中立。在英文译本中，该标题被译为"Introduction of imponderable substances"，[②]其以"introduction"来对应德语中"Zuführung"一词。在英语中，"introduction"具有"引进，引入，传入"之意，同样也不具有任何主观色彩。所以，对第906条的标题，更为客观的汉译似乎为"不可量物的进入"。

第四，标题中的"相邻"一词，表明进入本书讨论范围的，并非所有情况下的由不可量物排放所产生的法律关系——这或许是环境法所关注的问题，而本书只限于"相邻不可量物排放关系"。同时，"相邻"一词也表明了本书的内容将与大陆法系民法中的"相邻关系"具有极为密切的联系。在大陆法系中，至少在我国，目前较为传统的认识便是本书所称的"相邻不可量物排放关系"仅为类型化之后的相邻关系中的一种子关系，与"相邻排水关系""相邻通行关系"等具体的相邻关系相并列。

第五，标题所称"不可量物"，其核心内容为煤气、蒸汽、臭气、噪音、烟尘、震动、强光、辐射等难以称量的物质。有人认为，工业化时代到来之初，对上列物质无法称量，但现代科技已经发达到能够对上述物质加以测量的程度了，如可以分析空气中有害气体的比例、声音的分贝，等等，因此"不可量物"这一称谓面临"名实不符"的困境。还有人用"无形物""污染物"等词语来代替"不可量物"。由于"不可量物"已广泛为目前中国民法学界所采纳和认同，本书仍然使用这一术语，而不使用"无形物""污染物"等词。

---

① 叶本度. 朗氏德汉双解大词典 [M]. 北京：外语教学与研究出版社，2000：2026.

② 《德国民法典》英文德国联邦司法部译本。

目　录
CONTENTS

第一章　相邻不可量物排放私法规范的域外法考察

第一节　罗马法上的相邻不可量物排放规则

一、概说

根据考证，罗马法关于不可量物侵入他人邻地所生问题的记述，最早见于优士丁尼《学说汇纂》第8编第5章第8条第5款第7项的役权诉讼中。即"筒子纱工场的烟尘可从其上前方的建筑物上加以排除吗？"对相邻不可量物排放问题，从罗马法学家对具体案件的解决来看，采用的处理方法是，如果有关的侵入来自对物的通常的使用，那么邻人应该容忍。"烟、水和类似物质由邻地侵，如果没有超过通常限度，所有人必须容忍，但这绝不包括体积大的有体物（如石头）侵入。"① 为此，就必须考察导致入侵的土地本身的经济和社会功能，并且结合具体案件的具体情况，特别是发生入侵的地点是在农村还是城市，以及承受侵入的土地的用途等因素。②

罗马法产生了"排烟规则""排放蒸汽规则"等特殊的具体规则，也产生了"权利不得滥用""容忍义务"等观念，但未产生介于抽象的权利不得滥用观念和容忍观念与具体的排烟规则、排放蒸汽规则之间的中间状

---

① [德] 马克斯·卡泽尔，罗尔夫·克努特尔. 罗马私法 [M]. 田士永，译. 北京：法律出版社，2018：238.

② 费安玲. 罗马私法学 [M]. 北京：中国政法大学出版社，2009：181.

态——独立的相邻不可量物排放规则。相对于权利不得滥用和容忍观念来说，"不可量物排放规则"具有具体性，相对于"排烟规则"和"排放蒸汽规则"来说，"不可量物排放规则"又具有抽象性，因为其中的"不可量物"包含了"烟"和"蒸汽"。"类型构成普遍与特殊之中点，比较地说来它是一个普遍中的具体者、一个特殊中的普遍者。"① 在罗马法中，"不可量物排放"并未生长成为这样一个类型。

尽管如此，我们仍然可以把相邻不可量物排放制度的源头追溯至罗马法。② 罗马法虽未创造出"不可量物"这一概念，但其某些具体规定可以被纳入今日所称的不可量物排放规则之中。其"权利不得滥用观念"和"容忍观念"也是今日相邻不可量物排放规则中的核心观念。

二、具体规则

由于受农业社会形态的限制，罗马法中与现代不可量物排放规则相近的规定主要集中在通风、采光、排烟及排放污水等方面。

关于通风侵害禁止问题。根据优士丁尼皇帝的规定，"某人应禁止其邻居加高建筑物，因为加高了建筑物，风便不能将晒场上的麦秆从麦子中吹走……因此我命令任何人从事这样的建筑或以别的方式从事需要挡住晒场上适当的、足够的风力的活动，使所有人的晒场变得无用并使麦子无法晒干，都是非法的。"③

关于采光侵害禁止问题。罗马法规定，当某人在其阳台上支起一顶妨害邻居采光的帐篷时，（邻居）可使用"你不得在公共场所放置妨碍盖尤斯·色叶乌斯采光之物"的扩用令状④。另外，依罗马法规定，受害人不仅禁止改变建筑物原有的造型，而且禁止自己的建筑物过分遮挡邻居

---

① ［德］亚图·考夫曼．类推与事物本质［M］．吴从周，译，颜厥安，校．台北：学林文化事业有限公司，1999：111.

② 金启洲．民法相邻关系制度［M］．北京：法律出版社，2009：80.

③ ［意］桑德罗·斯契巴尼选编．物与物权［M］．范怀俊，译．北京：中国政法大学出版社，1999：9.

④ ［意］桑德罗·斯契巴尼选编．物与物权［M］．范怀俊，译．北京：中国政法大学出版社，1999：14.

家的光线。①

关于排污、排烟之允许与禁止问题。在罗马法中，关于排烟排污问题依据排放程度大小不同而有不同规定。根据乌尔比安《论告示》第17卷记载，阿里斯多（Aristo）回答雷流斯·韦塔里斯（Cerellius Vitalis）说：只要上面的建筑物有排烟私役权负担，奶酪作坊的烟就可以被合法地排往位于其上的建筑物。他还认为，将水或别的物从高地排放到低地上并非合法，因为一个人只许在他自己的财产上从事活动，而不能将某物排放到他人财产上。排烟像排水一样，因而高地的所有人可以对低地所有人提起诉讼，主张后者无权排烟。最后他说，阿尔芬写道"人们可以提起诉讼主张一个人无权在其土地上劈石而将碎石掉到我的土地上"。因此阿里斯多认为，向敏吐纳家租了一个奶酪作坊的人可能被位于其上的人阻止排烟，但是敏吐纳家应基于租赁之诉向他承担责任。他说，人们可以对排烟之人提起诉讼，主张他无权排烟；反之，人们也可以提起有权排烟之诉。阿里斯多也赞同此观点。然而，如果一个人按其愿望使用他自己的财产而受到妨碍，他可使用保护不动产占有令状。②但如果排放的烟不是来自奶酪作坊等生产活动，而是人们的日常生活，则情况有所不同。彭波尼在《案例选集》第41卷提出这样一个问题：一个人是否可以提起诉讼以主张他有权在自己的土地上制造非大量的烟，如因生火而产生的烟？彭波尼论述道，占统治地位的观点认为不能提起该诉讼，就像一个人不能提起诉讼以主张他有权在自己的土地上升火、坐或洗刷一样。③

关于眺望侵害禁止问题。在罗马法中，还存在一项特别的禁令：不得在距离先前已有建筑物100英尺以内的地方进行建筑，如果这样做会阻碍从那里对海的观瞻。这项限制是由芝诺皇帝为君士坦丁堡城而制定的，优士丁尼将它扩大适用于帝国的所有海滨城市，并为防止搞欺诈而加以规范化。④

---

① ［意］彼德罗·彭梵得.罗马法教科书［M］.北京：中国政法大学出版社，1992：244.
② ［意］桑德罗·斯契巴尼选编.物与物权［M］.范怀俊，译.北京：中国政法大学出版社，1999：78-79.
③ ［意］桑德罗·斯契巴尼选编.物与物权［M］.范怀俊，译.北京：中国政法大学出版社，1999：78，79.
④ ［意］彼德罗·彭梵得.罗马法教科书［M］.黄风，译.北京：中国政法大学出版社，1992：244.

在罗马帝政时期以后，禁止权利滥用学说逐渐兴起。即便在日常情况下，所有人使用其物，也应维持在一般的合理状态。如在居民区，允许冬天在室内生火取暖而排烟于室外，允许倾倒生活污水等，但不得开设排出过度的烟雾或流出大量废水的作坊。这一原则，一直延续到今天，成为各国民法中通行的原则。①

三、抽象观念

根据上文所述，罗马法中有关不可量物排放问题的具体制度，大多是以诉的形式为解决具体纠纷而规定的，具有就事论事的特点。② 虽然罗马法未形成独立的相邻不可量物排放规则，但其对调整相邻关系形成了相应的抽象观念，这些观念可以被运用到相邻不可量物排放关系中。

依罗马法所有权理论，只要"所有主在物的界限内行事并且未违犯明确列举的法律限度时，他只是在行使自己的权利，而且应该说他在同该物的关系中是完全自由的"。"一个人可以在不犯他人的情况下对自己的物为所欲为，只要不对他人物做任何事情。"③ 但在相邻关系中，上述原则会遇到逻辑矛盾：既然土地所有人在其地界内做一切都是合法的，他就可能实施对相邻土地最有害的影响；反过来说，既然禁止他对其所有土地以外施加任何影响，他就连某些对日常生活来说是最基本的行为也不能做，因为这些行为的影响（如烟雾、灰尘等）必然会扩散到相邻的土地上去，虽是以轻微的程度。④ 为解决上述逻辑矛盾，"需要寻找一个最高的标准，在任何具体的限制规定以上或以外，对行使所有权规定一个一般的限度，并为相互的容忍（即允许将活动延伸到自己土地以外）规定一个一般的限制"。⑤ 在这个问题上，罗马法形成了两个值得考察的理论：争斗行为论和正常使用论。根据争斗行为论，所有主不得实施具有损害他人之恶意且对己益少

---

① 周枏.罗马法原论：上册 [M].北京：商务印书馆，1994：303.
② 金启洲.民法相邻关系制度 [M].北京：法律出版社，2009：81-84.
③ [意]彼德罗·彭梵得.罗马法教科书 [M].北京：中国政法大学出版社，1992：245.
④ [意]彼德罗·彭梵得.罗马法教科书 [M].北京：中国政法大学出版社，1992：245.
⑤ [意]彼德罗·彭梵得.罗马法教科书 [M].北京：中国政法大学出版社，1992：245.

或无益的行为，如在自己土地上砌一堵墙，不是因为对自己有用，只是为了通过遮挡光线或观赏视野而招惹邻居。但这一理论对所有权所造成的限制过于严格，并未被罗马法所采纳。① 正常使用论是在大工业发展的推动下并根据古典法学家的某些原始法律（如《学说汇纂》第8编第5章第8条第5款）而在近代提出的。它禁止所有主实施任何可能对相邻土地有害或令人生厌的行为，如果这种行为是对自己物的不正常或超常的使用；一切正常的使用，即符合一定社会的现时条件的使用，均为合法的，即使这种使用会使邻居生厌。但这种理论也引起质疑。其矛盾之处体现在：对邻居的有害影响即便产生于不正常使用，也不是都能被禁止，只有当在自己土地上实施的行为因发生介入或扩散而向相邻所有权的内部范围渗透影响时，才属禁止之列。那些仅仅改变外部条件的影响（常常是更有害的），比如，遮挡光线、空气、视野，截断水脉，阻止水从自己土地向邻居土地流淌，因其建筑技术不高、经营管理或其中居民等因素使建筑物的邻居产生不快，这些都不能使邻居获得起诉权，指责所有主在其土地上进行的活动是不正常的，指责其对建筑物的经营管理是不正常的。② 反过来说，因介入或扩散到他人土地上的活动而对邻居内部范围的渗透在一定程度上可能是合法的，但是，这种程度不能以使用是否正常作为根据加以确定。③罗马法法学家彼德罗·彭梵得认为，真正合乎逻辑并且符合罗马法渊源的标准是：通过在自己土地上实施的活动"介入他人物"或"影响他人物"的概念，同物的概念一样，均属社会范畴，而不是自然主义的范畴。有时候从社会的观点看，那些无足轻重的对他人物的介入或影响无需受到考虑；那些由于自然原因或社会共处的绝对和一般的需要而发生的介入和影响也应当被排除在外，这后一种情况同自然力量一样是被强加于人的，并且构成对所有权和任何其他权利的一种限制。④

---

① [意] 彼德罗·彭梵得. 罗马法教科书 [M]. 北京：中国政法大学出版社，1992：245–246.

② [意] 彼德罗·彭梵得. 罗马法教科书 [M]. 北京：中国政法大学出版社，1992：247.

③ [意] 彼德罗·彭梵得. 罗马法教科书 [M]. 北京：中国政法大学出版社，1992：247.

④ [意] 彼德罗·彭梵得. 罗马法教科书 [M]. 北京：中国政法大学出版社，1992：247–248.

四、影响

从严格意义上讲，上述阿里斯多和彭波尼的观点并非可作为不可量物侵入的一般理论，因为它们仍然是针对解决具体问题所提出的，不具有对各种不可量物的排放普遍的适用效力。阿里斯多的观点只是对生产性工场（如筒子纱工场、奶酪作坊）所排放的烟尘具有一定的合理性（即严重的不可量物侵害），但若适用于日常生活所产生的轻微的烟尘，则导致极不合理的结果，也不符合罗马法规定。彭波尼的观点是针对上述观点的缺陷而提出的，认为烟尘如果是从炉灶发出且其程度轻微时邻人则无权禁止。但该观点仍然是针对烟尘这一具体问题而发出的，并没有提出一项具有普遍适用的基本规则。不过，尽管如此，罗马法学家已经意识到并非在土地上制造的所有烟尘都应被禁止这一关键问题，并且为该问题的解决提出了一些具体的判断标准，这些标准在中世纪注释法学家那里得到进一步的发挥和完善，对后来德国、法国法学家及民法不可量物侵入制度产生很大的影响。[①] 其典型例证如《德国民法典》第906条、《奥地利民法典》第364条第2款和第3款，《瑞士民法典》第684条第2款。[②]

第二节　德国法上的相邻不可量物排放制度

一、相邻不可量物排放法在德国民法中的地位

相邻关系法（Nachbarrecht）[③] 旨在调整土地所有权人之间的利益冲突，它在《德国民法典》的"所有权的内容"这一节中处于非常重要的地位。"所

---

① ［美］詹姆斯·戈德雷. 私法的基础——财产、侵权、合同和不当得利 [M]. 张家勇，译. 北京：法律出版社，2007：103-108.

② ［德］马克斯·卡泽尔，罗尔夫·克努特尔. 罗马私法 [M]. 田士永，译. 北京：法律出版社，2018：238.

③ Nachbarrecht，为一德语组合词，由"nachbar"（相邻的）和"recht"一词组合而成。其中"recht"既有"法"的意思，也有"权利"的意思。有学者将其翻译为"相邻权"，如金启洲。也有学者将其翻译为"相邻法"或"相邻关系法"如张双根。笔者采后一种翻译。

有权的内容"一节共包含第903条至924条共22个条文，其中相邻关系条文便占了19个（906条—924条），相邻关系法的重要性仅从条文数量上也可管窥一斑。"德国土地所有权内容在私法上的构造特征，体现为立法者对所有权人利益与他人权利间的冲突，予以规范协调的种种努力。所以，这里的问题总是表现为'相邻关系法'问题，也就是如何针对其他所有权人的权能，或针对因所有权而受影响的第三人利益，而须对所有权人之权能进行界定。"①

相邻关系法的产生，是基于对所有权绝对的限制。德国民法在私法上构造土地所有权内容时，对其设置了某些限制，其限制情形主要表现为三种。第一，"欠缺自有利益"，即所有权人在实现其权利时，不存在自己值得保护的利益。例如某人母亲的坟墓位于该人父亲的土地之上，但当该人前来凭吊时，其父亲禁止。②此时，其父亲的这种恶意刁难的行为便属"欠缺自有利益"的行为。在我国，此类行为当属民法总则第123条所规定的"滥用民事权利"的行为。第二，干涉利益处于绝对优势地位。典型的情形如紧急避险、越界建筑、为公共交通而牺牲所有权人的利益。这些情形的共同点在于，实施干涉行为所保护或所要达到的利益，远远大于其所破坏的利益。对利益受到干涉的所有权人，采取"先容忍，后清算"的原则，即所有权人对干涉行为需负容忍义务，但对其所受到的损害，他又可以享有赔偿或补偿请求权。③第三，干涉依其方式与范围，同等地涉及某一区域全部所有权人的土地所有权（相同环境中土地所有权人之平均主义）。④

相邻不可量物排放规则被作为所有权内容的一部分加以规定。《德国民法典》第906条集中规定了相邻不可量物排放规则，该条在《德国民法典》所处的位置是第二编"物权法"中第三章"所有权"中的第一节"所有权的内容"。相邻不可量物排放规则的上位概念即为"相邻关系法"。虽

---

① [德]鲍尔·施蒂尔纳.德国物权法：上册[M].张双根，译.北京：法律出版社，2004：524.
② [德]鲍尔·施蒂尔纳.德国物权法：上册[M].张双根，译.北京：法律出版社，2004：524-525.
③ [德]鲍尔·施蒂尔纳.德国物权法：上册[M].张双根，译.北京：法律出版社，2004：526-535.
④ [德]鲍尔·施蒂尔纳.德国物权法：上册[M].张双根，译.北京：法律出版社，2004：524.

然相邻关系法未被独立规定为一节，但其相应的内容均被规定在"所有权的内容"这一节中，具体表现为第906条—924条，共19个条文。第906条"不可量物的侵入"为相邻关系部分的起首条文，这足以表明其在相邻关系法体系中的重要地位。施蒂尔纳甚至称其为"相邻关系的主要内容"。① 相邻不可量物排放规则（无形侵害法，Immissionsrecht）所调整的常常是相互的侵入，在精神上既体现上述的"欠缺自有利益"思想，又体现上述的土地所有权人平均主义思想。德国法上处理相邻不可量物排放的规则，既有私法上的规则，又有公法上的规则。私法上的规则以《德国民法典》第906条为核心，以第823条、第826条、第1004条为补充。公法上的规则，主要体现为德国《联邦环境污染防治法》，尤其是其中第14条。下面分述之。

二、《德国民法典》中的相邻不可量物排放核心条款——第906条

考察各大陆法系国家民法典，凡对相邻不可量物排放问题予以明确规范的，多设置一个独立的条款，对此类条款，本书认为称其为相邻不可量物排放"核心条款"。"核心条款"的设置，是"相邻不可量物排放"问题在私法中被加以类型化处理的突出表现，是私法对这一问题的重视达到一定程度的结果。"核心条款"是处理相邻不可量物排放问题最重要的私法依据。但是在很多时候，对纳入立法视野的社会情形，仅仅是核心条款并不足以为当事人提供充分的行为规则，因此在核心条款之外，还可能存在着可以适用于这一特定社会情形的其他非核心规则。充当了德国私法上相邻不可量物排放规则核心条款的，是《德国民法典》第906条。除了该条之外，民法典中的某些其他条款乃至其他法律、法规中的某些规则在某些情境下也可以被运用到因相邻不可量物排放而引发的纠纷中，如《德国民法典》第823条、第826条、第1004条等。

《德国民法典》第906条（不可量物的侵入）规定：

（1）土地所有人不得禁止煤气、蒸气、臭气、烟、煤烟子、热、噪音、震动以及从另一块土地发出的类似干涉的侵入，但以该干涉不妨害或仅不

---

① ［德］鲍尔·施蒂尔纳.德国物权法：上册[M].张双根，译.北京：法律出版社，2004：537.

显著地妨害其土地的使用为限。在通常情况下，法律或法令所确定的极限值或标准值不被依这些规定算出和评价的干涉所超出的，即为存在不显著的妨害。依《联邦公害防治法》第48条颁布并反映技术水平的一般行政规定中的数值，亦同。

（2）在重大妨害由另一块土地的当地通常使用引起，且不能被在经济上可合理地期待于这类使用人的措施所阻止的限度内，亦同。土地所有人须据此而容忍某一干涉的，如该干涉超过可合理的期待的限度，而侵害其土地的当地通常使用或它的收益，则土地所有人可以向另一块土地的使用人请求适当的金钱补偿。

（3）不准许以特别管道进行侵入。[①]

施蒂尔纳认为，在该条规定中，"法律一方面对对无形侵害过于敏感者之利益，不加理会，另一方面对不照顾他人利益之肆无忌惮的行为，又予以谴责，只有通过这种调整方式，法律才有可能建立邻人间和睦相处的关系"[②]。前者是通过对未受到重大妨害的受干涉者以"容忍义务"的方式表现出来的，后者则是通过赋予受到重大妨害的受干涉者以救济请求权的方式，以及强制施加干涉者不得以特别管道进行侵入的方式表现出来的。当时的《德国民法典》的制定者已经认识到，土地所有人应当容忍来自他人土地的对其土地使用权的某些侵害，但是其他方面的必要限制则都应由公法来规定。又由于当时人们尚不知"区域规划、地区规划、城市规划、自然风景区保护、防止环境污染"为何物，在立法者看来，公法中对土地的建筑性或其营业用途的限制，从某种程度上来说只具有拾遗补缺的性质，这些限制不会影响所有权制度的核心，即所有物属于所有权人的排他的意志领域和支配范围。[③] 在这种背景下，不可量物排放条款便被设计的非常精细。

（一）相邻不可量物排放所涉及的当事人

第906条明确规定，相邻不可量物排放所涉及的当事人是相邻土地的

---

① 陈卫佐.德国民法典[M].4版.北京：法律出版社，2015：340.

② [德]鲍尔·施蒂尔纳.德国物权法：上[M].北京：法律出版社，2004：539.

③ [德]卡尔·拉伦茨.德国民法通论：上册[M].王晓晔，邵建东，等译.北京：法律出版社，2003：5.

"土地所有人"。虽然该条文中并未明确表明"相邻"之意，但自一土地上所产生的不可量物，所能影响的一般情况下是其相邻土地。因此，该条包含"相邻"的内容便属不言自明。同时，德国司法实践中，并不把不可量物排放所涉及的主体限制于"土地所有人"，而是扩大到其他利用人。施蒂尔纳说"相邻关系法所应营造者，乃邻人间尽可能的和睦相处。故而，相邻关系法所调整者，不仅仅为数个土地所有权人间的关系，还包括土地所有权人与土地占有人（如使用承租人），以及土地占有人彼此间的相邻关系"[①]。在受害人的请求权不是基于所有权，而是基于对其占有或对其已设立并已经营之营业的侵害而产生时，也适用民法典第906条所规定之限制。

（二）"不可量物"的特征

《德国民法典》第906条第1款对不可量物采取了典型列举加一般概括式的规定。其所列举的几类典型的不可量物包括"煤气、蒸气、臭气、烟、煤烟子、热、噪音、震动以及从另一块土地发出的类似干涉"。此款所称的不可量物，具有如下特征。

第一，具有不可测量性。在《德国民法典》立法之时，依当时的技术，无法对上述各类物质做出如同对固体、液体那样精准的测量，因此把它们称为"不可量物"。虽然在理论上，依现代科技，可以对上述物质中的某些类型加以测量，然而实际操作起来相当困难，并且对某些物质至今仍然无法通过有效的技术手段加以测量，如难闻的气味。因此，"不可量物"这一称谓到今天仍然被广泛使用。

第二，不具有固定形态，也正因此，不可量物侵害又被称为"无形侵害"。对于有固定形态的物的侵入，并不属该条文调整范围。但在德国的司法判例中，对于某些介于大体积的有形物与不可量物之间的小体积的特别物，如飞入的蜜蜂、石膏厂爆破而溅入的碎石块、毗邻射击场飞落来的子弹等，也被纳入第906条的范围之内。但当这些物质进入时，土地所有权人不得对邻人提起不作为之诉，而只能提起损害赔偿之诉。[②]

第三，这些物质具有易扩散性，可以从此地扩散到彼地。根据《德国

---

① [德]鲍尔·施蒂尔纳.德国物权法：上[M].北京：法律出版社，2004：537.
② [德]鲍尔·施蒂尔纳.德国物权法：上[M].北京：法律出版社，2004：542，554.

民法典》第906条第1款的规定，干涉的构成以上述不可量物的"积极进入"为必要条件。若依严格解释，"观念侵害""消极进入"并不能适用第906条。观念性的干涉如邻家开设妓院或邻家把外墙刷成他人讨厌的颜色；消极性干涉，如妨碍了他人的空气流通、采光、眺望等。有司法判例认为，对消极干涉，以及精神上的干涉，所有人均须忍受。有学者认为解决此问题的思考方法，是必须先要考虑这类消极的或精神上的所有权干涉，是否属于民法典第903条、第1004条的调整范围——假如是，则须继续考察，是否具备依民法典第906条对这类干涉必须加以忍受的前提条件。通过此种思考途径，就会获得这一认识，即其根本性问题，存在于民法典第903条、第1004条之规定中，而非存在于民法典第906条之规定中。[①]但是，也有学者认为，上述观念侵害、消极进入情形虽非属"不可量物"，但仍可以类推适用于第906条。[②]

第四，须来自另一土地或建造于另一土地上的设备。第906条并未使用"相邻"字眼，所涉土地也仅用"土地所有人"和"另一块土地"来描述。这意味着，不可量物排放所涉土地之间，不以物理上的"直接毗邻"为必要条件。但是现实生活中，受不可量物排放影响的，仍是与其相邻的土地权利人。施蒂尔纳也认为"此处所指之干涉，仅指依经验自数块土地之相邻关系中，所产生之干涉"[③]。

符合上述特征但未明确被列举的其他不可量物，典型的如电流和无线电波的辐射，以及流出的雨水中包含的有毒物质，但是雨水本身的流出则不在其中。德国判例中还将重量轻微的物质的影响如落叶、灰尘、养殖的蜜蜂纳入不可量物的范畴。[④]

（三）非重大妨害

不可量物排放是否对邻人构成重大妨害，会产生不同的法律后果。如妨害为非重大，则邻人须按第906条第1款负容忍义务。如妨害为重大，

---

① [德] 鲍尔·施蒂尔纳.德国物权法：上 [M].北京：法律出版社，2004：542，543.

② [德] 鲍尔·施蒂尔纳.德国物权法：上 [M].北京：法律出版社，2004：542，544.

③ [德] 鲍尔·施蒂尔纳.德国物权法：上 [M].北京：法律出版社，2004：542，544.

④ [德] 曼弗雷德·沃尔夫.物权法 [M].吴越，李大雪，译.北京：法律出版社，2002：172.

则邻人的权利与义务按第906条第2款来确定。因此区分不可量物排放所产生的影响是重大妨害还是非重大妨害便具有重要的意义。日常所见非重大妨害如邻人的燃油取暖设备在阴湿天气有时散发轻微油味，邻人的孩子每天下午练琴，邻人做饭炒菜排出的带有臭味的如油炸臭豆腐的油烟——但在住宅楼一楼开设饭店每天都排出大量的油烟则另当别论。非重大妨害涉及两个关键问题。第一，如何来判断，是以个人主观感受为标准，还是以某种客观规定为标准。第二，如果依客观标准不构成非重大妨害，但被干涉方认为自己受到了重大妨害，他是否享有救济请求权。

依《德国民法典》第906条第1款，干涉在"不妨害或仅不显著的妨害其土地的使用"时，则须对干涉予以容忍。对是否重大之判断，德国司法判决中曾以一个"普通"一般人的感受为标准，但这一标准被后来的判决所废弃。现在对妨害重大与否的判断，应以"价值权衡"方法来进行。其决定性标准，已不再是一个"普通"一般人的感受，而是一个"理性的"，因而能进行权衡的一般人的感受。正是借助这种方法，使得现在就妨害重大与否进行权衡时，反映已发生变化的公民环保意识之环保法评价，亦成为权衡因素之一。比如，在对蛙鸣之自然噪音或野草种子飞絮等自然事物的案例裁判时，即体现了环保法思想。按照新修订的民法典第906条第1款第2句之规定，对妨害重大与否之判断，同样具有重要意义的，是公法上所设定的极限值或标准值。若排放行为遵守了这些极限值或标准值的规定，则该侵害一般为非重大的妨害。在此范围内，对重大性之判断，也不包括被涉及的一般人的主观感受因素，也就是说该判断标准已客观化。①

总结上述可知，对重大与非重大的妨害的判断标准，若无国家或行业标准，以"价值权衡"或"利益衡量"的方式来判断。对有国家或行业标准者，以该标准为判断依据。当不构成重大妨害时，受干涉者只能容忍这一干涉，而无私法上法定的停止排放请求权、赔偿或补偿请求权等。

（四）重大但当地通行且不能通过合适措施而阻止的妨害

在《德国民法典》第906条第2款所规定的"在重大妨害由另一块土

---

① ［德］鲍尔·施蒂尔纳.德国物权法：上［M］.北京：法律出版社，2004：542，544.

地的当地通常的使用引起，且不能被在经济上可合理地期待于这类使用人的措施所阻止的限度内"，邻人对其不可量物的排放行为仍应负容忍义务。例如，E 的住房位于工业区，E 遭受无法避免的机器噪音或烟囱冒烟之侵害。又如 E 的农田位于一家大型化工厂边上，化工厂所排放之废气——尽管已采取所有的技术手段——仍使其某些农作物无法生长。①

即使是重大的妨害，倘若其产生是因对另一土地按当地通行之方法予以使用而引起，且该妨害"不能被在经济上可合理地期待于这类使用人的措施所阻止的限度内"，则对该妨害亦须容忍。该条在此所表达的意图是：任何土地均处于某一特定环境中（如工业区、别墅区、农业区等），自然必须容忍来自环境本身的——即使是重大的——干涉，因为这种干涉本身在当地通行。当然，对这种妨害所产生的容忍义务，并非毫无限制：重大且当地通行的侵入，如果能通过经济上可期待之技术手段而加以阻止，则对它们也不必容忍。从"现代化"技术设施所具有的噪音亲善性、大气污染等现实情况可以看到，该款的规范目的非常明了。须注意的是，判断防御措施在经济上可期待性之标准，不是具体实施妨害行为企业的经济情况，而是"这类"企业的经济负担能力。故而，这里所要求的标准是：技术上的可能性与防御措施的富有效果性——一般的经济上可期待性。②

（五）衡量补偿请求权

若一项重大的干涉，在大量情形中，均为当地所通行，且不能通过技术手段或其他措施加以阻止。这在结果上导致，受干涉的所有权人，对此干涉必须容忍。但此时会有牺牲思想的介入：若被妨害之所有权人，在对其土地使用上"受到超过可期待程度之妨害时"（但不必是使土地灭失或危及土地存在之妨害），则可向他土地之使用人，请求"相当之补偿"。但在被妨害之土地所有权人，因事实原因之存在，针对妨害而不能及时采取法律措施时，也成立相邻关系法上的补偿请求权，例如，因运输化学除草剂而污染土地。若无形侵害来自公法机构如道路建设，则在个别情形中，其赔偿请求权基础，为私法中相邻关系法上的补偿请求权还是公法上的赔偿

---

① [德] 鲍尔·施蒂尔纳. 德国物权法：上 [M]. 北京：法律出版社，2004：539.

② [德] 鲍尔·施蒂尔纳. 德国物权法：上 [M]. 北京：法律出版社，2004：545–546.

请求权，颇有疑问。但学者一般认为，即使是在此种情况下，仍然可以用《德国民法典》第906条作为判断是否构成重大妨害，以及受干涉人是否享有赔偿请求权（或补偿请求权）。①

不难看出，《德国民法典》第906条最核心的功能不在赋予受干涉人以救济请求权，尤其是侵权法上的救济请求权，而在对受干涉人施加容忍义务。该条所规定的不可量物排放所构成的影响分为三大类：无妨害、轻微妨害、妨害虽属重大但为当地通行且不能通过合理经济措施而阻止。在这三种情况之下，受干涉人对不可量物排放所构成的"妨害"（或干涉）本身均需容忍，即使在第三类情况之下，受干涉人也只享有补偿请求权，却无排除干涉请求权及赔偿请求权。

三、《德国民法典》中的相邻不可量物排放非核心条款

在《德国民法典》第906条第2款的规定之下，干涉者依受干涉者所享有的金钱补偿请求权而负担的补偿责任，当属一种无过错责任，也即补偿请求权的行使不以过错为前提。② 基于不可量物排放所产生的妨害情形，依反面解释，尚有两种未被该条所收纳。第一种即妨害构成重大，且虽为当地所通行，但能够采取经济合理的措施阻止这种妨害发生，而干涉者未采取。第二种即妨害构成重大，且该种重大妨害非属当地通行。同样依反面解释，在这两种情况之下，对干涉者的排放干涉行为，被干涉者并无容忍义务。对因此种妨害所产生的其他损害，依类推解释，"举轻以明重"，被干涉者至少应当享有补偿请求权。除了依据反面解释和类推解释可以得出上述结论之外，还可从《德国民法典》的其他条文中发现受干涉者的救济请求权基础。这些条文主要是第823条、第826条、第1004条。

《德国民法典》第823条（损害赔偿义务）被视为侵权行为一般条款，该条规定："（1）因故意或有过失，不法侵害他人之生命、身体、健康、自由、所有权或其他权利者，对于该他人，负赔偿因此所生损害之义务。（2）违反以保护他人为目的之法律者，负同一之义务。依照法律之内容，无可归责事

---

① [德]鲍尔·施蒂尔纳.德国物权法：上[M].北京：法律出版社，2004：547.

② [德]曼弗雷德·沃尔夫.物权法[M].吴越，李大雪，译.北京：法律出版社，2002：175.

由亦可能违反该法律者，仅于有可归责事由之情形，始负赔偿义务。"①

《德国民法典》第826条（故意违背善良风俗之损害）规定："故意以背于善良风俗之方法，加损害于他人者，对该他人负损害赔偿之义务。"②

《德国民法典》第1004条（除去及不作为请求权）规定："（1）所有权非因侵夺占有或无权占有，而由于其他方法受有妨害者，所有人得请求加害人除去其妨害。妨害有继续之虞者，所有人得提起不作为之诉。（2）所有人有容忍义务者，无前项之请求权。"③

在上述两种情况之下，对因相邻不可量物的排放所引起的干涉，受干涉者既可能享有物权请求权，即排除妨害请求权（第1004条），也可能享有债法上的请求权即侵权损害赔偿请求权（第823条、第826条）④，而且这两种权利并非竞合，而是聚合，即这两种权利不是选择关系，而是并存关系，当事人可以同时行使这两种权利。

四、德国《联邦环境污染防治法》第 14 条

在《德国民法典》第906条之外，德国《由空气污染、噪声、振动和其它类似的现象对环境造成的不良影响防治法》（以下简称《联邦环境污染防治法》）⑤对不可量物排放在公法角度上做出规范。该法共八章，73 个条文，其目的并非私法上的相邻不可量物排放关系的调整，而是环境保护。该法第1条（立法目的）规定："（1）本法旨在保护人类、动物、植物、土地、水、大气、农作物和其他物体免受有害的环境影响并且预防环境污染的产生。（2）对于需经许可的设备，本法也旨在：通过引进废物治理经济

---

① 台湾大学法律学院，台大法学基金会编译.德国民法典[M].北京：北京大学出版社，2017：732.

② 台湾大学法律学院，台大法学基金会编译.德国民法典[M].北京：北京大学出版社，2017：734.

③ 台湾大学法律学院，台大法学基金会编译.德国民法典[M].北京：北京大学出版社，2017：849.

④ 当然，若要享有基于第826条所产生的请求权，还需要加害人的"故意"的主观状态为要件。

⑤ 对该法的名称，国内还存在如下几种译名：《联邦污染控制法》（中新环境管理咨询有限公司）、《联邦无形侵害防治法》（张双根）、《联邦公害防止法》（陈卫佐）、《联邦公害防治法》（金启洲）。

在整体上避免和减少由于向空气、水和土地进行排放而产生有害的环境影响，以在整体上达到高水平的环境保护；防治和预防设备通过其他方式造成危险、显著不利以及显著妨碍。"但该法也通过某些条文在当事人之间设定了民法上的权利与义务。如第14条（私法上防卫请求权的除外）规定："设备的许可决定已经生效的，不得以私法上的、并非基于特别权利的、要求预防土地对相邻土地的有害影响的请求权为由，要求设备停工；而只能要求设备运营人采取防护措施排除有害影响。由于技术水平，防护措施无法实施或者不具经济合理性的，受害人只能要求损害赔偿。"

（一）基于第14条的容忍义务

《联邦环境污染防治法》第14条（私人预防要求的例外）规定了一项超出民法典第906条第1款与第2款之外的容忍义务。该项容忍义务所针对的是某些具有危险性或损害环境的设备。这些设备因其特性或其运行，在特定之限度内对环境造成有害影响，或以其他方式对公众或邻人造成危险、重大妨害或重大侵扰。对这类设施的忧惧，就导致在建立该设施时需要获得官方许可，也就是须经过许可获得程序。该程序考虑到了相邻法上的法律关系，在一定程度上也是预防性的。邻人对许可获得，可提出抗辩（《联邦环境污染防治法》第10条中的第3款、第6款、第7款、第10款，第9条），也就是说，他们被邀请参加许可申请程序。此外，邻人也享有行政诉讼上的起诉权。但如果许可被颁发，则依《德国民法典》第903条、第906条、第1004条，邻人再也不能请求停止已获许可设施之经营，而只能请求采取保护性预防措施，或者损害赔偿（《联邦环境污染防治法》第14条）；但经营业主主观上是否具有过错，并非主张损害赔偿请求权之构成要件。①

（二）第14条的立法目的

为何邻人对经政府许可的设备排放不可量物的行为应负容忍义务？有观点认为是因为此处存在着政府许可行为，政府许可行为的效力，不会因民事法院判决而受到质疑。但有学者指出，这种观点并未触及问题本质。其更深层次的原因在于，对不可量物侵害问题，应在事先予以审查，而审

---

① ［德］鲍尔·施蒂尔纳. 德国物权法：上 [M]. 北京：法律出版社，2004：547-548.

查之结果，要么是颁发许可，要么是拒绝许可；如此进行的事先审查，其意义不仅仅在于对公众与邻人利益予以防护，还意味着嗣后基于许可所创造的经济价值，也就不得再因民事法院之判决而被摧毁掉。[①]当然，对邻人利益之保护来说，这一程序有其不足：虽然颁发许可的行政机关在许可颁发后，还可依《联邦环境污染防治法》第17条规定做出要求保护公众利益的命令，且还可以在符合一定条件时，根据《联邦环境污染防治法》第20条要求停止已许可之设施建设，或者根据《联邦环境污染防治法》第21条撤回已颁发的许可，[②]但受妨害之邻人，通过民事诉讼途径，只能请求采取预防性保护措施，或者请求损害赔偿，除此之外，邻人要想获得救济，就只能敦促行政机关来采取措施。

（三）第14条的适用范围

《联邦环境污染防治法》第14条仅适用于依据该法第4条以下的规定，因其"危险性"而须获得许可的设施建设。对基于其他法律如建筑法上的原因而受许可强制的设施，不能适用此条规定。《联邦环境污染防治法》中所称的设备范围非常广泛，并且其规范效力也包括虽无须许可但具有有害性的设备。并且依该法第2条第2款第60条的规定，公法机构所拥有的设

---

① [德]鲍尔·施蒂尔纳.德国物权法：上[M].北京：法律出版社，2004：548.

② 德国《联邦环境污染防治法》第21条（许可的撤销）：1.存在下列情形的，可以全部或部分的撤销根据本法颁发的合法许可，包括已经生效的许可，但该撤销不具溯及力：（1）根据第12条第2款第2句或者第3款保留撤销权的；（2）许可附有条件而受益人未履行或未在规定期限内履行该条件的；（3）基于后来发生的事实审批机关本来不应该颁发许可，并且不撤销该许可会危害公共利益的；（4）基于法律规定的修改审批机关不应该颁发许可的，但以运营人尚未使用该许可并且不撤销该许可会危害公共利益的为限；（5）为了防止或者消除对公众利益的重大不利影响的。2.审批机关知悉撤销事由的存在的，应在知悉之日起一年内撤销许可。3.审批机关没有在撤销许可时另行指定失效日期的，许可自撤销决定生效之日起失效。4.因存在第1款第3项至第5项的情形撤销许可的，审批机关应当根据申请补偿相关人因信赖许可的存续而遭受的财产损失，但以该信赖值得保护为限。财产损失的补偿不得超过相关人在许可存续的情形下所能获得的利益的金额。需要补偿的财产损失由审批机关确定。该补偿请求权只能在一年内行使；上述期限自审批机关告知相关人有此项请求权时起计算。5.各州可以对第4款第1句中确定的补偿义务人做出不同的规定。6.对补偿有争议的应当提起民事诉讼。7.因第三人提起异议，许可决定在行政复议或者行政诉讼期间被撤销的，如果适用第1款至第6款的规定会与行政复议或者行政诉讼的结果产生冲突的，则不适用这些规定。

备，只要不属于国家主权范围（如军用机场），也受该规范调整。《联邦环境污染防治法》第14条的规定在联邦州法律层面上，其效力被扩及"铁路交通、轮船交通以及类似的交通企业设施"，而在联邦法律层面上，又被扩及于机场运营设施。① 在司法实践中，《联邦环境污染防治法》第14条内容之基本思想，被扩大适用于"主权活动"以及为公共利益而建立之企业设施中。例如，邮件之管道通风传送装置所发出的噪声；高速公路之干涉；因修建公路散发的灰尘使庄稼无获；修建地铁使地下水下沉等。但也有的判决反对将这一趋势予以一般化，认为在上述情形中，所有权人的权利，仅限于特别牺牲请求权（又称"相邻关系法上的补偿请求权"），它指的是所有权人本应享有的防御请求权，因一项特别法律规定而被剥夺时，所有权人所享有的另一项请求权。②

（四）受侵害方的经济救济请求权

《联邦环境污染防治法》第14条所规定之损害赔偿请求权以及上述的特别牺牲请求权，仅在妨害性干涉超出民法典第906条所规定之范围时才能成立。基于上述考察，可以发现《德国民法典》第906条与《联邦环境污染防治法》第14条确认了两项经济上的请求权，即以民法典第906条第2款第2句为基础的补偿请求权，与依据《联邦环境污染防治法》第14条所生的损害赔偿请求权。而对这两项请求权彼此间的关系，只有在对《联邦环境污染防治法》进行全面考察时，才能获得完整理解。对此，可再次简要地概括为四点。首先，对非重大的妨害，邻人既无防御请求权，亦无赔偿请求权。其次，对重大的，但非为当地通行的妨害，邻人取得防御请求权，但在"干涉设备"的建立获行政机关之许可时有例外。若出现该例外情形，则只能诉请采取"保护性措施"或金钱补偿。再者，对重大的、当地通行的、但通过经济上可期待之技术手段能予以阻止却未被阻止的妨害，邻人取得防御请求权，但该请求权的内容在《联邦环境污染防治法》第14条的范畴内，不能请求停止设施建设，而只能是请求"采取保护性预防措施"。最后，对重大的、当地通行的、且不能通过技术手段予以阻止的，或

---

① [德]鲍尔·施蒂尔纳. 德国物权法：上 [M]. 北京：法律出版社，2004：550.
② [德]鲍尔·施蒂尔纳. 德国物权法：上 [M]. 北京：法律出版社，2004：551.

虽能阻止，但对此要付出经济上不可期待之费用的妨害，邻人并不取得防御请求权，但在对土地使用或土地收益，有过度之妨害时，成立补偿请求权。更为简要的概括是，在被侵害之所有权人自身（依《德国民法典》第906条与第1004条）本来享有的禁止权，由于国家所颁发的许可而不能行使时，则可成立《联邦环境污染防治法》第14条上的赔偿请求权；在所有权人之禁止权不成立，而侵害又超出可期待之程度时，成立民法典第906条第2款第2句上的补偿请求权。① 为了更加直观的表现效果，可对德国法上相邻不可量物排放关系中，受干涉方的救济请求权和容忍义务，列简表如表1：

表1 不可量物干涉程度与被干涉方的救济请求权和容忍义务②

不可量物干涉程度	容忍义务	金钱补偿请求权	妨害排除请求权	损害赔偿请求权
非重大	有	无	无	无
重大但为当地通行且可避免	原则：无 例外：《联邦环境污染防治法》第14条	原则：无 例外：《联邦环境污染防治法》第14条	原则：有 例外：《联邦环境污染防治法》第14条	原则：有 例外：《联邦环境污染防治法》第14条
重大且当地通行且不可避免	有	有	无	无
重大且非当地通行	原则：无 例外：《联邦环境污染防治法》第14条、公益性企业、相邻共同体关系	原则：无 例外：《联邦环境污染防治法》第14条、公益性企业、相邻共同体关系	原则：有 例外：《联邦环境污染防治法》第14条、公益性企业、相邻共同体关系	原则：有 例外：《联邦环境污染防治法》第14条、公益性企业

第三节 其他民法典中的相邻不可量物排放核心条款

《德国民法典》第906条因其设计精密堪称相邻不可量物排放条款的典范。除此之外，还有诸多其他大陆法系国家或地区的民法典规定了相邻不

---

① [德] 鲍尔·施蒂尔纳. 德国物权法：上 [M]. 北京：法律出版社，2004：553.

② 该表格参考了金启洲博士的总结，有所改动。金启洲博士的总结参见：民法相邻关系制度 [M]. 北京：法律出版社，2009：117-118.

可量物排放"核心条款"。此处仅对部分国家有关相邻不可量物排放的核心条款，列简表如表2：

表2　德国之外的其他大陆法系各国相邻不可量物排放的核心条款

法律名称	具体条文
欧洲	
瑞士民法典	第684条：（1）所有权人在行使其权利时，特别在产业开发中，应当避免对相邻之财产造成过度侵害。（2）空气污染、臭味、噪音、振动、辐射或遮挡采光和日照，如根据地方习惯、不动产的位置和不动产的特性，其损害后果超过了邻里的容忍限度，尤其应当禁止
意大利民法典	第844条（排放）在正常忍受限度内，并考虑到当地的环境条件（890条、第949条），土地的所有人不得妨碍自邻地自然排出或者传出的烟雾、热气、气味、噪音、震动以及其他类似的排放。在适用本条的规定时，司法机构应当尽量协调生产的需要与土地所有人的利益（第944条、第1044条）。同时也应当考虑某一确定用途的所有权的利益（第890条）
荷兰民法典	第5编·物权·第37条：不动产所有权人不得以根据第6编第162规定足以构成侵权行为的程度或方式对其他不动产所有权人施加妨害，如发出噪音、震动、恶臭、烟尘或气体，或者剥夺其他不动产所有权人的采光、通风或建筑物的支撑
葡萄牙民法典	第1346条（排放烟气、产生噪音或类似事实）：不动产所有人得就由他人房地产所排放之烟气、烟垢、蒸气、气味、热气或噪音提出异议，亦得就来自他人房地产之震动或其他类似事实提出异议，只要有关事实对不动产之使用构成实质妨害，又或非由房地产之正常使用而产生
奥地利民法典	第364条第2款：在相邻土地有污水、烟尘、废气、热气、臭气、噪音、振动及其他与此相类似者侵入时，土地所有权人得禁止之，但其侵入，依当地环境情况，未超过合理限度，且不实质性妨害土地之通常利用者，不在此限。未经特别许可，在任何情况下均不得直接在他人的土地上铺设管线
亚洲	
韩国民法典	第217条（禁止煤烟等对邻地的妨害）（1）土地所有人负有采取适当措施防止煤烟、热气体、液体、噪音、振动及其他类似事物妨害邻地的使用或使邻人遭受生活上的痛苦之义务。（2）前款情形符合土地通常用途的，邻人负有容忍义务
中国物权法	第90条：不动产权利人不得违反国家规定弃置固体废物，排放大气污染物、水污染物、噪声、光、电磁波辐射等有害物质
蒙古民法典	第100条（土地所有权）第2款：土地所有人在行使其权利时，不得对环境造成损害，也不得在行使其权利的过程中损害他人的权利和合法权益

续表

法律名称	具体条文
土库曼斯坦民法典	第 196 条 允许的相邻影响：（1）土地或其他不动产的所有从不得禁止来自相邻土地的煤气、蒸气、臭气、煤烟、烟、噪声、热、震动或其他类似物对自己土地的影响，但以该影响不妨害或仅轻微妨害其土地的使用为限；（2）影响存在，但它是因通行的使用方法使用其他土地引起的，且不能以为特定类型的土地使用人所认为的正常经济活动措施加以遏制的，适用前款之规定。所有人有义务容忍此种影响的，当影响超过特定地区认可的通常使用范围以及可在经济上允许的限制时，可向造成此等影响的土地所有人请求相应的金钱赔偿
越南民法典	第 172 条（环境保护义务）：在行使财产所有权、其他权利时，权利的主体应遵守环境保护相关法律的规定；如对环境造成污染的，则应停止污染行为，并采取相应措施去除污染与赔偿损失
菲律宾民法典	第 682 条：受反妨害地役权限制，建筑物或土地的所有人或占有人不得以排放噪声、振动、臭气、烟、热、灰尘、水、强光及其他方式妨害他人
非洲	
阿尔及利亚民法典	第 691 条：所有人不得滥用权利以损害邻人的所有权。邻人不得因相邻关系中的一般性不便而提起诉讼。但如其不便超出通常的限度，邻人可请求排除妨害。法官应考虑财产的使用、不动产的性质、财产的各自状态及其目的等而予以裁决
埃塞俄比亚民法典	第 1225 条（所有权的滥用）：原则。（1）所有人不得干扰或侵害其邻人；（2）他不得制造超过善良邻居行为限度的烟雾、灰尘、难闻的气味、噪音或震动；（3）就此，必须考虑当地习惯、土地的位置和其性质
埃及民法典	第 807 条：所有不得滥用其权利损害邻人的财产。就相邻关系产生的不可避免的习惯上的不便，一方邻人不可请求他方邻人赔偿，但如此等不便超出了通常限度，他可请求予以排除。在此等情形下，惯例、不动产的性质、不动产相互的位置及其使用目的均应予考虑。此等权利的行使不因主管当局颁发许可证而受阻碍
美洲	
加拿大魁北克民法典	第 976 条：依土地的性质、所处位置或当地习惯，相邻人应忍受不超出他们相互间容忍限度的通常的相邻干扰
秘鲁共和国新民法典	第 961 条：对土地之工业开发的限制。（1）所有权人在行使其权利特别是在其从事工业开发之作业时，应避免损害邻接或相邻的所有权，及其居民的安全、安宁和健康；（2）禁止产生烟气、烟尘、烟雾、噪音，以及超过邻人之间依具体情境应相互容忍之限度的类似滋扰
智利共和国民法典	第 856 条：涉及水井、茅厕、马厩、烟囱、炉灶、锻炉或其他可能给相邻建筑物或土地造成损害的构造物时，不问界墙是否为共有分界物，均应遵守一般性或地方性法规的规定。对火药、潮湿物质或恶臭物质的存放处，以及其他一切可能对建筑物的坚固、安全及卫生状况造成损害的物质的存放处，亦适用之

续表

法律名称	具体条文
巴西 新民法典	第 1277 条：不动产所有人或占有人有权请求制止因邻居行使其所有权造成的对住在此等不动产上的人的安全、安宁和健康的有害干预。 单立款：禁止上述干预行为，应考虑到行使行为的性质、不动产的地点，并参考建筑所在区域有效的规则以及邻居通常的容忍限度。 第 1279 条：尽管法院判决应容忍此等干预行为，当减少或消除它们成为可能时，邻居仍然可请求减少或消除之

　　近代的奥斯曼帝国于 1876 年编纂完成了《奥斯曼帝国民法典》，并于1877 年颁布实施。这一民法典是伊斯兰立法史上首次以欧洲现代法典（主要以法国法典）模式编纂的，是 19 世纪伊斯兰世界最重要的法制改革，在伊斯兰世界影响深远。[①] 该法典第 10 编"合伙"第 3 章"相关墙壁与邻居的问题"第 2 节"关于邻里关系"中也对相邻不可量物的排放做出了专门规定。"第 1200 条规定：任何形式的重大损害，均必须予以清除。例如，毗邻某一住宅的铁匠铺或者磨坊，由于铁的击打和磨的转动对该住宅的建筑物将造成一定削弱，或者由于附近新设置的炉灶或者压榨机产生烟雾或者难闻气味，从而造成宅院的所有人因受害而无法居住其间的，则这些情况均为重大损害，因而必须通过任何可采取的方式予以阻止和清除。同样，如果当事人一方所有的一块土地毗邻另一方的住宅，前者在其所有的土地上开凿了一条水渠用于将水引至自己的磨坊，从而致使后者所有的住宅墙产生了弱化；或者当事人一方将其邻居的墙基处作为扔掷垃圾的垃圾场，从而给该墙壁造成了损害，则该墙壁的所有人可以责成其清除该损害。例三，如果当事人一方在另一方的住宅附近新建了一处打谷场，从而致使住宅的所有人由于受害于该打谷场的尘埃而无法居住其间的，则后者可以责成前者清除此损害。例四，如果当事人一方在另一方的打谷场附近新建了一座高层建筑物，从而给该打谷场造成了通风受阻，则后者可以责成前者清除之，因为该建筑物是造成重大损害的原因。例五，如果当事人一方在布料市场新建了一间灶房，而该灶房的烟雾和尘埃沉积于邻居的布料并且对其造成损害的，则后者可以责成前

[①]　王永宝译. 奥斯曼帝国民法典 [M]. 北京：商务印书馆，2018：3–7.

者清除损害。例六，如果当事人一方的住宅污水管道破裂，从而造成污水流入其邻居的住宅，则被视为是重大损害，因而依据该邻居的诉讼，则其必须维修所述的下水道。"①

在法国，Cambacérès《法国民法典》第三草案曾有关于不可量物排放的规定："无论何人，对于他人的土地，都不得为任何利用自己土地已久的或者是非日常的不可量物侵害。"② 但正式颁行的《法国民法典》并未设置关于不可量物排放的一般性规定，实践中对不可量物排放侵害通过判例形成的"近邻妨害"理论加以解决。③ 近年来，在立法中明确设置相邻不可量物排放条款渐成法国理论与立法的趋势。由法国巴黎第二大学教授皮埃尔·卡特拉领导的专家起草小组向法国司法部提交的《债法（民法典第1101条到第1386条）与时效制度（民法典第2234条到第2281条）改革草案建议案》（又称《卡特拉草案》）第3副编"民事责任"第2章"责任要件"第2节"非合同责任的专有规定"第4目"对相邻关系的侵扰"第1361条规定："因地产导致对相邻关系的侵扰，且该侵扰超过正常情况下的不便利，地产的所有人、持有人或者经营者当然地承担责任。"④ 法国上议院议员贝塔耶以《卡特拉草案》及对卡特拉草案的《咨讯报告》为基础于2010年向法国上议院提交了一份《民事责任改革法建议稿》（又称《贝塔耶草案》），该草案第2章"责任"第4目"与侵扰邻居之行为有关的责任"第1386-12条规定："土地的所有者、占有者或者开发者对其邻居的侵扰超过正常情况下的不便利，则理应对由此侵扰而导致的后果负责。"⑤ 法国学术权威机构"法兰西学院"院士弗朗索瓦·泰雷组织同行向法国司法部提交了一份《民事责任法改革草案》（又称"泰雷责任法草案"）。在该草案"侵权章"第2节"特殊侵权的原则"第5目"对相邻关系的不正常侵扰行为"

① 王永宝译．奥斯曼帝国民法典[M]．北京：商务印书馆，2018：3-7.
② 陈华彬．法国近邻妨害问题研究——兼论中国的近邻妨害制度及其完善[M]// 梁慧星．民商法论丛：第5卷．北京：法律出版社，1996：310.
③ 陈华彬．法国近邻妨害问题研究——兼论中国的近邻妨害制度及其完善[M]// 梁慧星．民商法论丛：第5卷．北京：法律出版社，1996：299-359.
④ 李世刚．法国侵权责任法改革——基调与方向[M]．北京：人民日报出版社，2017：162.
⑤ 李世刚．法国侵权责任法改革——基调与方向[M]．北京：人民日报出版社，2017：256-257.

第 24 条规定：

"土地的所有者、占有者、居住者或者经营者，对领居造成侵扰的，应当就超越相邻关系之间正常程度的不便利的损害，承担责任。

"如果造成侵扰的经营活动符合现行法的规定且在原告于其土地上定居之前就已存在并自那时起就一直以相同条件存续，则不适用前款所述责任。当作为损害来源的建筑是依据行政授权运作时，法官无权禁止可致损活动的继续进行。但是法官可以判令对邻居进行损害赔偿或者判令施工以减少对邻居的侵扰。"[①]

法国司法部在上述多部草案的基础上于 2016 年面向社会公布了《民事责任改革法草案建议案（征求意见稿）》（又称《司法部责任法草案（2016）》）。其第 2 副编"民事责任"第 2 章"责任条件"第 2 节"非合同责任的专有规定"第 1 副节"非合同责任的致害行为"第 3 目"对相邻关系的不正常侵扰"第 1244 条规定：

"地产的所有人、承租人或者有权占有或经营地产的受益人，业主或者行使其权利之人，造成相邻关系侵扰的，应当就超越相邻关系之间正常程度的不便利的损害，承担责任。

"致害活动已经行政授权的，在不与行政机关针对公众健康与安全之利益所发布的指示发生冲突的情况下，法官仍可判以损害赔偿金或者命令采取合理的措施以排除侵扰。"[②]

通过上述草案可知，在民事责任法部分对相邻不可量物侵扰做出专门规定已成为法国民法改革过程中学者和立法者的共识。

尽管上述所列各国或地区的条款，均可大体上称为有关相邻不可量物排放的核心条款，但这些"核心条款"相互之间及它们与《德国民法典》第 906 条之间，无论是在立法理念上还是具体内容上均存在差异。德国、瑞士、意大利、荷兰、葡萄牙、韩国、加拿大魁北克省、埃及、埃塞俄比亚、阿尔及利亚等国家或地区的民法典，在立法之初，均未明确从环境保护角度来规范相邻不可量物排放关系，而只是从私人关系的调整角度对此

① 李世刚. 法国侵权责任法改革——基调与方向 [M]. 北京：人民日报出版社，2017：185.
② 李世刚. 法国侵权责任法改革——基调与方向 [M]. 北京：人民日报出版社，2017：195.

加以规定。这与当时的环保理念未发达到相应程度有关。当前，有不少环境法学者将这些核心条款纳入环境保护法域，并称其为环境保护私法，或环境保护民法，或环境权的私法保护。① 这二者并不矛盾。随着环境保护理念的全面倡导，这种理念在各部门法中均有所渗透。以环境法视角来评价或归纳各部门法中的法条渐成一种潮流。

中国、蒙古、越南等均在相邻不可量物排放条款中明确加入环境保护要素，并且在其条文中所规定的并非仅仅是私人与私人之间的关系，而是具有强烈的公法色彩。由于中国、蒙古、越南等国家或地区的相关立法时间较晚，因此受到了晚近才兴起的环境保护思潮以及由此而带来的环境法的繁荣的影响，② 这或许代表了一种立法趋势。但如何把环境保护的理念以更优越的立法技术体现于民法规范之中，是更为重要的课题。以《德国民法典》第906条为代表的其他传统大陆法系诸国或地区民法典中的相关核心条款中，虽未必出现"环境""污染"或"环境保护"等字样，但这并不代表着德国法律不重视环境保护。相比较而言，以《德国民法典》第906条为代表的贯彻私法理念的相邻不可量物排放"核心规则"，重在通过私法方式在相邻各方之间进行权利和义务分配，而且这种权利和义务分配源自且正视了长期以来的司法实践和社会现实，因此具有极强的可操作性。它已经完成了从"理念"向"规范"转化的过程。③ 而以我国《物权法》第90条为代表的贴上了环保标签的几个核心条款（如《蒙古民法典》第100条、《越南民法典》第172条），甚至很难称得上是一种有关相邻不可量物排放问题的"核心条款"，其内容尚未完成从"理念"的云端走向具

---

① 陈慈阳. 环境法总论 [M]. 北京：中国政法大学出版社，2003：11.

② 关于倡导在民法典中贯彻环保理念的代表性的研究成果如：徐国栋. 绿色民法典草案 [M]. 北京：社会科学文献出版社，2004. 徐国栋. 认真透析《绿色民法典》中的"绿" [J]. 法商研究，2003（6）；吕忠梅. 关于物权法的绿色思考 [J]. 中国法学，2000（5）；吕忠梅. "绿色"民法典的制定——21世纪环境资源法展望 [J]. 郑州大学学报（哲学社会科学版），2002（2）. 吕忠梅. 物权立法的"绿色"理性选择 [J]. 法学，2004（12）. 吕忠梅. "绿色民法典制定"与环境法学的创新 [J]. 法学论坛，2003（2）. 吕忠梅. 如何"绿化"民法典 [J]. 法学，2003（9）.

③ 关于"理念"和"规范"的关系，考夫曼有过精彩的图示。[德] 亚图·考夫曼. 类推与事物本质 [M]. 学林文化事业出版公司，1999：119.

体的"规范"的过程。因此，在当事人之间的权利义务分配的清晰程度上，以及在现实司法过程中的可操作性上，这些条款均无法超越《德国民法典》第906条。

德国、瑞士、意大利、荷兰、葡萄牙、奥地利、土库曼斯坦、埃塞俄比亚、秘鲁等，均明确在其条文中以列举的方式规定了不可量物的类型，而且其所列不可量物类型均限于气、响、辐射等类型，不包括固体、液体物质，尽管在具体列举的表达上存在某些差别。如《韩国民法典》《菲律宾民法典》将"液体"列为侵扰物的范围，但并未将固体列入。中国物权法所列各物，既包括气、响、辐射等传统意义上的不可量物，也包括液体（水污染物）、固体（固体废物）等有形物质，这使得"侵扰物"的范围无限扩大了，乃至于突破了传统意义上的"不可量物"的范围，从而使中国《物权法》第90条，不能被称作真正意义上的"不可量物排放"条款。上述对侵扰物类型的列举所呈现出来的差异，并非因纯技术性的因素所致，往往也包含了对"核心条款"功能的认识差异。中、韩所列各物质均突破了"不可量物"范畴，这是一种立法上的进步还是倒退，仍需要在理论上深入探讨。所评判依据，不外乎法条的实践功能以及法条与社会现实的契合度等。《加拿大魁北克省民法典》第976条未采取上述逐一列举排放物的表达方式，其"相邻干扰"（neighbourhood annoyances）一词包括但不限于《德国民法典》第906条意义上的不可量物排放所引起的干扰在内。

在权利与义务的分配上，德国、瑞士、意大利、埃塞俄比亚、韩国、加拿大的魁北克省的民法典都明确规定了相邻方的"容忍义务"。埃塞俄比亚的民法典虽未明确规定"容忍义务"，但可以从其条文中基于反对解释而认定"容忍义务"的存在。越南、蒙古等国的民法典以及中国物权法，均强调对土地所有人（不动产权利人）施加环境保护的义务，而未从相邻人的角度出发，对常态下的不可量物排放（适度排放或排放未引起妨害或只引起轻微妨害的）加以考虑，对当事人之间进行明晰的权利和义务分配。

第四节 英美法系中的私人侵扰制度

英美法系诸国，在判例中形成了侵扰（nuisance）制度。侵扰又被分为公共侵扰（public nuisance）与私人侵扰（private nuisance）。① 对公共利益如公共健康、公共安全、公共和平、公共舒适或者公共便利的不合理侵害属于公共侵扰的范畴。② 私人侵扰是对他人私人使用和享受土地这一利益的非侵入性的侵害。私人侵扰与大陆法系国家的"不可量物排放"制度大体相对应。

在英美法上，私人侵扰之诉最早可回溯到公元12世纪的排除妨害令状（拉丁文：assisa de nocumento，英文：assize of nuisance）。根据该令状，原告可对他人对其可终身保有的不动产的妨害请求予以排除或赔偿。③ 排除妨害令状是对当时新近侵占土地之诉（assize of novel disseisin）的补充。根据新近侵占土地之诉，权利人可向侵害其依法占有土地的人主张补救。当对土地占有的侵害不是通过直接侵占的方式，被告没有进入原告的土地，而是以非直接的方式损害土地或侵害原告对土地使用或享受时，排除妨害令状会为原告提供救济。新近侵占土地之诉旨在保护对土地的合法占有，而排除妨害令状旨在保护原告对土地的自由享受（free enjoyment）。这种排除妨害令状还延伸适用于对地役权及其利益的保护。15世纪初，排除妨害令状被一项侵扰类案诉讼（action on the case）所取代，这种侵扰类案诉讼自那之后成为侵扰在普通法上的唯一救济途径。这种类案诉讼仅适用于损害赔偿，而不适用于停止侵害，这一点与原来的救济方式不同。因此，如果原告希望成功的通过司法程序使被告停止侵害，他就必须向衡平法求助。

---

① Restatement（Second）of Torts § 821A Types of Nuisance.

② Restatement（Second）of Torts § 821B Public Nuisance.

③ 薛波. 元照英美法词典 [M]. 北京：法律出版社，2003：108.

一、私人侵扰制度所保护的利益

从私人侵扰诉讼的历史发展明显可见，最初通过这种方式获得保护的利益是对土地的使用和享受中包含的利益，包括地役权及其收益。这些利益持续地被私人侵扰诉讼所保护。当这些利益遭到侵害时，原告不仅可以使因侵害行为导致的土地本身及对土地的舒适享受受到的损害获得补救，还可以使他的家庭成员及各项动产受到的损害得到补救。美国侵权法重述（第2次）第821D节（私人侵扰）规定："私人侵扰是一种对他人的土地私人使用及享受中的利益的一种非进入性的侵害。"[①] 其中的"对土地的使用及享受中的利益"这一短语在广义上被美国侵权法重述所使。这种利益不仅包含一个人为了居住、农业、商业、工业及其他用途而实际使用土地所包含的利益，还包括在土地的实际使用价值不受物理状态变化的影响中包含的利益。同时，"在使用及享受中包含的利益"还包括一个人通过占用土地正常获得的愉悦、舒适、享受。

二、私人侵扰制度所保护的主体

美国侵权法重述（第2次）第821E节对私人侵扰制度所保护的主体做出了详细列举。该条规定：

基于私人侵扰所产生的责任，只向那些因侵扰行为受到影响的就土地的使用和享受享有财产权及特权的人承担，包括：

（a）该土地的所有人；

（b）该土地的地役权人和用益权人；

（c）对土地的使用及享受因侵扰行为而受到有害影响的非占有性不动产权人。

此条中的"财产权及特权"是指受到合法保护的利益，这些利益与被侵扰行为所影响的对土地的特别使用和享受相关。"财产权与特别"这一用语并不包括公众的公共权利，也不包括仅对特定人有效的纯合同性质的

---

① Restatement（Second）of Torts § 821D: A private nuisance is a nontrespassory invasion of another's interest in the private use and enjoyment of land.

权利。其所指的是与土地相关的对世性的权利，有时也被称为"物权"（rights in rem）。在土地上拥有"财产权利和特权"的人，只有当行为人的行为妨碍他所拥有的特定权利和特权的行使时，才能根据此处所述的规则维持一项诉讼。一个对某块土地上的矿产享有利益的人，对这块土地也有"财产权利和特权"，但只有当这些矿产或他对这些矿产的使用或享受被侵害时，他才可以主张反对他人的侵扰。

此节仅列举了没有争议的拥有与土地有关的财产权利和特权的人的类别。这几类人可以根据侵权法重述第822节所述的规则针对侵害其使用和享有土地权益的行为提起诉讼。侵权法重述没有列出在判断一个人对土地的权利及特权是否属于"财产权利与特权"时所适用的规则。这些问题交由美国财产法重述来解决。随着法律的发展，还会有其他权利与特权被认为属于本节所说的"与土地有关的财产权利和特权"的范畴。

此节中的"土地所有人"在美国侵权法重述（第2次）第328E节有所规定。它不仅包括对不动产的绝对所有权人，还包括不动产占有权人。不仅包括合法占有人，也包括非法占有人。通常情形下，对侵扰提起诉讼的只能是土地所有人。在侵害对土地的使用和享受案件中，由土地所有人作为原告的情形占绝大多数。对土地的"占有"本身也是一种利益，并且基于这种利益，占有者也可以要求行为人停止侵害。由此推断，若某人对某幢房产享有所有权，与其同住的家人因与该人一起占有这幢不动产，若侵扰对这些家人使用及享受这幢房产受到影响，他们也可以对私人侵扰行为提起诉讼。虽然有的判决否定了家人的上述权利，但在绝大多数案件中，是支持家人的上述诉求的。

此节中的"土地的地役权人和用益权人"在美国财产法重述第5编有所描述。地役权人和用益权人对土地虽然也有"财产权"，但是其与该土地相关的使用与享受的权利是有限的。只有基于其地役权或用益权所产生的特定的与土地相关的使用或享受受到侵扰时，他才可以根据侵权法重述第822节的规则提起诉讼。

有关本节中"非占有性不动产权人"的认定规则，在美国财产法重述中有所描述。在大多数情况下，非占有性不动产权人并不享有对土地的实际使用或享受有关的权利与特权。因此，大多数情况下，他们也不能对侵扰行为提起诉讼。但在某些案件中，若侵扰行为对土地的实际使用或享受带来长久性的、不利的影响，并由此影响到非占有性不动产权人对该土地未来的使用与享受的，他便可以对侵扰行为提起诉讼。这种情况通常发生于土地不定期租赁的情形。在这种情形下，非占有性不动产权人通常是向租户收取租金的业主，在上述侵扰行为对土地使用带来长久或持续性的侵害时，他的不动产的价值也当然会受到损害。

三、私人侵扰责任的构成要素

（一）侵扰行为

英美法上所称的私人侵扰行为，通常表现为无形的侵入（intangible invasion），如气味、光线、声音、振动、烟尘、空气污染或水污染，而非有形的侵入（physical invasion）。[①] 私人侵扰行为通常是持续性的、非法的，以及非直接性的对他人享受其土地或其与土地有关的其他权利的干涉。[②] 侵扰和侵入的传统区别取决于侵犯的性质：是否存在有形进入行为（physical entry）？有形进入他人不动产的行为干涉的是占有人的占有权，构成的是侵入。例如，F 站在自己的工厂上往相邻的 N 的住宅后院扔石头的行为，就属于有形进入行为，因而属于侵入（trespass）。有形进入以外的任何干涉不动产的利用和享受权的行为，都由侵扰法调整。假设 F 的工厂通常整个晚上都发出噪音，使 N 难以入睡。这种噪音不属于有形进入不动产的行为，因此，N 的索赔权利由侵扰法调整。[③] 但是，科学技术的发展进步导致从前界限分明的侵扰和侵入之间的区别变得模糊起来。其原因在于，像浓烟、臭气、蒸汽等物，虽然与石头比较起来，属于无形进入，但是现代科技认为，上述物质之中包含着各种物理学意义上的粒子，是否侵犯的粒子大到足以看见，像石头那样，才可以被认为是侵入，如果小的

---

① Barlow Burke and Joseph A.Snoe, Propery, Aspen Publishers, Inc., 2003：431.

② Vivienne Harpwood, Principles of Tort Law, third edition, Cavendish Publishing Limited, 1997：187.

③ [美]约翰·G.斯普兰克林．美国财产法精解[M].钟书峰，译．北京：北京大学出版社，2009：467.

看不见的，只能算侵扰。美国法院在20世纪90年代后期开始，越来越强调造成的损害性质而不强调粒子的大小，这样便导致了即使是微粒子侵入如烟尘等，也可被定位为侵入，这就使得对于干涉物处于分界线的案件，既可以将其定位为侵扰，也可将其定位为侵入，如何定位，可以由原告自行选择。①

可能引发私人侵扰侵权责任的行为，既可以是积极的作为，也可以是消极的不作为。② 积极行为中，如果土地由其他人承租，出租人若因自己的行为对他人造成侵扰，他当然要承担责任。如果侵扰行为是由承租人造成，但出租人在出租时同意承租人从事这种侵扰行为，或知道或有理由知道承租人将要实施这种行为，并且他明知或应当知道这种行为会带来侵扰后果或者已经带来了侵扰后果，那么出租人便应对在该土地上进行活动所造成的侵扰后果承担责任。如果土地被转让给第三人，在该土地上产生的侵扰行为发生在土地转让之后，那么原土地所有人对该侵扰行为不需要承担责任。③ 不作为侵扰行为，如土地占有人放任第三人在其土地上从事侵扰活动，对该侵扰行为，土地占有人明知或有理由知道会带来侵扰后果，但仍然同意第三人从事该行为或未能采取合理措施避免侵扰结果的发生，此时，该土地占有人应对该侵扰承担责任。④ 又如，土地占有人对在他占有期间由该土地上的可消除的人工设施所释放的干扰，他明知或应知该干扰的存在及其可能会带来侵扰后果，并且他明知或应知这一人工设施的存在未经受其侵扰影响者的同意，但未能利用合理机会采取合理措施以消除这种干扰以使受影响者不受侵扰，那么他便应对此侵扰承担责任。⑤

（二）实质损害

构成侵扰责任的第二个要素是侵扰行为对他人带来了"实质损害"（significant harm）。在认定"实质损害"的构成时，也要结合各种因素。

---

① ［美］约翰·G.斯普兰克林.美国财产法精解［M］.钟书峰，译.北京：北京大学出版社，2009：468.

② Restatement（Second）of Torts §821D.

③ Restatement（Second）of Torts §837.

④ Restatement（Second）of Torts §838.

⑤ Restatement（Second）of Torts §839.

如损害的程度、损害的性质、法律赋予被侵扰的此类使用或享受的社会价值、被侵扰的特定使用或享受与该社区性质的适合程度、受损害者为避免该损害所承受的负担等。① 上述诸要素中的核心因素便是，在受害人所处的社区，一个正常人或一件用于正常目的的正常财产在处于同等受侵扰的条件下，都认为这构成一种损害。② 例如，A 经常与其朋友在自己家草坪上玩槌球，击球或交谈会产生一定的噪音。该社区的一般居民不会觉得这构成损害。若其邻人中有人因自身过于敏感，而被噪音弄的焦躁不安且生病住院，即使如此，该邻人也不能向 A 主张私人侵扰责任。又如，B 经营一条赛道，夜间赛道泛光灯发出亮光，C 在隔壁经营一家露天电影院。B 的赛道灯光反射相当于满月的月光，对任何正常使用邻近土地的人来说都是无害，但严重干扰了 C 的露天电影院的运行，使 C 失去了客户。此种情况下，C 不能向 B 主张私人侵扰责任。再如，D 经营一个屠宰场，它散发出强烈的令人厌恶的气味，足以使生活在屠宰场附近的普通人无法忍受。住在隔壁的 E 因嗅觉失灵，其本人闻不到这种气味。尽管如此，E 仍可起诉 D 承担私人侵扰责任。另如，假设 F 的工厂排放难闻的臭气，虽然这种臭气会使从工厂旁边经过的行人 P 感到难受，但是，它并不影响 P 的使用和享受其不动产的行为。因此，P 不能主张受到侵扰。而如果这种臭气使得 N 难以在位于 F 工厂旁边的住宅中生活，N 可以起诉 F 的行为构成侵扰。

在认定实质损害时，通常要考虑到受害人所处社区的位置、特征和习惯。相同的侵扰行为，可能会在不同的社区产生不同的法律后果。例如，在一个城市的居民区，鸡舍的气味是非常令人讨厌的，可以被认定为构成"实质损害"；但在农村地区，这种气味通常被认为是无害并可以接受的，不构成"实质损害"。

从轻重程度上来看，这种损害应该是达到一定的重大程度，超过了轻微不便或微小损害的范畴。"法律不理琐事"，细小损害不在法律保护之列，如果原告要提起侵扰责任之诉，就得先证明其对土地的使用或享受权益受到了实际且相当程度的损害。

---

① Restatement（Second）of Torts § 827.

② Restatement（Second）of Torts § 821F.

（三）主观过错

在主观状态上，侵扰行为人应是故意的或不合理的。即使行为人主观上并无故意，但根据管制因过失或莽撞行为或异常危险状况或活动而承担责任的规则可被提起诉讼时，仍有可能构成侵扰责任。[①] 例如，E 在其郊区的房子后院储存大量的炸药，这很可能属于高度危险情形——因此属于侵扰行为——无论 E 的行为意图如何，无论其行为是否合理。[②] 在下列情形下，对他人使用和享受土地的权益的侵扰行为被认为是故意的：第一，行为人在实施侵扰行为时即以上述侵扰结果为目的；第二，行为人明知其行为正在导致或极有可能导致上述侵扰结果的发生。[③] 例如，E 的工厂定期发出极大的噪音，造成相邻房屋所有人 N 整夜都无法入睡。N 向 E 投诉，但该噪音仍然存在。很可能 E 的行为是出于恶意，或许 E 希望给 N 带来损害。如果是这样，根据侵权法重述（第一次）的标准，E 的行为属于"故意的"。但是，更有可能的是 E 实际上并没有损害 N 的意图。可是，根据侵权法重述（第二次）的标准，E 的行业仍然属于"故意的"，因为从 N 的投诉，E 知道继续经营工厂造成的噪音将给 N 带来损害。又如，在 Morgan V.High Penn Oil Co. 一案中，被告经营的炼油厂定期释放令人讨厌的气体和臭味，原告以及其他相邻的不动产所有人均感到恶心。原告把这些问题告诉被告并要求被告停止排放这些气体和臭味。因此，被告知道原告会受到损害，但仍然继续经营炼油厂，没有停止排放上述气体和臭味。北卡罗来纳州最高法院适用侵权法重述（第二次）的标准，判决该种行为出于故意：被告"故意……造成令人恶心的气体和臭味进入原告的九英亩土地上，导致妨碍原告使用和享受他们自己的不动产"。

但即使存在故意，损害也要达到一定程度的严重性时才构成侵扰责任。[④]

---

① Restatement（Second）of Torts § 822.

② [美] 约翰·G. 斯普兰克林. 美国财产法精解 [M]. 钟书峰，译. 北京：北京大学出版社，2009：471.

③ Restatement（Second）of Torts § 825.

④ Restatement（Second）of Torts § 826.

（四）抗辩事由

在私人侵扰诉讼中，被告在某些情况下可以主张抗辩。抗辩事由主要包括与有过失、自担风险、自己进入侵扰等。在与有过失的情形下，当侵扰是由被告的过失行为所造成时，原告的与有过失构成与在其他过失之中的同等程度的抗辩事由。但当损害是由被告的故意或莽撞行为所造成时，原告的与有过失并不构成被告的抗辩事由。当侵扰是由异常危险状况或活动所造成时，只有当原告自愿并且不合理地置身于该伤害风险时，与有过失才构成抗辩事由。[①] 原告的自担风险构成与在其他侵权之诉中同等程度的抗辩事由。[②] 若侵扰行为产生在先，原告迁居其邻地在后，此时便构成"自己进入侵扰"（也有学者译为"自找妨害"[③]）。自己进入侵扰并不足以禁止原告提起侵扰之诉，但在责任认定和承担过程中，它是法官所需考虑的一个重要因素。[④] 自己进入侵扰，例如，B 在无人居住的乡村地区设立造船厂，在 20 年里，该工厂定期排放烟尘、臭味并发出噪音。现 H 购买相邻的土地并建造住宅后，立即起诉上述行为构成私人侵扰。此时，B 是否拥有抗辩理由？对此，在有段时间，许多法院曾持肯定态度，承认 B 的"自己进入侵扰"抗辩理由，以保护在先的使用行为。基于此种态度，H 将不能得到救济。但是现在，几乎美国所有的法院都拒绝采纳这一抗辩理由，因为它实际上允许了在先使用的居民阻碍社区中新的开发行为。[⑤] 在侵扰过程中，虽有来自第三人的参与，但除非第三人的参与侵扰可能影响该社区的使用性质，否则被告不能以第三人参与侵扰为由提出抗辩。[⑥]

四、私人侵扰的救济措施

美国法上私人侵扰的救济措施主要有两类：禁令和赔偿损失。

---

① Restatement（Second）of Torts § 840B.

② Restatement（Second）of Torts § 840C.

③ 王洪平.“自找妨害”之诉的救济——以利益平衡基础上的英美判例法为视角 [J]. 烟台大学学报（哲学社会科学版），2009（3）.

④ Restatement（Second）of Torts § 840D.

⑤ Carpenter v.Double R Cattle Co., Inc., 105 Idaho 320（1983），669 P.2d 643.

⑥ Restatement（Second）of Torts § 840E.

（一）禁令（Injunction）

颁发禁令曾是私人侵扰案件的传统救济措施。但到19世纪晚期，为了促进工业发展，禁令被使用的范围大大缩减。法院多采用"公平比较规则"（balancing the equities），判断根据案情颁发禁令是否合适。例如，假设法院认定 D 的舞蹈排练室产生的噪音属于侵扰。为取消噪音而安装隔音设备需要 D 付出10万美元的代价。但是，噪音问题只会造成 P 的不动产价值降低1000美元。颁发禁令将给 D 增加10万美元的成本，但仅能赋予 P 1000美元的利益。由于成本高于利益，所以，法院将拒绝颁发禁令而仅判决赔偿1000美元的损失给 P。[①] 另一种救济选择是颁发禁令禁止侵扰行为，但同时要求原告补偿被告为遵循禁令而付出的成本。

（二）赔偿损失

补偿性损失赔偿的相应计算方法，取决于是暂时侵扰还是长期侵扰。如果是长期侵扰，原告在诉讼中可以得到完全的损失赔偿——包括已经发生和将来发生的损害赔偿。损失赔偿数额按照侵扰造成相关不动产合理市场价值的贬值程度予以计算。例如，假设法院认定 D 的熔炉厂发出的噪音属于侵扰而且该噪音不可能降低。如果这种将长期存在的噪音会造成 P 的不动产价值从20万美元降低到15万美元，则 P 可以得到5万美元的损失赔偿。但是，如果属于暂时侵扰，原告仅能得到已发生的损害的赔偿。如果此后又受到损失，原告可以在将来再提起诉讼。在这种情形下，原告取得的损失赔偿数额等于所降低的不动产租金价值或者使用价值以及其他特别损失。假设 D 在熔炉厂安装了新的消噪设备，完全解决了噪音问题。但在此前噪音持续了两年，把 P 的不动产租金价值从每年1.5万美元降至每年1.2万美元，则 P 可以取得6000美元的损失赔偿数额。[②]

（三）布默诉大西洋水泥公司案

在侵扰责任的承担方式的历史发展上，布默诉大西洋水泥公司案具有

---

① ［美］约翰·G.斯普兰克林.美国财产法精解 [M].钟书峰，译.北京：北京大学出版社，2009：476.

② ［美］约翰·G.斯普兰克林.美国财产法精解 [M].钟书峰，译.北京：北京大学出版社，2009：479.

重要的意义。被告大西洋水泥公司在纽约奥尔巴尼市附近建造了一座大型水泥厂。该工厂释放的灰尘、烟雾和震动损害了布默以及其他原告的不动产。初审法院没有考虑大西洋水泥公司的行为效用，得出水泥厂的行为构成私人侵扰的结论。但它拒绝颁发禁令，而是判决原告得到至诉讼时为止的损失赔偿，并判决允许原告有权对将来受到的进一步损失提起诉讼。原告不服提出上诉。上诉法院强调，当时并没有技术可以控制水泥厂产生的烟尘和其他副作用，若遵循传统规则颁发禁令，将导致该水泥厂立即关闭，这会造成大西洋水泥公司价值4500万美元的工厂受到极大损失，并导致300个员工失业，同时，社会还可能会承担更高的水泥价格。此时，在"侵扰与禁令之间的经济影响存在巨大的反差"。法院比较了对各方当事人的利益之后做出判决："全部同意"避免关闭工厂的"严厉救济措施"。在考虑对水泥厂采取何种措施时，法院考虑了两种方案：方案一是颁发禁令，但延期至研究出防止那些排放行为的技术时生效；方案二是指示初审法院判决大西洋水泥公司在支付永久性赔偿损失的费用后搬厂。[1] 其本质上是用补偿性损失赔偿判决代替禁令判决。[2] 法院最终选择了第二种方案。

　　布默案是现代侵扰法中最著名的判例之一。其主要原因在于布默案标志着人们对私人侵扰的救济措施的态度发生了改变。布默案代表着这样一类案件，在这些案件中，具有社会价值的工厂给一小部分原告造成了相对较小的损失。布默案出现前的法院遇到这种案情大致只能做出如下两种选择：第一，判决不存在侵扰（从而允许工厂继续损害原告）；第二，颁发禁令禁止侵扰行为。前两种选择都不能令人满意。布默案中的判决在确定救济方式时，比较了救济措施对原被告双方及社会利益带来的经济影响之后提出了第三种选择——支付永久性损失赔偿以代替禁令。这种思路及选择对后世影响深远。[3]

---

① Boomer v Atlantic Cement Co., 26 N.Y.2d 219（1970），257 N.E.2d 870, 309 N.Y.S.2d 312, 1 ERC 1175, 40 A.L.R.3d 590

② [美]约翰·G.斯普兰克林.美国财产法精解[M].钟书峰，译.北京：北京大学出版社，2009：477.

③ [美]约翰·G.斯普兰克林.美国财产法精解[M].钟书峰，译.北京：北京大学出版社，2009：478.

第二章　我国的相邻不可量物排放规则

第一节　清末与民国时期的相关规则

一、清末之前的相关民间法

清末改良运动之前，中国的法多以刑法的面目出现。为现代民法所关注的诸多民事问题，被视为"薄物细故"，未能得到国家法的充分关注。即使国家法对现代意义上的民事关系加以调整，也多通过刑事手段，而非民事手段。在这种情况下，中国古代大量的民法规则均通过民间法的形式表现出来。这些民间法的资源包括具有地域特征的民间习惯，具有行业特征的商业惯例，还包括乡规民约等。

我国清末民初以及此前的社会对民事相邻关系的调整规则，主要不是来自国家法，而是来自民间法。在明代，法律已注意对相邻关系的调整。明太祖的圣谕六条中就有"和睦乡里"，处理好相邻关系是其中的应有之义。因此，在皇帝的倡导下，这种相邻关系中的当事人一般都能自行处理好。但也有因相邻关系处理不好而构词兴讼的。明末官僚祁彪佳任福建省兴化府推官时就本着"全亲邻之好"、相互忍让的原则，调处了一起因飞檐滴水和填堵通道而引起的纠纷案。[①] 清末民初立法，政府开展了民间习惯的调查工作。根据国民政府主持的习惯调查所编辑的《民事习惯调查报

---

① 参见祁彪佳:《莅阳献牍》，不分卷"本府一起逆父攻掠事免罪直……等"。张晋藩，怀效锋.中国法制通史·第七卷·明 [M].北京：法律出版社，1999：215.

告录》，我们可获知的民间相邻关系规则主要集中于檐滴、相邻划界、植物越界、邻地利用、风水等领域。

（一）涉及相邻檐滴的习惯

1. 直隶省安国、安新等县习惯。建房以自己之地界留有滴水之基址最为普通，乃于自己地界不留余地，竟借用地邻毗连之地基作为滴水地，应可认为一种特殊之习惯。①

2. 河南省开封县之习惯。地主建筑房屋，不得使檐水注滴邻近，然亦仅以不致伤及邻屋为已足，初无墙，外必留若干尺之限制也。至市井繁盛之区，房舍比栉，或无余地可承滴水，多在檐头修一天沟，引水回流，俾入己院。②

3. 山东省嘉祥县之习惯。建筑房屋，须留滴水地二三尺。（按：此种习惯不仅嘉祥县一处有之）。③

4. 山东平度习惯。借山墙可以盖屋，其滴水不许侵入邻人地内，谓之"借山不借水"。又出水阳沟非自己界内，不能任便修理，亦不是借水之意。（按：借山不害他人之利益，相邻间之睦谊，自无妨于借，若滴水及水沟侵入人屋，则损害殊多，其不许借也宜矣。）④

5. 山西平遥县习惯。房屋滴水地，除契载尺寸明确及界址明显者外，以距离墙根六寸或八寸为滴水地。⑤

6. 福建省福州习惯。屋瓦斜垂前后柱之外，达于檐端以滴雨溜者，曰"滴水屋瓦"；傍行为于左右木扇之外，达于边端以蔽风雨者，曰"飞檐"。福建建筑物有"滴水滴自己、飞檐飞他人"之习惯。前者如甲、乙、丙三

---

① 前南京国民政府司法行政部编.民事习惯调查报告录[M].北京：中国政法大学出版社，2005：19.

② 前南京国民政府司法行政部编.民事习惯调查报告录[M].北京：中国政法大学出版社，2005：101.

③ 前南京国民政府司法行政部编.民事习惯调查报告录[M].北京：中国政法大学出版社，2005：112.

④ 前南京国民政府司法行政部编.民事习惯调查报告录[M].北京：中国政法大学出版社，2005：108.

⑤ 前南京国民政府司法行政部编.民事习惯调查报告录[M].北京：中国政法大学出版社，2005：119.

地前后邻接，假定甲地居中，乙地在前，丙地在后，甲欲盖屋，其前后檐均只得在甲自己所有地之范围内为滴水，不得以前后柱所立为标准。设其前后柱所立已尽甲地，则柱外之垂檐，前端必越乙地，后端必越丙地为滴水矣。此时，乙、丙可出而拒却之，令其前后柱及前后沿端折缩入甲地界内，无论已未竣工，甲不得有所异说，然乙、丙亦不得姑息而自丧其所有权。后者如子、丑、寅三地左右邻接，假定子地居中，丑地在左，寅地在右，丑、寅二地均未盖屋，独子地先盖，其屋瓦可于左右"木扇"之外翼出旁檐，以蔽风雨，否则，丑、寅两地，尚属无障空地，子屋壁"木扇"易受飘淋，故在子，虽已借用他人所有之天空，而丑、寅不得以越界出而拒却。但至丑地、寅地续行盖屋时，子屋之飞檐即应拆缩至于傍"木扇"平行，以所借天空还丑或寅，因此时邻屋已足资障蔽，无需飞檐，子不得久假不归也。①

（二）涉及相邻划界的习惯

1. 山东省平度县之习惯（隔道找地）。土地相邻之间，其中必有通行之道，狡黠者往往刨道耕种，挤入邻地。例如，东邻积渐刨道，道遂日偏于西，久之，原道没而邻地日缩，故西邻欲找回原地，必须调取双方文契，丈明阔步，方可隔道以索地，所以相传有"隔道找地"之说。（按：清厘地界，非丈量不足以明原数。若仅以形式上认定此疆彼界，则道可积久日移，而弱者恒被豪强之侵蚀不少，故地亩文约上之阔步须誉载分明，并丈量四至时，邀请地邻作证，洵不可缺。）②

2. 山西省荣河县习惯。凡民宅围墙，大都有两邻基界，中点筑起，名曰"官界墙"。其齐自己基界筑墙者，名曰"私墙"。③

3. 安徽省蒙城县习惯。两地相连，中隔一沟，各以沟心为界，盖沟道系邻人双方公共之地，彼此地内积水之所由出。如一方管有全沟，则此欲出水彼欲阻塞，则彼此不便，或彼欲挑深，此欲填高，则水路窒碍。以沟

---

① 前南京国民政府司法行政部编.民事习惯调查报告录[M].北京：中国政法大学出版社，2005：250.

② 前南京国民政府司法行政部编.民事习惯调查报告录[M].北京：中国政法大学出版社，2005：116.

③ 前南京国民政府司法行政部编.民事习惯调查报告录[M].北京：中国政法大学出版社，2005：141.

心为界，公共管理，彼此互商，于农务颇有裨益。①

4. 浙江省嵊县习惯。墙脚正、反面之分别。筑砌墙脚，以较光洁之一面朝外（朝他人地上），较粗糙之一面朝里（糙朝自己地上），较光洁之一面谓之正面，较粗糙之一面谓之反面。凡看墙垣之属于何人，即可以正、反面之朝于何方定之。②

5. 福建省顺昌县习惯。如有甲、乙两地毗连，甲欲建筑房屋，在普通习惯上，疆界处皆应留一二尺之隙地。但甲与乙若订立书据，约定接近疆界建筑，将来乙建筑房屋时，可附就甲建筑之墙。或甲当初建筑时，即将其墙建筑于疆界线上，将来该墙即成甲、乙之伙墙。③

6. 湖北省竹溪、麻城、汉阳、郧县、五峰、兴山六县习惯。（1）甲、乙两人土地相连，甲于毗连乙地之处所建筑房屋或开挖田塘，其自疆界线起之距离，竹溪习惯，须距离尺许；麻城习惯，须距离十余尺；汉阳习惯，须距离五尺或一丈；郧县习惯，建筑房屋须距离二三尺，开辟田亩须距离一二尺，开凿池塘须距离丈许，最近亦不得在二尺之内；五峰、兴山两县习惯，以不越界外为限制，均无一定之距离。④（2）两地毗连之种植距离。种植树竹，自疆界线起之距离，兴山、郧县习惯，均须距离一尺；麻城习惯，须距离界线五尺以外；竹溪习惯，甲、乙两地毗连，仅甲地或仅乙地种植，可即由疆界线种起，若甲、乙两地均欲种植，则须公同商酌，各距界线尺许，种树则以两树间之适中地点为界线，汉阳、五峰两县习惯，从疆界线起即可种树，但以不侵越界线外之土地为限，并无一定距离。⑤

7. 湖北省京山、广济、谷城、竹山四县习惯。两地毗连之建筑距离。

---

① 前南京国民政府司法行政部编.民事习惯调查报告录 [M]. 北京：中国政法大学出版社，2005：182.

② 前南京国民政府司法行政部编.民事习惯调查报告录 [M]. 北京：中国政法大学出版社，2005：232.

③ 前南京国民政府司法行政部编.民事习惯调查报告录 [M]. 北京：中国政法大学出版社，2005：243.

④ 前南京国民政府司法行政部编.民事习惯调查报告录 [M]. 北京：中国政法大学出版社，2005：266.

⑤ 前南京国民政府司法行政部编.民事习惯调查报告录 [M]. 北京：中国政法大学出版社，2005：266.

甲、乙两人土地相连，如建筑房屋或开挖田塘，京山县须各于连界处距离尺许。广济县，建造房屋，于屋檐留二三尺滴水；开挖田塘，留一条田岸或塘岸。谷城县各以地界为限，无距离若干之习惯。竹山县造屋以屋檐滴水为界，开田仅留田坎。[①]

8. 湖北省京山、谷城、竹山、巴东、潜江五县习惯。两地毗连之种植距离。京山、谷城两县均系各守疆界，无距离习惯。竹山县有抵齐边者，有距离二三尺或至数丈不等。巴东、潜江两县，总以预计将来竹木根枝不妨害邻地及其地上之物为限。[②]

9. 甘肃省习惯。土地相邻人于其地面建筑房屋、墙垣，不得侵及他人土地界线（按：此习惯为甘肃各县所通行）。[③]

（三）涉及植物越界的习惯

1. 湖北省竹溪、麻城、汉阳、郧县、五峰、兴山六县习惯。（1）枝根侵入邻地。甲、乙两人土地相连，甲地之树竹枝根横长越入乙地界以内，致与乙地之耕作有妨害者，汉阳、兴山两县习惯，乙应先向甲声明，请其刈除，甲已应允，则枝根应归甲有，若甲不应其所求，乙即得自行刈除，其枝根即归乙有；郧县习惯，乙得径自刈除，其枝根应归乙有，甲不能过问；麻城习惯，乙虽得径自刈除，但枝根仍归甲有；竹溪习惯，乙得径自刈除，但树根侵入地中者应归乙有，其树枝虽越界线，仍归甲有；五峰习惯，村枝应向甲声明，令其刈除，其枝仍归甲有，树根得由乙径自挖除，其根即归乙有。[④]（2）果实落入邻地：甲、乙两人土地相连，甲地内所种果木之果实落入相邻乙地界址以内，兴山、麻城、汉阳、五峰四县习惯，甲之果实落入乙界，仍归甲有，乙不得视为己有，纵然拾取，亦须向甲说明；竹溪习惯，分旷野与比屋而居二种，如落入乙之旷野地界以内，其果实仍应归诸甲有，若系比屋而居落入乙地者，即应视为乙有；郧县习惯，凡果实自落入乙地者，视为乙有，若系由甲打落或摘落者，则仍应归甲有。①

2. 湖北省通山、谷城、潜江、竹山、巴东、广济、京山七县习惯。（1）树竹根侵入邻地。通山、谷城两县，甲地之树竹枝根侵入乙地，乙得请甲将其侵入之根枝刈除，如甲不理，乙得凭中自行刈除，所刈除之根枝，乙得留为己有。潜江、竹山两县，乙可向甲声明将其根枝刈除，其刈除之根枝归甲。巴东县有请甲刈除，有商允甲代为刈除，根枝仍归于甲，有商请不听或并不商请径自刈除，而留其根枝者。广济县分两种，地上之根侵入乙地，乙得刈除，仍归甲有；地下之根侵入乙地，乙得自砍自有。京山县侵入乙地根枝，乙得自行刈除，归甲、归乙，无一定习惯。②（2）果实落于邻地。通山、潜江、广济、竹山四县，甲地内所种果木之果实落入相邻之乙地内，其所落之果实均归甲有。京山县则多归于甲。巴东县因甲摘取落入乙地者，多归甲；自落于乙之院内者，多归乙。谷城县自落于乙地者，归乙。③

（四）涉及邻地利用的习惯

1. 山西解县习惯。甲、乙两地毗连，至甲地必须经过乙地，甲地所有人于乙地播种至收获之期间内，只得行走地畔。④

2. 山西介休县习惯。民间所有田地房院等类，譬如四邻同系甲某之业，其中一段确系乙某之业，绝无通路，乙某欲至其地或房院时，仍得由甲某之地通行，甲某亦不得干涉阻拦，俗曰"世无天爷毛子"。（按：此项习惯与地袋通行权之法理相符）。⑤

---

① 前南京国民政府司法行政部编.民事习惯调查报告录[M].北京：中国政法大学出版社，2005：266.

② 前南京国民政府司法行政部编.民事习惯调查报告录[M].北京：中国政法大学出版社，2005：273.

③ 前南京国民政府司法行政部编.民事习惯调查报告录[M].北京：中国政法大学出版社，2005：274.

④ 前南京国民政府司法行政部编.民事习惯调查报告录[M].北京：中国政法大学出版社，2005：122.

⑤ 前南京国民政府司法行政部编.民事习惯调查报告录[M].北京：中国政法大学出版社，2005：131.

3. 湖北省竹溪、麻城、汉阳、郧县、五峰、兴山六县习惯。使用邻地之限制。土地所有人因疏通水道或开设道路，依该地天然形式必须向相邻地通过者，及不通公路之土地，所有人因欲达公路必须由周围邻地通行者，五峰、竹溪习惯，关于疏通水道，分个人利益与公众利益两种，如仅属个人利益，必须向邻地人置买或租借，始准通过，若事关公益，则只须通知邻地人即准通过；关于开设道路，亦分个人利益与公众利益两种，仅属个人利益亦须租借，若属公益，则事前即不通知，其相邻人亦不得阻止。麻城习惯不同，疏通水道或开设道路，分为有老例与无老例两种，有老例者不必租借，应准通过；无老例者必须置买，仅系租借，仍不准通过。兴山习惯，开通水道，必向邻地人租买后，始准通过，惟开设行路，则不必租买，亦准通过。郧县、汉阳习惯，不论水道或行路，均须向邻地人置买或租借，始得通过。①

4. 浙江省永嘉县习惯。邻田过水无须书据设定（类似于学理上的法定地役权）。永嘉县田亩内进由外进过水，视为当然之事，向不用书据设定，即取得过水权。②

5. 湖北省潜江、谷城、广济、竹山、巴东、京山六县习惯。使用邻地之限制。土地所有人因疏通水道或开通道路，必须由相邻地通过者，潜江、谷城、广济竹山四县习惯，须向邻人租买，始能通过；巴东、京山两县，有须租买、有不须租买亦准通过者。③

6. 湖南省长沙、常德等县共通习惯。房屋寄缝。人烟稠密之区，屋庐栉比，致无隙地，其间架而居者，不得不借用他人之墙壁以为自己之墙壁，名曰"寄缝"。最初须得相邻人之承诺，承诺以后应受拘束，迨辗转让渡，契约上迭次注明，遂成为固有之权利。但邻地所有人于自己屋墙脚

① 前南京国民政府司法行政部编.民事习惯调查报告录[M].北京：中国政法大学出版社，2005：266-267.
② 前南京国民政府司法行政部编.民事习惯调查报告录[M].北京：中国政法大学出版社，2005：222.
③ 前南京国民政府司法行政部编.民事习惯调查报告录[M].北京：中国政法大学出版社，2005：275.

嵌有"不许寄缝"字样之石碑，此项习惯即不适用。①

7. 陕西省澄县习惯。（1）所有人得排除邻地侵害。土地所有人于自己土地上设立工场或挖坑取土，若于邻地有损害者，邻地之所有人得禁止之。②（2）承不义务及蓄水、泄水工作物之限制。连畔之地，其低处地之所有人，对于高处地自然流至之水，不得任意筑堤防阻。如高处地这所有人，欲施工作开挖沟渠蓄水、泄水，必须计及低处地俾无损害；若于低处地有损害时，则低处地之所有人得阻止之。③

8. 甘肃省习惯。过风路。在他人房院前建筑房屋、围墙，须留通行之道路。（按：繁盛地方，房屋类多衔接，建筑时，自以不碍交通为要件，此种习惯亦地役权之一种。）④

9. 甘肃省习惯。使用地邻之报酬。土地所有权人为灌溉便利，欲由他人地内经过者，须得其地主之允许，并须予以相当之报酬。⑤

（五）涉及风水相邻关系的习惯

1. 山东寿光县习惯。甲茔地与乙地毗连，在离茔百步之内，乙不得在自己地内穿井或建筑房屋。据称，该县民系惑于风水之说，故有此严重之制限。⑥

2. 福建省连城县习惯。凡殷富家新建一屋或新筑一坟，其相邻者恒藉屋之高下、坟之远近，主张有碍风水；甚有地隔数十弓，犹以骑龙跨穴之说阻挠不休，致缠讼破产而不悔者。⑦

---

① 前南京国民政府司法行政部编．民事习惯调查报告录 [M]．北京：中国政法大学出版社，2005：278.

② 前南京国民政府司法行政部编．民事习惯调查报告录 [M]．北京：中国政法大学出版社，2005：289.

③ 前南京国民政府司法行政部编．民事习惯调查报告录 [M]．北京：中国政法大学出版社，2005：289.

④ 前南京国民政府司法行政部编．民事习惯调查报告录 [M]．北京：中国政法大学出版社，2005：311.

⑤ 前南京国民政府司法行政部编．民事习惯调查报告录 [M]．北京：中国政法大学出版社，2005：311.

⑥ 前南京国民政府司法行政部编．民事习惯调查报告录 [M]．北京：中国政法大学出版社，2005：116.

⑦ 前南京国民政府司法行政部编．民事习惯调查报告录 [M]．北京：中国政法大学出版社，2005：241.

3. 福建省福清县习惯。福清民间多信风水，故若架屋稍高，葬坟稍近，相邻人每出干涉，致成讼案。①

从上述相邻关系习惯来看，勉强能与现代意义上的相邻不可量物排放关系发生联系的，似乎只有相邻风水关系。若依德国民法理论，这似乎可以解释为观念侵害。而在德国，也不过是基于对《德国民法典》第906条的扩张解释而类推适用于该种情况。

二、清末之前的相关国家法

考察中国古代史，遍寻史料，所能找到的与相邻不可量物排放多少有些联系的国家法，只有如下寥寥几条。

1. 商朝。公元前17世纪商王朝的刑法规定：弃灰于道者断其手。②《盐铁论·刑法篇》记载，"商君刑弃灰于道"。

2. 秦朝。《史记·商君列传·集解》中记载《秦律》规定，"弃灰于道者被刑"。同书《索引》范苑云："秦法、弃灰于道者刑"。

3. 唐朝。《唐律·杂律》规定"诸侵占巷街阡陌者，杖七十，若种植垦食者，笞五十，各令复故，虽种植无所防废者，不坐，真（直）穿垣出秽污者，杖六十，出水者勿论，主司不禁与罪同。"

4. 宋朝。《宋刑统·杂律》规定："诸穿垣出秽污者，杖六十，主司不禁与罪同。"另，针对开封城内有许多排放污水的沟道，相邻而居的百姓如果乱扔垃圾堵塞水沟，必然会影响污水流通，给相邻百姓生活带来不便，所以天圣四年（1026年）七月，开封府建议"新旧城为沟淠河中凡二百五十三，恐间巷居人弃灰坏咽流，请责吏逻巡察其慢者"得到皇帝肯认。南宋《庆元条法事类》专条规定："诸丧葬之家不得于街衢设祭及用乐"。③

5. 明朝。《大明律·杂律》规定："凡侵占街巷道路而起房盖屋以及为园圃者，杖六十，各令复旧，其穿墙而出秽污之物于街巷者，笞四十"。

---

① 前南京国民政府司法行政部编.民事习惯调查报告录[M].北京：中国政法大学出版社，2005：257.

② 《韩非子·内储上》。

③ 张晋藩.中国民法通史[M].福州：福建人民出版社，2003：472.

6. 清朝。《大清律·工律》规定："凡侵占街巷道路而起盖房屋及为园圃者，杖六十，各令即旧，其穿墙而出秽污之物于街巷者，笞四十。"

从上述材料来看，中国古代无论在民间法还是在国家法中，均无明确的相邻不可量物排放规则，也未形成有关相邻不可量物排放问题乃至相邻关系的一般理论。究其缘由，第一，我国长期处于农业社会，大规模的不可量物侵害尚未发生，故而无论是在国家法还是在民间法上，均无产生相邻不可量物排放规则的内在需求。不可量物侵扰法是随着工业发展而产生的。[①] 在我国，直至晚近，一直是以农耕为主，工业并不发达，噪声、震动、废气、强光、辐射等这些随着工业社会的发展而产生的不可量物侵害并不具有普遍性，由此所造成的矛盾并不突出。另外，长期的农业文明塑造了我国的乡土社会，在中国式的乡土社会中，形成了以血缘关系为中心的人际关系差序格局，[②] 即使存在相邻不可量物排放纠纷，在大多数情况下被消除在具有亲族关系的乡民的相互容忍之中。第二，人口的数量与分布。中国人口直到清代才过亿。地广人稀也造成了住宅空间的相对宽松。不动产尤其是建筑物相互之间的关系也不像今日这样稠密。这大大减少了引发相邻不可量物排放纠纷的基数。第三，国家法的忽略。中国古代，国家法均以"刑"的方式体现出来，类似此等纠纷，属"薄物细故"之类，不为立法者即统治者所重视。[③] 结合前述两个因素，相邻不可量物排放关系的"不重要性"尤其是对统治者的"不重要性"，使得国家法不可能对它产生重视。

三、清末民初相关立法及其演变

清末，清政府聘请日本人志田钾太郎等人制定《大清民律草案》。该草案在体例上采《德国民法典》五编制，在内容上主要参考了德国、瑞士、日本等国民法典的内容。后来的中华民国民法典即在此基础上修改完善而成。梅仲协先生曾说，"现行民法，采德国立法例者，十之六七，瑞士立法

---

① John P.S.McLaren, Nuisance Law and the Industrial Revolution——Some Lessons from Social History, Oxford Journal of Legal Studies, Vol.3, No.2（Summer, 1983）, pp.155–221

② 费孝通. 乡土中国·生育制度 [M]. 北京：北京大学出版社，1998.

③ 梁治平. 法辨 [J]. 中国社会科学，1986（4）.

例者，十之三四，而法日苏联之成规，亦尝撷取一二，集现代各国民法之精英，而弃其糟粕，诚巨制也"①。针对相邻不可量物排放问题，《大清民律草案》以《德国民法典》第906条"不可量物的侵入"②为参照，设立了第994条"气响侵入之禁止"，该条规定："土地所有人，于自他土地有煤气、蒸汽、臭气、烟气、音响、振动及与此相类者侵入时，得禁止之。但其侵入实系轻微或按土地形状、地方习惯，认为相当者，不在此限。"该条被民国民律草案第796条完全承袭，并被民国民法第793条修正后继受。当时的立法机关对该条给出的立法理由为："查民律草案第994条理由，谓土地所有人，于自己之土地内设工场，其煤气、蒸气、臭气、烟气、热气、灰屑、喧嚣、振动等，或其他与此相类之情事，发散烦扰，累及邻地之所有人，致使其不得完全利用其土地者，邻地之所有人，自应有禁止之权。然其侵入实系轻微，或依其土地之形状地位及地方惯习，认为相当者，应令邻地所有人忍受，不得有禁止之权。此本条所由设也。"③

《德国民法典》第906条自问世以来，历经了两次较为重大的修正。第一次是在1959年，其修正内容体现为以下两点：（1）对需加以容忍的重大妨害规定了限制条件；（2）赋予容忍义务人以金钱补偿请求权。第二次是在1994年，此次修正内容体现在明确法律法规或国家技术标准可作为判断干涉是否构成"重大"的标准。至此，《德国民法典》第906条已从最初的两款增加到了三款。相比之下，我国自清末以来的修正，"气响侵入之禁止"条款变化甚微。

---

① 梅仲协.民法要义 [M].北京：中国政法大学出版社，1998：初版序.

② 《德国民法典》于1900年生效时，其第906条"不可量物的侵入"内容如下：（1）土地所有人，对于煤气、蒸汽、臭气、烟、煤、热气、音响、震动之侵入及其他来自邻地之类似影响，并不妨害其土地利用，或其妨害系"非重大"者，或加害地之利用方法，系其场所特性观之，与之相同情况之其他土地，并无异致者，不得禁止之。（2）依特别导引设置之侵入，不受准许。

③ 林纪东，郑玉波.新编六法全书 [M].台中：五南图书出版公司，1986：186.

表3 我国近代"气响侵入之禁止"条款的历史演变

法典或草案名称	条文内容	变化内容
大清民律草案（1910年）	第994条：土地所有人，于自他土地有煤气、蒸汽、臭气、烟气、音响、振动及与此相类者侵入时，得禁止之。但其侵入实系轻微或按土地形状、地方习惯，认为相当者，不在此限	在我国属首设。与其参照样本《德国民法典》（1900年）第906条相比，有如下不同：（1）不可量物类型中，未列"热气"；（2）在判断侵害是否构成"重大"的因素中，加入"地方习惯"；（3）未规定特别导引设置侵入之禁止
民国民律草案（1925年）	第796条：土地所有人，于自他土地有煤气、蒸汽、臭气、烟气、音响、振动及与此相类者侵入时，得禁止之。但其侵入实系轻微或按土地形状、地方习惯，认为相当者，不在此限	与大清民律草案第994条相比，无变化
中华民国民法（1930年）	第793条：土地所有人，于他人之土地有煤气、蒸气、臭气、烟气、热气、灰屑、喧嚣、振动，及其它与此相类者侵入时，得禁止之。但其侵入轻微，或按土地形状、地方习惯，认为相当者，不在此限	与民国民律草案第796条相比，在不可量物类型中，加入热气、灰屑、喧嚣

"气响侵入之禁止"条款虽在实质上属于不可量物排放条款，但条文中未使用"不可量物"一词，而是使用了"气响"来指代那些难以用传统手段加以称量且易给人带来不利或不便的物质。这一条款在列举了煤气、蒸气等八种具体的气响（不可量物）形态之后，又以"其他与此相类者"一语兜底。此处"其他与此相类者"仍限于不可量物，如激光、电流、火光等，并不包括沙石、污水、工业废料等固体或液体可量物。[①]另外，对气响侵入之禁止，该条但书设有限制，即其侵入轻微，或按土地形状、地方习惯认为相当者，土地所有人有忍受义务。所谓轻微，指未造成重大损害，如白昼演奏乐器。所谓按土地形状认为相当者，如居于高速道路边、工厂附近，应忍受其非属轻微，但属相当的干扰。所谓按地方习惯认为相当者，"如丧家的佛事、庙会的歌仔戏或布袋戏，虽管弦嘈杂，锣鼓喧阗，土地所有人亦须忍受之"[②]。

---

① 王泽鉴.民法物权[M].北京：北京大学出版社，2009：147.
② 王泽鉴.民法物权[M].北京：北京大学出版社，2009：155.

综合而言，我国近代以来的"气响侵入之禁止"条款是在借鉴《德国民法典》第906条的基础上设立的。二者虽在具体内容上有某些差异，但在以下方面是相同的：第一，将"不可量物"从诸种形态的物质中析出，不再将其与固体、液体等物质相混杂，从而使不可量物排放成为被民法所规范的新的行为类型，使不可量物排放条款获得了独立的法律地位；第二，对不可量物排放所涉各方当事人，分配了具体的权利与义务；第三，为被侵扰者的容忍义务的限度设定了判断依据，尽管对这些判断依据所描述的精细程度有所不同：《德国民法典》更加精细，"气响侵入之禁止"条款则相对模糊。

第二节 新中国成立之后各民法草案中的相邻不可量物排放条款

新中国成立之后至20世纪70年代末之前，在当时的社会大背景之下，相邻不可量物排放问题极少受到理论与立法的关注，这一时期的民法草案亦未涉及相邻不可量物排放问题。自第三次民法典起草，才开始有与相邻不可量物排放有关但分散的条款。进入21世纪，相邻不可量物排放受理论关注的程度得到提升，相应的草案也逐步认识到相邻不可量物排放的重要性，但其所设计的条款主要是对前述分散条款的糅合，并未形成完全独立的相邻不可量物排放条款。整体上，各民法草案对相邻不可量物排放问题的处理经历了一个从"无视"到"分散规定"再到"杂糅式规定"的发展过程。下面详述之。

新中国成立后，前两次民法典起草过程中（1954—1956，1962—1964），均未涉及相邻不可量物排放。在第三次民法典起草过程中（1979—1982），共产生了四稿草案。其中第三稿（1981年7月31日）和第四稿（1982年5月1日）对相邻不可量物排放设计了相关条文。在第三稿中，与相邻不可量物排放相关的条文有三个。

第118条第1款：修建厕所，堆放腐烂物、放射性物、有毒物和垃圾等，应当注意与邻人生活居住的建筑物保持适当的距离，或者采取相应的防护措施。

第119条：企业、事业单位排放废水、废渣、废气影响邻人生产、生活的，邻人有权提请环境保护机关或者有关机关依法处理。受到损失的，有权请求赔偿。

第121条：相邻的一方以高音、喧嚣、震动妨碍邻人的工作、生活、休息，经劝阻不听的，视为侵犯他人合法权益的行为。[①]

第四稿对第三稿中上述三个条文分别做出相应修改。[②]该稿将第118条第1款修改为："修建厕所、牲畜栏厩，堆放腐烂物、放射性物、易燃易爆物、有毒物等，应当注意与邻人生活居住的建筑物保持适当的距离，或者采取相应的防护措施。"修改之处为：增加了可能产生不可量物侵害和可能导致危险的物的类型，即"牲畜栏厩""易燃易爆物"，删除了"垃圾"这一类物质。这种修改体现了类型化思维在立法中的运用，将"垃圾"从上列各类物质中删除，表明条文设计者意识到，"垃圾"这一类物质与上述所列其他各类物质之间的差异性大于共性。从立法技术角度而言，此种修改不失为一个进步。

第四稿将第119条修改为："排放废水、废渣、废气超过国家规定标准，影响邻人生产、生活的，邻人有权提请环境保护机关或者人民法院依法处理。"与第三稿相比，其变化有四：第一，删除"企业、事业单位"，把排放污染物的主体范围扩大到所有的民事主体类型；第二，增加了"超过国家规定标准"的限制，把排放行为超过"国家规定标准"作为支持邻人救济请求权的条件；第三，把有权处理因相邻超标排污而产生的民事纠纷的机关从原来的"环境保护机关或者有关机关"明确为"环境保护机关或者人民法院"；第四，删除了原条文中的"受到损失的，有权请求赔偿"。考察这种修改的本意，或许是草案起草者认为"有权请求赔偿"可以被涵括到环保机关或人民法院的"依法处理"之中。这种修改将使得此条对相邻各方权利义务分配的清晰程度以及对被侵扰方利益的保护力度都大大减弱，难称进步。但从历史发展来看，2002年民法草案物权法编第82条，

① 何勤华.新中国民法典草案总览：下卷 [M]. 北京：法律出版社，2003：509.

② 何勤华.新中国民法典草案总览：下卷 [M]. 北京：法律出版社，2003：576.

2007年颁布的《物权法》第90条，都继受了第四稿第119条的精神。

第四稿将第121条修改为："相邻的一方以高音、喧嚣、震动妨碍邻人的工作、生活、休息，而不听劝阻的，或者有条件改正而不改正的，视为侵犯他人合法权益的行为。"该条变化有二：第一，把"经劝阻不听的"修改为"而不听劝阻的"，此修改主要是为了在用语上衔接下一个修改即"有条件改正而不改正的"，并无精神上的变化；第二，增加了"有条件改正而不改正的"作为侵权行为认定的一个条件。按照此条设计，侵权自劝阻之时起构成，或自有条件改正而不改正时起构成。但这两个条件均具有极强的主观性，并且在实际上将判断侵权构成与否的决定权在很大程度上交给了原告，因为原告只需要证明"已劝阻而被告不听"即可。从容忍义务的角度而言，该条未给出相对客观的判断容忍义务限度的标准。与草案第118条、第119条相比较，第121条在内在精神上与《德国民法典》第906条及上述"气响侵入之禁止"条款具有更多的共性，因为该条所列各类物质均属"不可量物"。该条是我国自新中国成立以来各民法草案中唯一的、独立的、真正意义上的相邻不可量物排放条款，但这种尝试在后来的一系列民事立法中并未得到保留。

表4　第三次民法草案第三稿、第四稿中的相邻不可量物排放条款比较

	第三稿（1981年7月31日）	第四稿（1982年5月1日）	修改要点
第118条第1款	修建厕所，堆放腐烂物、放射性物、有毒物和垃圾等，应当注意与邻人生活居住的建筑物保持适当的距离，或者采取相应的防护措施	修建厕所、牲畜栏厩，堆放腐烂物、放射性物、易燃易爆物、有毒物等，应当注意与邻人生活居住的建筑物保持适当的距离，或者采取相应的防护措施	1. 增加"牲畜栏厩、易燃易爆物"。 2. 删除"垃圾"
第119条	企业、事业单位排放废水、废渣、废气影响邻人生产、生活的，邻人有权提请环境保护机关或者有关机关依法处理。受到损失的，有权请求赔偿	排放废水、废渣、废气超过国家规定标准，影响邻人生产、生活的，邻人有权提请环境保护机关或者人民法院依法处理	1. 删除"企业、事业单位"。 2. 增加"超过国家规定标准"。 3. 改"有关机关"为"人民法院"。 4. 删除"受到损失的，有权请求赔偿"

	第三稿（1981年7月31日）	第四稿（1982年5月1日）	修改要点
第121条	相邻的一方以高音、喧嚣、震动妨碍邻人的工作、生活、休息，经劝阻不听的，视为侵犯他人合法权益的行为	相邻的一方以高音、喧嚣、震动妨碍邻人的工作、生活、休息，而不听劝阻的，或者有条件改正而不改正的，视为侵犯他人合法权益的行为	1. 改"经劝阻不听的"为"而不听劝阻的"。 2. 增加"有条件改正而不改正"作为认定侵权构成的一个选择性条件

　　于2002年12月提交全国人大常委会审议的民法草案第二编"物权法"第9章"相邻关系"第82条规定："不动产权利人有权依照法律规定禁止相邻的各权利人排放、泄漏大气污染物、水污染物、固体废物以及施放噪音、震动、光、电磁波辐射等有害物质。"该条把传统意义上的"不可量物"与固体、液体污染物全部混杂在一起，把在前述第三稿、第四稿民法草案中的三个条文合而为一。该条从利益受到侵扰的不动产权利人角度出发，赋予其停止侵害请求权，但未明确赋予其损害赔偿请求权，也未明确其对邻人排放各种污染物行为的容忍限度的判断标准。

　　在2005年7月公布的物权法草案（征求意见稿）中，第94条规定："不动产权利人有权依照法律规定，禁止相邻权利人排放大气污染物、水污染物、固体废物以及施放噪声、光、电磁波辐射等有害物质。"与2002年民法草案相比，该条除了修改了个别用词以及把个别类型的不可量物如"震动"删除等，并无实质性变化。2018年8月27日首次提请十三届全国人大常委会第五次会议审议的民法典各分编（草案）完全保留了现行《物权法》第90条的规定，未做任何变化。

第三节　《物权法》第90条并非独立的相邻不可量物排放条款

　　我国于2007年颁布的《物权法》第90条规定："不动产权利人不得违

反国家规定弃置固体废物，排放大气污染物、水污染物、噪声、光、电磁波辐射等有害物质。"通过上述分析可知，若追根溯源的话，这一条文的渊源并非清末到民国时期的"气响侵入之禁止"条款，而是20世纪80年代我国第三次民法典草案的第三稿、第四稿中的第119条和第121条，后又历经2002年民法草案第二编第82条及2005年物权法草案（征求意见稿）第94条，最终形成此条。可将其演变过程列表5。

透过该图示，可以看到《物权法》第90条大体经历了这样的演变过程：1.从区分工业三废与高音、喧嚣、震动等到转变为其将其合而为一；2.从救济性条款、赋权性条款突变为强制性条款、义务性条款；3.条文的私法特性弱化，公法特性凸显；救济功能丧失，环保功能强化；4.由于"相邻"二字被删除，条文经历了从典型的相邻关系亚类型条款，转变为"相邻"特征被弱化甚至被隐藏的条款。发生这些变化的主要因素，或许是因为"环保"理念对《物权法》的渗透。

表5　《物权法》第90条的演变过程

第三次民法草案第三稿	第三次民法草案第四稿	民法草案第二编	物权法草案（征求意见稿）	物权法
第119条：企业、事业单位排放废水、废渣、废气影响邻人生产、生活的，邻人有权提请环境保护机关或者有关机关依法处理。受到损失的，有权请求赔偿	第119条：排放废水、废渣、废气超过国家规定标准，影响邻人生产、生活的，邻人有权提请环境保护机关或者人民法院依法处理	第82条：不动产权利人有权依照法律规定禁止相邻的各权利人排放、泄漏大气污染物、水污染物、固体废物以及施放噪音、震动、光、电磁波辐射等有害物质	第94条：不动产权利人有权依照法律规定，禁止相邻权利人排放大气污染物、水污染物、固体废物以及施放噪声、光、磁波辐射等有害物质	第90条：不动产权利人不得违反国家规定弃置固体废物，排放大气污染物、水污染物、噪声、光、电磁波辐射等有害物质
第121条：相邻的一方以高音、喧嚣、震动妨碍邻人的工作、生活、休息，经劝阻不听的，视为侵犯他人合法权益的行为	第121条：相邻的一方以高音、喧嚣、震动妨碍邻人的工作、生活、休息，而不听劝阻的，或者有条件改正而不改正的，视为侵犯他人合法权益的行为			

无论对《物权法》第90条评价如何，物权法颁布之后，我国学者讨论

相邻不可量物排放问题时，多围绕此条展开，并且有不少论著径直将该条称为不可量物排放条款。但此条是否属于真正意义上的相邻不可量物排放条款，需从解释其内容出发做出判断。

一、《物权法》第 90 条内容解释

对《物权法》第 90 条的立法目的与条文释义，历来存在多种不同的解读。探讨条文的本意，当以语义解释为主导，辅之以体系解释、目的解释。

（一）本条所规范的主体范围

仅从本条字面上看，其所针对的主体范围是"不动产权利人"。对此条中的"不动产权利人"的范围，法条并未做出进一步明确的规定。因此，此处的不动产权利人，既包括不动产所有人，也包括不动产利用人，如因租赁、借用等关系而直接占有、利用不动产的人。具体类型如建设用地使用权人、农村宅基地使用权人、农村土地承包经营权人、农村房屋所有权人、建筑物区分所有权人、房屋承租人、房屋借用人、地役权人等。此条的"不动产权利人"，仅指向有害物质排放者，而未明确指向受排放行为影响的邻人。这使得该条的管制性色彩更为浓厚，也使得其在发挥裁判依据的功能上，只能算"不完全法条"。当不动产权利人违反了该条规定，损害或者有可能损害邻人合法权益时，若对邻人进行民事救济，须将此条与《物权法》第 35 条、第 37 条以及侵权责任法第 6 条、第 7 条等结合起来，才能够给裁判者提供完整的裁判依据。① 仅从主体范围角度分析，把该条的"不动产权利人"一语改为"民事主体"或"任何单位和个人"，似乎对该条的影响不大。

（二）本条所禁止非法弃置、排放的对象

该条对禁止非法弃置、排放的对象采取的是"具体列举＋抽象概括"式的规定。其所列具体物质类型为"固体废物、大气污染物、水污染物、噪声、光、电磁波辐射"，这些物质的上位概念被抽象为"有害物质"。不可量物仅属于本条中"有害物质"的一部分。"有害"一词包含着价值判断，

---

① 王轶. 论物权法文本中"不得"的多重语境 [J]. 清华法学，2017（2）.

该词的使用更强化了本条与环境保护的关联。从现实生活来看，这些物质的排放虽然可能会带来损害，但这并不意味着这些物质均为"有害"。《德国民法典》第906条及自清末以来的"气响侵入之禁止"条款均未强调排放物质的"有害"性。事实上，民法中相邻不可量物排放条款所限制的并非排放"有害物质"，而是"有害"的排放行为。

（三）排放行为违法性的判断标准——国家规定

该条中的"国家规定"所指的内容为何，不无争议。按照一般的理解，此处的国家规定所指的主要是各种排污标准。然而由于在这一条文中，并未明确指明国家规定仅指"排放标准"（就像《德国民法典》第906条第2款所规定的那样），因此，显然不能做这样的限缩解释。如果做最一般的解释，这里的国家规定就是一切与弃置行为、排放行为有关的各种规定，这样的规定则范围甚巨。例如《物权法》第84条的16字方针，《侵权责任法》第8章，《民法总则》第1章所规定的各类"民法基本原则"，均理所当然的属于"国家规定"。实际上，即使是做这样的理解，也已大大限缩了"国家规定"的范围，因为上述解释更精确的说是针对"有关国家规定"的解释。但《物权法》第90条并无"有关"这一限制条件，因此仅从字面意义上来看，其范围在实际上可能比上述解释更为宽泛。

按此条推论，在逻辑上，即使排放上述物质给他人造成损害时，在没有国家规定的情况下，这种排放也不具有不法性。例如，住在三楼的D经常晚上12点钟之后唱歌，虽然四邻不安，但其声音未超过35分贝。又如，某农村居民E与居民F大门隔路相望，E经常将生活污水及尿液泼倒于道路之中，造成地面湿滑泥泞，恶臭难当，给F的出行及生活带来极大干扰。若依"国家标准"来解释，上述两种情况均难以认定为违反"国家规定"，尤其是难以认定违反属于国家规定的"排放标准"。若依"有关国家规定"或最广泛意义上的"国家规定"来判断，认定上述两种排放情形的不法，均非常容易。例如，可以适用《物权法》第84条的16字方针来确定其不法，也可以适用其他更多的法条来确认其不法。如此一来，确认某一行为的不法，其依据不是单一的条文，至少不是被限制在非常小的范围的几个条文，而是铺天盖地的无数个条文。这将意味着，当任何一个法官遇到任何上述情况之一时，均可选择任何一个"国家规定"来判断某一行为的不法性与可责性，这就导致了法官判案时法律依据的多元化。其影响是选择法律条文的困难，以及法官自由裁量权的无限放大，所造成的则是一案千判、同案不同判的结果。

即使按照通行的理解，本条的"国家规定"主要是指国家规定的大气污染物、噪声、污水、固体废物等各种污染物的排放标准，① 仍会带来如下两个突出的问题。其一，当受害人向排放行为人提出救济请求时，未超过排放标准的行为人是否可以提出"合规抗辩"。② 其二，在没有国家规定的排放标准的情景下，如何来判断排放行为是否妥当。例如，农村猪圈散发恶臭，房屋主人排放生活油烟，他人休息时在自家练习乐器等，均会对他人带来影响，但对这些情形并无国家排放标准。在相邻不可量物排放纠纷中，此种情形占据相当比例，很多法官在处理此类问题时，径直以《物权法》第84条的"十六字方针"而非《物权法》第90条为依据，从而避开《物权法》第90条中的"不得违反国家规定"所带来的上述尴尬。③

（四）主体的义务与权利

本条所针对主体的义务与权利，是不得违反国家规定弃置固体废物，排放其他非固体有害物质。其反面解释即为，在未违反国家规定的范围之内，不动产权利人有权弃置固体废物，排放其他非固体有害物质。然需要注意，其权利乃通过反面解释而推断出来，而非法条明确规定。尽管效果无二，但表述方式的不同，体现了立法者的价值倾向，即倾向于对环境公共利益的保护，而非倾向于排放者的行为自由。由于该义务面向不确定主体负担，故可将其称为"绝对义务"。一个民事主体所负的某项不作为义务，这项义务并没有指向某个或某些特定范围内的主体，那么一旦他违反

---

① 王胜明.中华人民共和国物权法解读[M].北京：中国法制出版社，2007：196.

② 宋亚辉.环境管制标准在侵权法上的效力解释[J].法学研究，2013（3）.

③ 典型判决如："应清与李新相邻关系纠纷一审民事判决书"，（2012）杭上民初字第645号；"朱达明、陈纪珍与宋书平、裔昭蓉等相邻关系纠纷一审民事判决书"，（2015）徐民四（民）初字第588号；"蒋其松、张徐与支显亮、顾菊芳相邻土地、建筑物利用关系纠纷二审民事判决书"，（2016）苏05民终9564号；"何立刚与李全忠噪声污染责任纠纷二审民事判决书"，（2016）鄂01民终1820号.

了这项义务而侵害到他人，在逻辑上，不管该他人身处何处，都有可能（而非绝对必然）获得对违反这一义务的民事主体的救济请求权。于是，就可能出现这样的推论：

第一，A违反国家规定向河流排放污水，B在地理位置上与A并不毗邻，也不邻近，而是在河的下游，距A有50公里之遥。但因为A违反国家规定排放污水的行为，导致B在该条河流内养殖的某种鱼类大量死亡，造成经济损失。此种情况下，B在证明A的行为的不法性时，便可以引据《物权法》第90条。

第二，C将装修垃圾（碎石块，碎木块，水泥渣等）倾倒在距他所住小区有1公里之遥的另外一个小区的住户D的家门口（显然违反国家规定），造成D行走不便，D在证明C的行为不法时，可以引据《物权法》第90条。

第三，工厂E向空气中排放大量有害气体，致使周围数十平方公里之内的人、畜、植物等受到损害。此时，也可以引据《物权法》第90条。

这样一来，该条文被规定在"相邻关系"一章中便没有任何意义了，因为它指向的案件范围实在太过宽泛，可被其涵摄的情形已不仅限于存在相邻或邻近关系的主体，而无限扩张到所有的主体，这使得该条文根本无法发挥实际的调整功能。

二、《物权法》第90条对《德国民法典》第906条的借鉴非常有限

从承继关系上来看，《物权法》第90条可追溯到20世纪80年代第三次民法典草案的第三稿、等四稿中的第119条和第121条，但其内在精神与第四稿中的第119条更为接近，因为其以"不得违反国家规定"作为排放行为的限制性条件。自此条始，历经2002年民法草案第2编第82条及2005年物权法草案征求意见稿第94条，最终形成现行《物权法》第90条。有学者认为《物权法》第90条是对德国、瑞士民法的效仿，[①]立法机关在立

---

① 梁慧星，陈华彬.物权法 [M].北京：法律出版社，2010：207.

法过程中也确实曾以《德国民法典》第906条"不可量物的侵入"为参考。[①]然而通过前述考察可知，二者除了在条文中均包含噪声、大气污染物（或类似物）等字样之外，在立法精神上、立法技术上均迥然不同。《德国民法典》第906条属于典型的私法规范，其从排放自由角度出发，以"不得禁止（排放行为）为原则，许其（邻人）禁止（排放行为）为例外"，[②]目的在于促进工业之发展。之后通过数次修正，增加判断轻微损害的标准以及赋予邻人以补偿请求权，通过对私人之间的权利和义务的合理分配使利益冲突各方具有势均力敌的权利武器，各方的相邻不可量物排放关系的和谐乃通过这种大体均衡的权利配置而获得。由于该条适用范围明确、权利义务分配清晰、容忍义务限度的判断标准多元，因此具有很强的可操作性。我国《物权法》第90条的目的着重于"相邻环境的保护"。[③]为达此目标，该条采取的立法措施仅仅是单方面增加了不动产权利人不得违反国家规定排放有害物质的义务，而未明确赋予邻人救济请求权以对抗违法排放者。整体上，该条规定的出发点是从公法的角度而非从私法的角度；从不动产权人的角度，而非从不动产权人与邻人之间关系的角度；从义务的角度而非从权利的角度；从强制的角度而非从私法自治的角度；从模糊的、"宜粗不宜细"的角度，而非从精确的角度；从混杂各种污染物的角度，而非从区分不可量物与其他污染物的角度；等等。这与《德国民法典》第906条的私法性、权利义务均衡性、条文的精致性、可操作性均形成鲜明对比。

这些都表明，即使我国《物权法》第90条对《德国民法典》第906条有所借鉴，这种借鉴的程度也是非常有限的。从本条所列各种污染物的类型来看，本条并非"独立"的相邻不可量物排放条款。但毕竟物权法中仅有此条包含了诸种不可量物，故虽其不够"独立"，我国不少学者仍然将

---

① 全国人大常委会法制工作委员会民法室.物权法立法背景与观点全集[M].北京：法律出版社，2007：427.

② 曹杰.中国民法物权论[M].北京：中国方正出版社，2004：57.

③ 全国人大常委会法制工作委员会民法室.中华人民共和国物权法条文说明、立法理由及相关规定[M].北京：北京大学出版社，2007：186.

其视为相邻不可量物排放条款。[①] 为了将其解释为不可量物条款，有学者甚至不惜将此条中的"废弃物和水污染物的排放"限缩解释为"不是废弃物、水污染物本身的侵入，而是它们所携带以及散发出来的化学物质和气味的侵入"。[②] 这种解释虽然牵强，却也实属无奈。司法实践中，面对大量的相邻不可量物排放纠纷，不少法官在判决书中弃《物权法》第90条而不用，显示出这一条文司法裁判功能的薄弱。学者解释的牵强与无奈，《物权法》第90条对解决诸多相邻不可量物排放纠纷的束手无策，皆源于该条并非精细化的、独立的相邻不可量物排放条款。

第四节　《物权法》第90条的"小标题之谜"

《物权法》第90条虽身处《物权法》之内，却横跨公法与私法，勾连着物权法、侵权法、环境法。其立法本意如何，在解释上存在着极大的不统一，这充分体现在各种著作对本条所拟定的五花八门的"小标题"上。法条的边缘意义可以根据各种解释方法呈现出多样性和多变性，但法条的核心意义却应具有相对的确定性和稳定性。对法条核心意义的概括，经常会通过法条的"小标题"来体现。

一、法条"小标题"的作用

在每个法律条文正文之前拟定一个"小标题"（又称"条旨"），作为一种立法技术，被德国、瑞士、意大利、日本、韩国、埃塞俄比亚、葡萄牙、俄罗斯、乌克兰、蒙古、越南、加拿大的魁北克省等不少大陆法系国家或地区的民法典所采纳。即使在英美法系国家，也常见到为条文拟定小标题的做法。美国的《统一商法典》等示范法以及《合同法重述》《侵权法重述》等法律性文件即为其例。彰显两大法系融合的《国际商事合同通则》

[①] 刘保玉.物权法学 [M].北京：中国法制出版社，2007：188；最高人民法院物权法研究小组.《中华人民共和国物权法》条文理解与适用 [M].北京：人民法院出版社，2007：284.

[②] 肖俊.不可量物侵入的物权请求权研究——逻辑与实践中的《物权法》第90条 [J].比较法研究，2016（2）.

也采取了这一技术。近年来，亦有原先未采纳这一立法技术的国家，转而采纳这一立法技术，如比利时。于 2004 年生效的比利时《国际私法法典》中，立法者为每个条文均设定标题，这在比利时立法史上尚无前例。[①] 有的国家甚至曾在具体的规范性文件中对"小标题"做出明确规定。罗马尼亚《规范性文件草案的制定和系统化的立法技术总方法》第81条便明确规定"在法典中，可以在条文旁边的空白处加上小标题，扼要的概括条文内容，以便于使用"。[②] 本来，小标题只具有技术上的提示和概括功能，并不是法典的组成部分，但时至今日，有的国家已把它们转化为法典的正式组成部分。例如，按照2002年1月2日重新公布的《德国民法典》文本，自2002年1月1日起，《德国民法典》的条文都附上德国立法者加的小标题。从此，它们成为《德国民法典》的正式组成部分。2002年1月1日以前的文本中的小标题都带有方括号，表明这些小标题当时还不是《德国民法典》的正式组成部分。[③]

法条"小标题"已日趋成为立法技术先进的一种表现，并受到了越来越多学者的青睐。致力于推进欧洲私法统一进程的欧洲民法学者，在《欧洲侵权法通则》（Principles of European Tort Law）、《欧洲合同法通则》（Principles of European Contract Law）等文件中，均采纳了小标题立法技术。

自新中国成立之后，我国立法机关长期以来并无在立法上为条文拟定小标题的习惯。我国民法学者使用这一技术始于20世纪90年代的统一合同法的起草，表现在梁慧星教授主持起草的《中华人民共和国合同法（试拟稿）》（1995年完成）中。但后来的《中华人民共和国合同法（征求意见稿）》（1997年），以及《中华人民共和国合同法（草案）》（1998年），乃至最终通过的《中华人民共和国合同法》均未保留法条小标题。但最高立法机关对小标题的抛弃并未影响人们对小标题的兴趣，这至少突出表现在三个方面。第一，进入21世纪，在分别由梁慧星、王利明、徐国栋等教授

① 章少辉 . 比利时2004年国际私法法典评介 [J]. 法学家，2005（5）.

② [罗] 规范性文件草案的制定和系统化的立法技术总方法 . 吴大英，任允正，译 . 法学译丛，1984（3）.

③ 陈卫佐 . 德国民法典 [M]. 北京：法律出版社，2010：5.

主持起草的民法典草案学者建议稿中，均使用了这一技术。第二，目前市场上流通的多种以法条阐释或法律宣传为己任的图书，均试图为已生效的法律根据编书者的理解，为每一条文添加小标题；[①]或者，即使未明确为条文添加小标题，也以简洁明了的短语对每个条文做出简要的概括。这些简要的概括虽未明确以小标题这种特别的形式表现出来，但由于其目的、产生过程、表达方式、所起作用等与"小标题"有类同之处，故亦将其纳入"小标题"之列加以考察。第三，我国某些地方立法机关已经采纳了小标题技术。例如，《中共贵阳市委关于加强和改进地方立法工作的意见》（2015年做出）中，明确要求"实行法规草案条文指引制度，起草的法规条款应当注明设置目的、参考依据和规范释义等内容"。《甘肃省地方立法条例》（2017年）第31条规定："起草的地方性法规草案文本，应当采取条旨和条文说明相结合的方式。条旨应当集中概括本条主要内容。"

"小标题"受到如此青睐，绝非缘于立法者或者学者的"抽象偏好"。它不是一种无聊的"咬文嚼字"的语言游戏，它的功能决定了它的存在价值，它的价值不仅仅体现在立法过程中，也体现在人们对未采纳小标题立法技术的法律条文的解释过程中。

立法上的"小标题"产生于立法过程，体现着立法者的意志。由于立法过程的严肃和条文拟定者身份的特殊，通过立法产生的法条小标题便具有权威性、契合性、唯一性。其具有权威性，是因为此时的小标题乃是由享有立法权的立法者所拟定，并通过严格的立法程序与法条正文一并公布。其具有契合性，是因为立法上的小标题与法条正文之间在语言表达上存在着一个相互调适的过程：小标题是对法条字面意义的简要提示或初步抽象，法条是对小标题的具体展开。立法过程中，立法者的目光来回往返于"小标题"和"法条正文"之间，通过不断的调适，使二者的意义相互融合，并以最相契合的表达方式体现于最终的法律文本之中。其具有唯一性，是因为通过立法过程出台的正式小标题，在满足人们的"小标题需求"

---

① 市场上可以见到的各种学生法律条文用书，各种司法考试（法考）辅导书，各种法条说明书等等，相当大的一部分会为法条加上小标题。当然，这些小标题均为各种出版物的编著者所加。

的同时，会使人们在对法条小标题的认知上形成路径依赖，从而在法律颁布之后，人们便无须另行为法条拟定非正式小标题。

在立法过程中，经常与法条小标题相伴随的是立法机关的"立法理由书"。小标题是对法条正文内容的提示或浓缩，"立法理由书"则是立法者对法条的立法背景、立法理由等做出的进一步详细的说明。当然，"立法理由书"并非法典的一部分，也不出现在最终的法律条文中，它可以说是一种对立法过程的"备忘录"。立法上的"小标题"在"立法理由书"的配合下，至少可以发挥以下四种功能。第一，它具有提示作用，方便人们寻找、查阅、理解法律条文，从而有助于法律的宣传和法条规范功能的发挥。第二，它的形成基于严肃的立法过程，这可以增强人们对法律条文正当性与合理性的信心，从而有助于法律权威的维护。第三，立法小标题与法条正文之间，二者互为依据，在拟定过程中二者存在着相互调适的关系。这可以促进立法者对法律条文做出目的清晰、内容精细、用语准确的表达，避免法律条文"神形皆散"，从而有助于立法的科学化。第四，它可以在一定程度上限缩对法条的解释空间，不至于使法条的意义被各种解释者无限扭曲，从而有助于维护法律适用的统一性。

即使立法机关未采纳小标题立法技术，也不能阻挡人们对法条小标题的期待与向往。社会对法条小标题具有强烈的需求，顺应这种需求，便产生了各种非立法者为法律条文所拟定的小标题。产生于立法颁布之后的法条小标题，并不体现立法机关的意志，它们只是对法条解释的结果，而非立法的一部分。与通过立法程序所产生的小标题相比，这些小标题具有三个最为明显的特征：非正式性、多元性、混杂性。其具有"非正式性"，是因为这些小标题的产生，并未经过严格的立法程序，任何人均可成为小标题的拟定者。其具有"多元性"，是因为解释者具有多元性，不同的解释者会对法律条文产生不同的理解，甚至即使他们对法律条文具有相同的理解，其语言表述方式也各存差异，这就必然导致对同一个条文会存在多个不同版本的小标题。其具有"混杂性"，是因为这些"非正式小标题"与法律条文之间，只存在一种单向的调适关系：它们仅仅是对法律条文解释的结果，法律条文仅仅是小标题拟定的依据；仅存在小标题根据法律条文加以调适的过程，而不存在法律条文根据小标题加以调适的过程。各种非正式小标题拟定者法学素养与文学素养千差万别，这必然会产生大量的"非正式小标题"与法律条文之间的"文题不符"。

二、《物权法》第 90 条"小标题"的乱象

在我国立法机关未采纳小标题立法技术的背景下，《物权法》出台之后，市场上流通的不少以宣传或解读《物权法》条文为目的的图书，都尝试着以自己的方式为《物权法》的每个条文拟定一个小标题。对如何表述《物权法》第 90 条的"小标题"，更是乱象纷呈。

（一）各种非正式小标题

全国人大常委会法制工作委员会民法室编的《中华人民共和国物权法条文说明、立法理由及相关规定》一书中，虽然没有给该条加上"小标题"，但该书对此条有一个简要的概括，表述为"本条是关于相邻不动产之间排放、施放污染物的规定"。[①] 这一概括由以下几个基本要素构成：相邻、不动产、污染物、排 / 施放。值得注意的是，根据该书对此条所表述的"立法理由"，"环境保护"是本条的核心立法目的，[②] 但是这种立法理由并未通过"环保"等字样被包含到简要概括中。另外值得注意的是，我们不能忽略该书编者的身份，虽然该书的上述概括算不上立法意义上的"小标题"，然而由于编纂者身处最高立法机关，直接参与乃至领导了《物权法》的起草工作，因此，他们对该条的解释虽属于"非正式解释"，却仍具有极大的权威性和影响力。

最高人民法院物权法研究小组编著的《〈中华人民共和国物权法〉条文理解与适用》一书把《物权法》第 90 条概括为"本条是关于不动产相邻关系中不可量物侵害的规定"。[③] 这一概括主要包括以下几个要素：不动产、

---

① 全国人大常委会法制工作委员会民法室 . 中华人民共和国物权法条文说明、立法理由及相关规定 [M]. 北京：北京大学出版社，2007：153.
② 全国人大常委会法制工作委员会民法室 . 中华人民共和国物权法条文说明、立法理由及相关规定 [M]. 北京：北京大学出版社，2007：153.
③ 最高人民法院物权法研究小组 .《中华人民共和国物权法》条文理解与适用 [M]. 北京：人民法院出版社，2007：284.

相邻关系、不可量物、侵害。与上述全国人大常委会法制工作委员会民法室的概括相比，两种概括所包含的基本要素既有相同之处，又存在明显差异。相同之处表现在二者都包含"不动产""相邻"这两个要素。不同之处体现在两个方面。

首先，对《物权法》第90条所列举的固体废物、大气污染物、水污染物、噪声、光、电磁波辐射等物质，一个使用了"污染物"一词来概括，一个使用了"不可量物"一词来概括。"污染物"一词外延广阔而与条文所列各种物质足相适应；"不可量物"一词不仅外延狭窄难以包含条文所列物质，且更易使人将此条文与《德国民法典》第906条（不可量物的侵入）做出联想，认为二者之间必然存在某种联系。

其次，对不动产权人对各种污染物所实施的行为，一个在简要概括中使用了"排放、施放"，一个则使用了"侵害"。这两种表达方式会展现出微妙的差异。"排放、施放"只表达了不动产权人单方面的行为，这种表达更倾向于指向绝对法律关系，较易使人联想到所有权的限制。"侵害"一词则表达了不动产权人与特定范围内的主体的关系，隐含了一种相对法律关系也即债的关系，较易使人联想到侵权。

《物权法》甫一出台，具有最高立法机关背景的著作和具有最高司法机关背景的著作，便对其第90条做出了具有鲜明差异的概括，这或许是立法者在立法之初始料未及的。然而乱象并不止于此，众多民法学者对该条做出的概括或拟定的小标题，表达方式也各不相同。不完全统计如下："保护环境所产生的相邻关系"[1]"相邻环保关系"[2]"不可量物侵入的防免关系"[3]"有害物质侵害关系"[4]"固体污染物、不可量物侵入的相邻关系"[5]"因排污产生的相邻关系"[6]"不可量物侵入关系"[7]"固体污染物、气响等侵入的

[1] 王利明.物权法研究：上卷 [M].北京：中国人民大学出版社，2007：622.

[2] 郭明瑞.物权法 [M].北京：中国法制出版社，2009：111.

[3] 刘保玉.物权法学 [M].北京：中国法制出版社，2007：188.

[4] 杨震.物权法 [M].北京：中国人民大学出版社，2009：133.

[5] 陈华彬.民法物权论 [M].北京：中国法制出版社，2010：276.

[6] 马俊驹，陈本寒.物权法 [M].上海：复旦大学出版社，2007：163.

[7] 崔建远，等.物权法 [M].北京：清华大学出版社，2008：135.

防止"①"相邻环境关系"②"相邻损害防免义务"③"因固体废物、污染物及其他有害物质排放产生的相邻关系"。④ 在民法学者的各种概括中，以"相邻环保关系"最为通行，⑤ 这与前述全国人大常委会法制工作委员会民法室的概括稍稍相近。"不可量物侵入关系"是另一个认可度比较高的小标题，这与前述最高人民法院物权法研究小组的表述相近。

（二）小标题乱象的成因

上述乱象的产生，根源于现实中广泛存在的小标题需求与我国大陆地区在立法上未采取小标题这一立法技术之间的矛盾。除此之外，也有法条理解和语言表达上的原因。上述各小标题或简要概括，有对法条理解类同而语言表达相异者，如"保护环境所产生的相邻关系""相邻环保关系""相邻环境关系"等，再如，"不可量物侵入的防免关系""固体污染物、不可量物侵入的相邻关系""固体污染物、气响等侵入的防止"等；也有在法条理解与语言表达均相异者，如"不可量物侵入关系"与"相邻环保关系"。

法条理解上的分歧主要产生于对《物权法》第90条的立法意图、目的或功能的认识上。"相邻环保关系"之类的小标题，更侧重于强调该条的"环保"意义，有意将该条引申到环保法领域。而"不可量物侵入关系""固体污染物、气响等侵入的防止"及类似的表述，通过使人联想《德国民法典》第906条"不可侵物的侵入"，来侧重该条的私权保护功能，并由此将该条与侵权法相勾连。

语言表达上的分歧主要体现在如何用一个名词来概括《物权法》第90条所列的"固体废物、大气污染物、水污染物、噪声、光、电磁波辐射"

---

① 刘家安.物权法[M].北京：中国政法大学出版社，2009：131.

② 高富平.物权法专论[M].北京：北京大学出版社，2007：477–488.

③ 王竹，刘召成.中华人民共和国物权法配套规定（注解版）[M].北京：法律出版社2009：89.

④ 蔡永民，等.物权法新论[M].北京：中国社会科学出版社，2008：122.

⑤ 称"相邻环保关系"的著作，另如杨立新.物权法[M].北京：高等教育出版社，2007：138.温世扬主编.物权法教程[M].北京：法律出版社，2009：103.申卫星.物权法原理[M].北京：中国人民大学出版社，2008：268.韩松，姜战军，张翔.物权法所有权编[M].北京：中国人民大学出版社，2007：283.梅夏英.物权法·所有权[M].北京：中国法制出版社，2005：344.

等六类具体物质。上列各"小标题"或简要概括所使用的术语包括"污染物""不可量物""有害物质""固体污染物、不可量物""固体污染物、气响""固体废物、污染物及其他有害物质"等。

由于用语的简练与抽象，"小标题"会比条文本身具有更大的开放性和解释空间。根据对条文的解释拟定出来的各种非正式小标题，由于缺少通过立法程序将其"定于一尊"这一环节，它们所释放出的意义可能与法条正文的意义并不能完全交融，甚至有些与法条正文的意义相去甚远。那些歪曲了法条原意的小标题在流通过程中往往会给法律学习者或者法律应用者带来负面的影响。

小标题的乱象深刻反映出了对《物权法》第90条在理解上的不统一和基本共识的缺乏，与此同时，它也暴露出立法者在这一条文立法思想上的矛盾。

三、《物权法》第90条既非"不可量物侵害"，也非"相邻环保关系"

考察《德国民法典》等采小标题立法技术的法典，可以发现，法条小标题中的用语均与条文的字面意义紧密相连。有的是直接以条文中的某个或数个关键词为标题，如《德国民法典》第32条"社员大会；决议"，又如其第923条"界树"、第948条"混合"、第950条"加工"。这种小标题命题方式可称为"关键词式"。但更多的是把法条按字面意义进行浓缩，如《德国民法典》第903条"所有人的权能"、第904条"紧急避险"、第905条"所有人的界限"、第906条"不可量物的侵入"等。这种小标题命题方式可称为"缩写式"。以"缩写式"得出的小标题，其所用词语亦皆直接出于法条正文，或源于对法条正文某些词句的概括与提炼。这提醒我们，即使是对非正式法条小标题的拟定，也应建立在对法条的文义解释基础之上，而非建立在目的解释基础之上。前述"不可量物侵害""相邻环保关系"这两种最具代表性的小标题，前者对法条词句抽象不当，后者则脱离了法条词句，二者均在不同程度上偏离了法条词句的本来意义。

（一）《物权法》第90条并非"不可量物侵害"

如前所述，不少著作把《物权法》第90条所列各项物质概括为"不可量物"，更有一些著作借着这种概括把本条追溯至《德国民法典》第906条。然而细细究查，会发现这两个条文之间并无特别关联，"不可量物侵害"这一小标题中的"不可量物"和"侵害"这两个词语都偏离了《物权法》第90条法条正文的意义。

《德国民法典》第906条"不可量物的侵入"（Zuführung unwägbarer Stoffe）第1款第一句规定："土地所有人不得禁止煤气、蒸气、臭气、烟、煤烟子、热、噪音、震动以及从另一块土地发出的类似干涉的侵入，但以该干涉不妨害或仅轻微的妨害其土地的使用为限。"[①] 可以非常明确的发现，《德国民法典》第906条所称的"不可量物"，是对"煤气、蒸气、臭气、烟、煤烟子、热、噪音、震动"等物质的抽象。之所以称其为"不可量物"，是因为这些物质在当时难以用传统手段对其体积、重量等加以称量。《德国民法典》中所称的"不可量物"并不包括固体物质和液体物质，因为这些物质在当时是可以通过传统方式加以称量的，属于"可量物"。除了物质形态上的不同之外，在危害方式、危害结果、受害人的救济需求上，"不可量物"也不同于"可量物"。正因存在这些不同，《德国民法典》才将其单独加以类型化并设置独立的规则。

我国《物权法》第90条中所列举的几类物质与《德国物权法》第906条所列举的几类物质存在明显的差异。其中的大气污染物、噪声、光、电磁波辐射等，可以被涵摄到"不可量物"这一概念中。但"固体废物""水污染物"等显然不属于"不可量物"的范围。因此，笼统的以"不可量物"来概括该条所列物质有"以偏概全"之嫌。

不仅如此，《物权法》第90条也并未包含"侵害"或"侵入"之意。因为"侵害"必然意味着有受害人，但《物权法》第90条的着眼点只是禁止违反国家规定弃置固体废物和排放其他有害物质，并未涉及"侵害"的问题，尤其是未涉及受害主体和基于侵害而引发的法律救济。在标题中使用"侵害"一词，或许是想把《物权法》第90条的意义引申到侵权法领域。但即使将此条与侵权法相勾连，这个勾连的中点也不是"侵害"，而是"违

---

① 陈卫佐．德国民法典 [M].4 版．北京：法律出版社，2010：328.

法性"，即"违反国家规定弃置、排放固体废物和其他有害物质"。

"不可量物侵害"这类小标题中包含了"侵害"元素，很大可能是因为受了《德国民法典》第906条"不可量物的侵入"小标题的影响。这可以根据众多使用这类小标题的著作在解说《物权法》第90条时大力介绍上述这两个条文推断出来。实际上，《德国民法典》第906条明确使用了"侵入"这一词语，而且这两个条文均对"侵入"的法律结果做出了明确的规定，"侵入"在这两个条文中发挥着支柱性的作用。这两个条文的标题中包含了"侵入"这一词语，均是在立法过程中与法条正文相互调适的结果，它们与法条正文是"文题相符"的。故而，在《物权法》第90条与《德国民法典》第906条正文相差万里的情况下，却借鉴后两者的法条小标题来拟定我国《物权法》第90条的小标题，实在只是一种想当然的、未经检视的附会。

（二）《物权法》第90条亦非"相邻环保关系"

在上文所列各种小标题或简要概括之中，"相邻环保关系"得到了最多使用。然而仔细分析，此种概括也颇值推敲。

细察《物权法》第7章"相邻关系"自第84条至92条这9个条文，可以发现一个耐人寻味的现象：除第90条之外，其他任何一个条文中均包含"相邻"二字。不论这是立法者有意为之还是疏忽遗漏，这一点总会让人觉得第90条与该章其他各条格格不入。把无"相邻"二字的第90条的条文，放置在《物权法》第4章"所有权"的"一般规定"中，甚至显得更加妥当。或许有人反驳，该条被规定在《物权法》第7章"相邻关系"之中，因此即使条文中未明确出现"相邻"二字，"相邻"也应为其题中应有之义。此言非虚，但这仍然不能很好的解释既然"相邻"已是该章之下所有条文的共同特征，为何其他8个条文中含有"相邻"二字，而独《物权法》第90条无此二字。

对《物权法》第90条所拟定的小标题中，也不宜包含"关系"二字。"关系"一词表明民事主体至少有两方以上。然而《物权法》第90条的文字中所展现的主体只有一方，即"不动产权利人"。在该条中，它是作为一种纯粹接受某种限制的义务主体而被规定。该条并未明确展现出一个与排放污染物的"不动产权利人"相对应的"邻人"。因此，也就无法从《物权法》第90条所用语句中直接抽象出"关系"二字。与《物权法》第86条、第87条、第88条、第89条、第91条、第92条加以对比，我们便更能清楚的看到这一点。在上述六个条文中，均可清晰地找到与不动产权利人相对应的"邻人"，把这些条文概括为"相邻××关系"（如相邻用水、排水关系等），尚具一定说服力。在《物权法》第90条中，我们并不能找到与其他诸条相类似的一组对应主体，因此也就不宜把"相邻××关系"的标题模式套用在这一条文上。

除此之外，"环保"一词用在小标题中，也未尽妥当。尽管我们可以推断《物权法》第90条可能存在"环保"这一立法用意，但用这一推断出来的立法目的作为该条小标题的核心词语，则是一种隔层抽象。小标题中所用词语，应来自法条所用语句本身或来自对法条所用语句的初步抽象，而不应来自对立法目的的揣度。立法目的是对法条更深层次的解读，对立法目的的揣度经常会脱离法条字面语句的表达，也就更容易打上解释者的主观烙印，其表达也就更容易因人而异。

在否定了"不可量物侵害"或"相邻环保关系"这两个最具代表性的"小标题"之后，再仔细审视《物权法》第90条的条文，根据其所用词句，这样的小标题似乎是更为妥当的：不得非法排放污染物。这一标题中的各个组成部分均来自法条。其中，"不得"一词直接采自条文；"非法"一词是对条文中"违反国家规定"的初步抽象；"排放"一词代表条文中"弃置、排放"等动作，若在小标题中出现"弃置、排放"这两个动词，虽精确，但不精简；"污染物"一词是对"固体废物、大气污染物、水污染物、噪声、光、电磁波辐射等有害物质"的整体抽象。当然，仿我国台湾地区"民法典"第793条"气响侵入之禁止"的小标题模式，将《物权法》第90条的小标题拟定为"禁止非法排放污染物""非法排放污染物之禁止"等小标题，也可接受。

谜题虽貌似破解，反思却刚刚开始。首先，《物权法》第90条本身存在着定位失当、立法重复（与环境法）、权利义务分配不明晰、可操作性差等种种问题。有学者称其为"在性质上只是一个用处不大的引致性法律条款"，①诚哉斯言。造成这种结果的原因众多。其中一个是，立法者在理论上对不可量物侵害问题的重视程度与理论研讨仍显薄弱。从20世纪80年代初第三次民法草案第三稿和第四稿中的第119条、121条，到《民法草案》（2002年）的第82条，再到《物权法草案（征求意见稿）》第94条，都有明显的借鉴《德国民法典》第906条不可量物条款的意图和痕迹。然而最终出台的《物权法》第90条，突然做出了重大的改变，改变之后，完全看不到它与《德国民法典》第906条不可量物条款的关联，也看不到做出这种重大改变的理论论证。另一个原因则是，随着环境法学日渐成为"显学"，它在其它各传统法域中的话语权也逐步得到提升。二者遭遇在《物权法》中，便产生了这样的一种矛盾，即落后的不可量物理论研究与貌似强势的环保理念之间的矛盾。二者博弈的结果是，《物权法》第90条被概念化、旗帜化为环保条款，仅仅成为《物权法》体现了环保理念的一种书面证据。岂不知，若以不可量物的理论设计条文，不仅可以体现环保理念，更可以使双方当事人权利义务明晰，也易使条文更加具体和更加具有可操作性。

其次，在《物权法》出台时，我国已距立法"宜粗不宜细"这一方针的提出20余年，立法者也力图在立法过程中尽量的使条文变得精细，这才使得相邻关系条款，从原来《民法通则》中的一个条文，即第83条，发展为《物权法》的九个条文，即第84—92条。但是在《物权法》第90条中，我们依然看到了"宜粗不宜细"的影响。长期的司法实践证明，形而上的原则和精神，对具体而微的民事生活，只具有宏观的指导意义，要规范具体的私法事务，必须要"返回法的形而下"，把高悬于天空的公平、正义之云，转化成看得见、摸得着的权利、义务之雨，方能更好的发挥其规范指引作用。

最后，先进的立法技术必然会优化立法效果，这种优化不仅会体现在条文的形式上，也会通过条文形式的优化而促进条文内容的优化。"小标题"是一项先进的立法技术。立法小标题的缺失，可能会加剧人们追寻法条本意的复杂程度，催化人们对条文理解的不统一，并且还可能会因此而

① 金启洲.民法相邻关系制度[M].北京：法律出版社，2009：319.

间接增加"同案不同判"的几率。这并不利于维护法律的权威性，也不方便法条在司法实践中的应用。《物权法》第90条存在着如此之多的版本各异的"非正式小标题"，充分折射出了现实生活对立法小标题的呼唤。期待着我国在民事立法领域能采纳这一立法技术。

第五节　各民法典草案建议稿中的相邻不可量物排放条款

随着对相邻不可量物排放问题理论研究的不断深入，应在民事立法中设立独立的相邻不可量物排放条款，逐渐成为学者共识。进入21世纪以来，我国学者起草的各个最具影响力的民法典草案建议稿中，均设置了独立的相邻不可量物排放条款。

梁慧星教授主持起草的民法典草案建议稿第353条"不可称量物侵入的禁止"规定："土地所有人或者使用人，于他人的土地、建筑物或者其他工作物有煤气、蒸汽、热气、臭气、烟气、灰屑、喧嚣、无线电波、光、振动及其他相类者侵入时，有权予以禁止。但其侵入轻微，或者按土地、建筑物或者其他工作物形状、地方习惯认为相当的除外。"[①]

王利明教授主持起草的民法典学者建议稿第850条"不可量物侵入的禁止权"规定："在正常限度内，不动产权利人不得禁止自邻地自然排出或者传出的烟雾、煤气、蒸气、不良气味、热气、噪音、震动等类似排放。正常限度依次根据下列方式确定：有关法律、法规；通行做法；大多数人的意愿。依据行政许可对不动产使用而产生的不可量物侵入，同样适用上述规则"。[②]该条亦受以《德国民法典》第906条为源头的相邻不可量物排放条款的影响。与其他各草案建议稿相比，该条最大的特色在于列举出了判断不可量物正常排放限度也即容忍义务限度的各种客观标准。把"法律法规"作为判断容忍限度的第一衡量要素，再辅之以"通行做法""大多数人的意愿"等判断依据。

---

① 梁慧星.中国民法典草案建议稿[M].北京：法律出版社，2013：76.

② 王利明.中国民法典学者建议稿及立法理由：物权编[M].北京：法律出版社，2005：231.

孟勤国教授主持起草的物权法草案建议稿第129条规定："不动产所有权人或占有人占有和使用不动产时对相邻人负有下列义务：……3，将废气、灰屑、噪音或光亮、电波等其他不可称量物控制在正常或合理的标准以下。"① 该款并非独立的条文，但由于该款所列各物质均属不可量物，仍可视之为独立的相邻不可量物排放条款。该款对不可量物排放的限制设定为"正常或合理的标准以下"。对如何界定"正常或合理的标准"，未明确指明，而是在条文中保持了开放。

徐国栋教授主持起草的绿色民法典草案第378条"不可称量物的适当侵入"规定：

"因开展活动导致烟雾、热、气味、光、噪音、振动或类似损害产生，对邻人不动产或环境保护造成的妨碍，在考虑当地条件后，即使已取得行政许可，也不应超过正常人的忍受程度或环境保护法规定的标准。法院或环保部门可根据具体情况命令停止此类妨碍或赔偿由此造成的损害。"

"在适用本规定时，法院应考虑生产的需要以及对正常行使的所有权的尊重；同时也应考虑行使所有权的优先顺序。"②

该条也属独立的相邻不可量物排放条款。根据本条，行政许可并不构成绝对的不可量物排放行为的阻却违法事由；不可量物排放的限度既包括"环境保护法规定的标准"，还包括"正常人的忍受程度"。

考察上述各学者草案建议稿关于相邻不可量物排放问题的设计，可归纳其共识如下：第一，宜对相邻不可量物的排放设置独立的条款，不宜将其与液体、固体污染物、固体废物等传统可量物质相混杂；第二，在体系安排上，相邻不可量物排放条款宜设置在民法典物权编中的相邻关系部分；第三，相邻不可量物排放违法与否、超出限度与否，应结合多重因素判断，不宜设定单一、固定的标准。

尽管我国自清末以来即在借鉴《德国民法典》第906条的基础上形成了"气响侵入之禁止"条款，但《物权法》第90条并未很好的继受"气响

---

① 孟勤国. 物权二元结构论——中国物权制度的理论重构 [M]. 北京：人民法院出版社，2004：276.

② 徐国栋. 绿色民法典草案 [M]. 北京：社会科学文献出版社，2004：356.

侵入之禁止条款"的精神，也未很好的借鉴作为相邻不可量物排放条款典范的《德国民法典》第906条。该条在形式与内容上存在着定位失当、立法重复（与环境法）、权利义务分配不明晰、行为指引与司法裁判功能欠缺等种种问题。我国未来民法典中，应以相邻不可量物排放条款在我国的历史流变为镜鉴，吸收学者建议稿中的共识，直面司法中的困境，借鉴以《德国民法典》第906条为代表的域外相邻不可量物排放立法例，在物权法编的相邻关系部分设立独立、精密、可操作性强的相邻不可量物排放条款。相邻不可量物排放条款中应包含多个要素。第一，"相邻"要素。我国《物权法》第90条虽身处"相邻关系"这一章，但与该章其他条文相比，该条是在文字表达中唯一不含"相邻"二字的条文，却处处表达着普通意义上的环保理念，这是该条定位失当之处。相邻不可量物排放不同于环境侵权，二者在规范目的、归责原则、责任承担方式上均有所不同。相邻不可量物排放条款的目的在于维持和谐的相邻关系，而非环境保护；在归责原则上采取的是过错责任原则而非无过错责任原则；在构成侵权责任时，其责任承担方式主要表现为停止侵害、赔偿损失。第二，"不可量物"要素。相邻不可量物排放条款中所列各类物质，应均属"不可量物"，而不应包括固体、液体等可量物，这既是各域外民法典的通例，也是我国民法学界的共识。第三，"权利、义务"要素。相邻不可量物排放条款应成为可被司法机关引为裁判依据的完全规范，权利、义务要素便应成为其核心要素。宜在各方当事人间清晰分配相应权利与义务。对适度排放，排放人的权利主要体现在有权排放不可量物，邻人则对其排放负有容忍义务，即使排放行为对其造成不便。对非适度排放，又可分为两种具体情况。其一，非适度排放且无正当理由，此时邻人有权请求排放人停止排放行为、赔偿损失；其二，非适度排放但有正当理由的，如已获得行政许可等，邻人对排放行为应负容忍义务，但对其所受损失享有补偿请求权。第四，"判断标准"要素。判断标准对排放人而言，其作用在于衡量其排放行为是否属于"适当"，对邻人而言，其作用便在于衡量其容忍限度。这些判断标准的来源，可以是制定法如法律、行政法规、部门规章等，还可以是习惯。若无这些既有规则作为标准，法官可结合具体情况予以自由裁量。

第三章　相邻不可量物排放的两种形态

第一节　问题的缘起

大多数研究者在研究相邻关系时，都会提到相邻关系的复杂性。这种复杂性不仅体现为其所包含的具体内容的种类多样，如通风、排水、采光、植物越界、管线铺设等，还来自它所涉及其他法律与理论的多样性。其复杂性不仅给立法和司法实践带来困扰，更带来理论上的困扰。

本书之所以提出相邻不可量物排放的形态这一问题，源于上述相邻关系的复杂性，更具体地说，是源于目前理论界在观念上对相邻不可量物排放关系的法律定位存在着混乱。关于相邻不可量物排放关系的定位，从大的层面讲，分民法论与环境法论。环境法学者将其划入"环境法"，称其为"环境相邻关系"，其着眼点在于"保护环境"。但在多数民法学者那里，相邻不可量物排放关系属于"民法"，称其为"不可量物侵害"或类似的称谓，其着眼点不在于从整体上保护环境，而在于协调相邻不动产权利人之间因不可量物的排放而可能产生的冲突。从相对较小的层面来看，即使是持"民法"论者，在面对大陆法系的代表性条款即《德国民法典》第906条，以及英美法系的代表性制度"私人侵扰"时，也会产生进一步的疑惑。相邻不可量物排放关系究属何种关系？主要由何种法律来调整？物权法乎？侵权法乎？

为什么会产生这些困惑呢？在立法上，《德国民法典》第906条属所有权的一部分，理论上将其概括入"相邻关系"，这就意味着，它当然属于物权法领域。美国《侵权法重述》（第2次）把它纳入到侵权法领域中加以总结，众多的英美法侵权法著作中都对私人侵扰制度专门加以介绍。[①] 但同时，不少学者也在财产法中对"私人侵扰"加以讨论。[②] 虽然学者多以我国《物权法》第90条作为相邻不可量物排放的核心条款，但是通过上一章的分析，我们已经知道，这一条并非严格意义上的相邻不可量物排放"核心条款"，我国目前立法缺乏这样的"核心条款"。在这样的背景下，相邻不可量物排放关系的定位困扰可能会被加剧。

《民法通则》第83条规定了"相邻关系"，一般把相邻不可量物排放也解释到"相邻关系"之内，第124条规定了环境侵权责任，这种环境侵权责任的承担不以"相邻"为要件，因此并不能把它视为"相邻不可量物排放"的核心条款。于是在解释上似乎可以这样认为：《民法通则》第83条所涉及的范围，与第124条所涉及的范围之间的交集，便是相邻不可量物排放的范围。《物权法》第90条及《侵权责任法》第8章"环境污染责任"（第65条至第68条）也试图遵循《民法通则》的立法思路：先是在《物权法》第7章"相邻关系"中规定第90条（禁止非法排放污染物），然后又在《侵权责任法》第8章"环境污染责任"中规定一般情况下的（而非相邻关系中的）环境污染责任。在逻辑上，在违反了《物权法》第90条时，便可适用《侵权责任法》第8章的内容。如果存在这种立法思路的传承的话，我

---

① Rich Glofcheski, Tort Law In Hong Kong, Sweet& Maxwell Asia 2002, pp.499–534.Steven L.Emanuel, Torts, Aspen Publishers, Inc., 2003.pp.395–406.Richard A.Epstein, Cases and Materials on Torts, Aspen Publishers, Inc., 2003.pp.669–705.Richard A.Epstein, Torts, Aspen Publishers, Inc., 1999.pp.355–377.Vivienne Harpwood, Principles of Tort Law, third edition, Cavendish Publishing Limited, 1997.pp187–212.Vivienne Harpwood, Law of Tort, Cavendish Publishing Limited, 1993.pp.146–165.Michael A.Jones, Textbook on Torts（5th edition）, Blackstone Press Limited, 1996.pp.262–348.

② See Joseph William Singer, Property Law：Rules, Policies, and Practices（3rd edition）, Aspen Publishers, Inc., 2009.pp.305–357.Roger Bernhardt, Property（2nd Edition）, West Publishing Co.1991, pp285–287.Barlow Burke and Joseph A.Snoe, Propery, Aspen Publishers, Inc., 2003. pp431–440.

们有理由认为，立法者试图把《物权法》第90条打造成相邻不可量物排放的"核心条款"，虽然并未成功。考察《物权法》第90条以及《侵权责任法》第8章，我们很能觉察到立法者在立法时的思路困扰——既想把它放入"相邻关系"中，又考虑到它好像在某些方面会超出"相邻关系"的范围（排放超标时）。立法上未能很好地解释并解决这种困扰，于是造成了这样的立法困局：第90条虽身处《物权法》第7章"相邻关系"之中，却看不到它身上有"相邻"这一核心要素，使得它与该章的其他条文格格不入；处于《侵权责任法》第8章中的"环境污染责任"，所针对的是所有情况下的环境污染，"相邻"与否，不在其特别考虑之列——也就是说，涉及相邻不可量物排放的纠纷，均可被纳入此章调整——这样一来，"相邻不可量物排放关系"在法律上便彻底的被虚置了。

这种定位上的困扰不仅存在于相邻不可量物排放关系中，而且存在于整个相邻关系中。几乎所有的教科书都把相邻关系放在"物权法"这一部分来讲述，而且多数大陆法系国家也将"相邻关系"规定在其民法典的物权法之中。然而在具体条文中，又多涉及侵权法的内容。例如，我国《民法通则》第83条规定："不动产的相邻各方，应当按照有利生产、方便生活、团结互助、公平合理的精神，正确处理截水、排水、通行、通风、采光等方面的相邻关系，给相邻方造成妨碍或损失的，应当停止侵害，排除妨碍，赔偿损失。"该条中既包含了物权法上的内容，也包含了侵权法的内容（给相邻方造成妨碍或损失的，应当停止侵害，排除妨碍，赔偿损失）。《物权法》第7章第84—91条重在对相邻各方不当使用不动产的行为做出一般性的禁止性规定，而其第92条最后一句则属侵权法范畴，因为它规定"……造成损害的，应当给予赔偿。"

如何才能更好地理解和解释相邻不可量物排放的法律定位，需要从实际的生活经验出发。下面就是笔者基于对生活经验中的相邻不可量物排放现象的观察所做出的分类和总结。

第二节　两种形态的划分

一、理论依据

划分形态的理论依据源于事实与规范之间的关系，也就是不论立法过程还是司法过程，都必须面对现实生活。

德国著名法学家阿图尔·考夫曼将法律现实化的过程划分为三个阶段（或阶层）：第一个阶段为法律理念的阶段，这是就抽象、普遍、超乎实证的、超越历史的法律原则而言，如公平、正义等理念；第二个阶段为法律规范的阶段，这是指具体化的、普遍的、形式的、实证的、有时期限制的制定法而言（或习惯法、法官法而言），也就是我们日常生活中所说的"法"；第三阶段是法律判决的阶段，这是指具体的、实证的、有历史性的、实质意义的法律（Recht）而言。这三个阶段的关系是：无法律理念即无法律规范，无法律规范即无法律判决，但是只从法律理念得不出法律规范，只从法律规范也得不出法律判决。换言之，法律规范并非已圆满地包含在法律理念中，法律判决（具体的法）也并非已圆满地包含在法律规范中，法律理念与法律规范对法律判决而言只是法的可能性，要得到具体的、真实的法，还必须从具体的生活关系才能得出，也就是只有在规范与具体的生活事实、当为与存在相互对应、交互作用时，才能产生具体、真实的法。①

法律理念与可能发生的、立法者思维上所预期的、拟加以规范的生活事实相互对应，这是立法过程；法律规范与现实的生活事实相互对应，这是法律发现（司法）的过程。这个过程从两个方向进行，以法律发现的过程为例。一方面生活事实必须与规范产生关系，必须"条例规范"，亦即，我们必须将拟具体判断的案件与法定构成要件中无疑地涵盖的案件等同处

---

① ［德］亚图·考夫曼. 类推与事物本质 [M]. 吴从周，译，颜厥安，校. 台北：学林文化事业有限公司，1999：41. 我国大陆地区一般将"Arthur Kaufmann"译为"阿图尔·考夫曼"。

置，Engisch 把这种等同处置的过程称为"固有的涵摄"；另一方面，规范也必须与生活事实进入一种关系，它必须符合事实，亦即，我们必须探求规范的法律意义，这就是我们所称的"解释"。①

法律现实化的过程是一种法律概念不断封闭，开放，又封闭，又开放……的过程。立法者试着尽可能精确地在概念中掌握典型的生活事实，但判决则必须重新去开启这些显得过分被界定（被定义）的概念，以便能正确评价生活现实；然而透过系争概念被给予——例如经由法律注释者——一个新的"修正过的"定义，这个定义本身又因为生活现象的复杂多样，也只能多多少少满足一段长时间，而又立刻开始一个重新循环的过程——一个永无止境的过程。②

并非所有的生活事实都会进入法律之中，进入法律规范范围之内的现实生活，必须具有规范的资格，必须与规范产生关系，必须符合规范；如同拉德布鲁赫所说的，我们必须"从现实的世界探索前进到价值的世界，以便在其中发现对这种经验现象有意义的理念"③。

此外，规范必须与生活事实进入一种关系，它必须符合事物。这就是我们所称的"解释"：探求规范的法律意义。然而这种意义并非如传统法学方法论所说的，仅隐藏在制定法中，隐藏在抽象而广泛的意义空洞的法律概念中，相反地，为了探求此种意义，我们必须回溯到某些直观的事物，回溯到有关的具体生活事实。没有意义，没有拟判断之生活事实的"本质"，是根本无法探求"法律的意义"的。因此，"法律意义"并非固定不变的事物，它系随着生活事实而变化——尽管法律文字始终不变——也就是随着生活本身而变化。④

---

① [德] 亚图·考夫曼.类推与事物本质 [M].吴从周，译，颜厥安，校.台北：学林文化事业有限公司，1999：89.

② [德] 亚图·考夫曼.类推与事物本质 [M].吴从周，译，颜厥安，校.台北：学林文化事业有限公司，1999：121.

③ [德] 亚图·考夫曼.类推与事物本质 [M].吴从周，译，颜厥安，校.台北：学林文化事业有限公司，1999：87.

④ [德] 亚图·考夫曼.类推与事物本质 [M].吴从周，译，颜厥安，校.台北：学林文化事业有限公司，1999：89.

因此，在法学上，所有的理论和解释，也都应面向现实生活。法律制度的完备与否，法学理论的价值大小，都有赖于对现实生活的细致分析。相邻不可量物排放问题即为"现实生活"的一部分，针对这一问题的法律制度以及理论研讨，便当然应从考察现实生活中的相邻不可量物排放这种现象出发。本书基于笔者自己的观察，将现实生活中的相邻不可量物排放区分为下述两种形态。

二、具体内容

对相邻不可量物排放，可划分为两种形态：常态与非常态。事实上，对很多类型的现实生活，仅仅在常态之下，并不会产生与之有关的特殊法律规则，非常态的出现是产生人定规则的动力。然而一旦以非常态为推动力建立起某种相关的规则，那么常态下的该种生活，往往也将随之进入到法律调整范围之内。

根据我们的日常生活经验，当我们居住在自己的住宅之内时，我们无疑会因为各种活动而排放各种不可量物，例如，炊烟，各种响动。这些不可量物有些会为我们的邻人所感受到，但对他们的生活不会产生任何影响。在此种情况下，我们和邻人都不会因为这些不可量物的排放而产生纠纷。此时，我们可以判断，这就是一种"常态"。

假如我们住在自己的住宅之内，我们的邻居每天晚上12点之后练习钢琴，时间长达3小时之久，我们被这种声音所干扰，难以入睡。于是无需借助法律，仅按生活常理，我们就可以判断，晚上12点之后弹三个小时的钢琴是不正常的，此时表现为钢琴噪音的不可量物排放便处于"非常态"。

本书认为，在如此简单的生活经验中，包含着法律条文得以产生的内在缘由。针对某一特定现象的立法，在很多时候，立法技术、立法原则等虽然重要，但并非最重要的。最重要的恰恰是对所要立法的对象先以非法律的视角加以分析考察，得出其中的规律，在这种非法律视角的观察之下得出的这些规律，或所做出的类型分析、总结，便是立法的直接素材。未对生活经验作充分的考察了解，而直接以既有的原则、观念、概念乃至他国法律作为立法的准据，并不能达到考夫曼所说的"当为与存在的对应"。

　　通过上面的划分，可以有效的解释相邻不可量物排放关系，乃至整个相邻关系所处的法律位置，以及为何在立法上会出现对相邻不可量物排放问题的多重立法，并且，还有可能会有效地协调法律条文之间的冲突与矛盾。下面将分别讨论相邻不可量物排放的这两种形态。

三、常态

　　这里的常态，是一种相邻各方相安无事，和谐共处，没有基于相邻不可量物的排放产生利益冲突，或者即使有利益冲突，但各方均按一般情理、地方习惯等予以容忍，从而在外观上呈现出的一种和平共处的状态。

　　常态之下的相邻不可量物排放，在很大程度上受类似于哈耶克所称的"自生自发秩序"（spontaneous order）的调整。"自生自发秩序形成和得以维护的前提是服从非人为却也不是超自然智慧的一般性法则。"[①] 这种自生自发秩序并不是基于人为的立法，即使没有法律规则，人们仍然能大体上维持这种和平共处的状态。虽然大陆法系国家多将相邻关系整体纳入到法律的调整范围之内，但是这些规则在很多时候并非是人为创设的，而是对上述"自生自发秩序"的"重述"。这些"重述"多通过禁止性规范的形式表达出来。例如，我国《物权法》第84条至第92条这九个条文中，每条均出现"应当"或"不得"等字样。这些"应当"或"不得"，并非均是立法者的创设，因为每个人基于其生活常识，都知道这些规则。

　　立法者发现并肯定常态下的相邻不可量物排放关系处理中的自生自发秩序，将其"重述"成为更为明确的法律条文，从而使常态之下的相邻不可量物排放关系从"自然状态"走进了"受法律调整的状态"。然而，这并不是说，相邻不可量物排放关系的"常态"，是因为有了法律的调整才实现的——尽管在自生自发秩序法律化之后，法律条文成为维持常态的力量之一，但它仍然不是唯一的力量。事实上，法律条文的作用，在更多情况下，不是直接针对"常态"，而是针对"非常态"。

　　常态下的相邻不可量物排放，具有如下表现和特征。

---

① ［英］哈耶克.经济、科学、政治——哈耶克论文演讲集 [M].冯克利，译.南京：江苏人民出版社，2003：343.

第一，常态之下，不动产权利人没有排放不可量物的行为，因此不可能给他人带来干扰；或者虽然有排放不可量物的行为，但其排放量少，影响小。这里的排放程度需要通过各种因素综合考虑，包括但不限于排放不可量物的强度（如声音的分贝）、排放的时间长度（如噪声的持续时间）、排放的时间段（休息时间还是非休息时间）、排放的密度（烟、气的密度）等。

第二，常态之下，排放行为被一般人的观念所接受和容忍，他们并不会因为其邻人的排放行为而与对方产生纠纷。如果某种排放行为被其邻人斥为侵害，而一般人的观念皆认为该种行为属正常排放行为，此时仍属常态下的排放行为。例如，住户晚上7点半至8点半练习钢琴，其邻人之一予以制止，但该排放行为在一般人眼中为正常排放行为。虽然此时产生了纠纷，貌似进入到非常态，其实仍属常态的排放行为。因为此时的纠纷，与其说是基于排放而产生，不如说是基于邻人的"过于敏感"而产生。

第三，常态之下，排放行为从法律的角度而言，对其加以调整的主要是物权法规范，这些规范既包括法律的直接规定，也包括习惯。在某些情形下，"习惯"将可能使某些即使是违反了国家法标准的排放行为，在某个地域范围内、或某一时段仍然属于"常态"。

第四，常态之下，排放人的排放行为因为不违反强行法或不违反习惯从而具有正当性。此时，可以称排放人在常态之下排放不可量物为其权利。从另外的角度来看，排放人在"权利不得滥用"的原则之下，负有"不得打破常态排放"的义务。受干扰人在常态之下负有容忍对方排放的义务，即使是对方的排放行为对其利益有所损害。这种"容忍义务"也可以被解读为权利不得滥用原则的具体化表现之一。

四、非常态

这里的非常态，是相邻各方的和平状态因一方不可量物的排放已超出了一般人能忍受的范围或国家的标准（实际上，国家标准在很大程度上只是对"一般人能忍受"的范围的具体而刚性的规定而已），从而导致和平状态被打破，使得冲突得以酝酿乃至激化的状态。

常态之所以被打破，其原因为一方不可量物的排放已超出了一般人的忍受范围。非常态是相邻利益冲突达到一定程度的表现。这种利益冲突的双方，一方是排放的必要，另一方是"享受"（enjoy）其不动产的必要。

非常态的相邻不可量物排放，具有如下的表现和特征。

第一，不动产权利人有排放不可量物的行为，而且这种行为已超出一般人的忍受范围，给他人带来难以忍受的干扰。对于一般人的忍受范围的判断，不能仅以国家标准为依据。因为国家标准只是针对部分排放事项的"一般人的忍受范围"做出的总结，现实中存在着更多的不具有国家标准的排放事项，对这些排放事项，不能因为没有国家标准，或者未达到国家标准，而一律认定为"未超出一般人的忍受范围"。如果某项不可量物的排放虽然超过一般人的忍受范围，但其邻人仍然予以容忍，此时虽然在外观上当事人之间并未产生冲突，但那只是因为邻人不行使其救济请求权而已。此时当事人之间的状态是一种基于"可不忍而忍"的行为而达致的貌似和平的状态，它已不再属"常态"，而应属"非常态"了。

第二，一般情况下，相邻不动产权利人之间因不可量物排放而生的冲突多基于非常态的不可量物排放而发生。

第三，在当代社会，如果说在常态之下，排放不可量物的规则更多的基于自生自发秩序而无需进入人定规则的话，在非常态之下，为了使因非常态的不可量物排放造成的相邻人之间的非和谐、非和平关系恢复到和谐或和平的状态，所需要的规则更多的不是基于自生自发的秩序或者对自生自发秩序加以发现或确认的物权法，而是基于人定规则，具体的表现便是侵权法。其原因在于，在常态排放之下，当事人不会因此而产生纠纷，于是对以解决纠纷为主要目的的裁判规范不具有客观的需求。在非常态的排放之下，当事人因此而产生纠纷，纠纷在很多时候并不能通过单方面的容忍得以解决或通过平等协商解决，于是便产生了处理此种纠纷的裁判规范的需求。这也可以解释为什么英美法系国家将私人侵扰制度归入侵权法领域。而且即使是在大陆法系国家，非常态的相邻不可量物排放也可能会溢出物权法领域而进入侵权法领域。

第三节 两种形态在私法层面上的对比

通过上面的划分，我们大致可以得出这样的比较：常态下的相邻不可量物排放，在客观上排放程度轻微，或虽有重大情况但一般人可基于习惯等因素而予以容忍；非常态下的相邻不可量物排放在客观上程度重大，且一般人难以基于任何因素容忍。常态下的不可量物排放大多数情况下并不会超过国家标准，但在某些特殊的情况下，虽然有可能超过国家标准，但由于其他因素而可被容忍。非常态下的不可量物排放大多数情况下超过了国家排放标准，但在很多情况下，即使未超过国家排放标准，但难以为一般人所忍受，仍然属于非常态的排放。常态的不可量物排放，不会影响相邻关系的和平、和谐；非常态的不可量物排放将会破坏相邻关系的和平、和谐，在外观上通常表现为冲突、纠纷。整体上，常态下的相邻不可量物排放，其在法律上的对应规则主要为物权法，这些规则大多数是对自生自发秩序的发现和确认；非常态下的相邻不可量物排放，其在法律上的对应规则主要为侵权法，这些规则大多数基于人为创设。针对非常态排放的规则，其目的在于恢复常态排放，从而恢复和谐、和平的相邻不可量物排放关系。为明晰起见，对二者的比较，可列图表如表6：

表6 常态与非常态下的相邻不可量物排放比较

比较项目	常态	非常态
有无排放	有	有
排放程度（排放强度、密度、时间长短、所处时间段等）	轻微／重大	重大
一般人身体及观念	可以容忍	不能容忍
国家排放标准（如果有的话）	一般不超过（特殊情况下超过，如公共节日庆典）	超过（不超过时也但超过一般人容忍限度）
外观	和谐、和平	冲突、纠纷
主要适用规则	物权法	侵权法
当事人的权利义务（排放人 v. 受干涉人）	排放权 v. 容忍义务	停止或降低排放／补偿／赔偿义务（责任）v. 救济请求权

如果剔除其他事实因素，只从适用法律和当事人间权利义务的角度去观察，还可以将两种形态下的不可量物排放各自所主要对应的法律以及当事人在其中的权利义务关系更为形象的表示为表7：

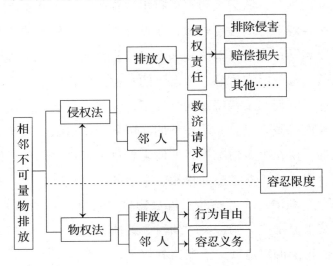

图1 两种排放形态，适用不同规范

在后面两章中，将分别对以上两种排放形态各自所对应的规范中的核心问题展开讨论。

第四章　相邻不可量物排放规则中的容忍义务

第一节　容忍与容忍义务

一、发现"容忍"

由于专业原因，法律人的目光被各类以案件形式呈现出来的纠纷、矛盾、冲突等所吸引，这极易使得我们把显性的冲突，尤其是法律上的"纠纷"视为常态。然而从一个普通人的眼光来看，法律人天天所见到的那些纠纷，却属于非常态。尤其是在重人情，轻法律乃至"厌讼"的中国社会，很多人或许终其一生，不知法院大门何在。我们也可以观察到，只要是生活在人类社会中，就不可能不与他人发生利益冲突，其中，大部分的利益冲突被维持在相对和平的状态。此时的利益冲突是隐性的、"看不见"的冲突。只有小部分的利益冲突，升级为"看得见"的矛盾和纠纷。在这些看得见的矛盾和纠纷中，进入到司法程序，并通过法官援引具体的法条加以判决的案件，只占到极其微小的份额。

是什么消化了如此大量的利益冲突呢？是"容忍"。

长久以来，在"容忍"的社会实践之下，促成了"以和为贵"的人际关系观，它使得人们在处理与他人的利益冲突时，在很多时候选择用"忍"来达到或者至少是不破坏他所身处其中的那些人际关系的"和谐"。注意到这种现实状况，有些国家在其法律中直接把"容忍"规定为某种特定状况下的一项义务，有的虽未明确规定"容忍"为义务，却间接的使当事人不得不"容忍"他人的某些行为或损害。此时，"容忍"便从一种客观现象被加入法律评价而进入法律，进入到法律领域中的"容忍"，便转化成一种"当为"，即"容忍义务"。

二、容忍是容忍义务的事实来源

容忍是一人对他人某种行为或该行为造成的不利后果的忍受，基于这种忍受，他对他人的某种行为不加以阻止，或者即使他人的行为对他造成了损害，对这些损害，他自己来承担。他人构成个人的生活环境的一部分，他人在可能带给个人帮助的同时，也可能给个人带来损害。斯宾塞认为，"由于人口的增加，我们称为社会性的生存状态已经成为必需。生活在这种状态中，人们忍受着许许多多的祸害"[①]。他还认为，一切祸害都是本身素质不适应外界条件的结果，而祸害永远倾向于消失，祸害消失的这种倾向，来自于人们对周围环境的适应。[②] 从某种意义上说，个人对他人的某些行为的容忍，实际上便是对这许许多多"祸害"加以适应的一种表现方式。容忍是存在或事实，容忍义务是规范，容忍是法律上的容忍义务的现实生活来源。对应于这种生活现实，法律通过直接的或间接的手段，把某些情况下的"容忍"设定为人们的义务。一般情况下，这些容忍义务所指向的对象，也即容忍义务的范围，都是一国法律所认为的那些最低层次的、微小的、他人的侵扰行为。

容忍虽然是容忍义务的现实生活来源，但二者并不完全相同。二者处于不同的层面，"容忍"处于"存在"（事实）领域，"容忍义务"处于"规范"领域。容忍作为一种现实存在，在外观上表现为对他人的不作为，该种行为是一种择定行为，即基于当事人的主观选择而做出的行为。容忍义务作为一种"当为"，是法律对当事人的要求，负有该种义务的当事人，并不具有选择容忍或不容忍的自由。

① [英]赫伯物·斯宾塞.社会静力学[M].张雄武，译.北京：商务印书馆，1996：27.
② [英]赫伯物·斯宾塞.社会静力学[M].张雄武，译.北京：商务印书馆，1996：24-27.

三、产生容忍的各种因素

当事人客观表现出来的容忍，并非完全基于法律上的"容忍义务"，还有可能基于其他因素。因此，便可以将容忍划分为"基于容忍义务的容忍"和"非基于容忍义务的容忍"。

（一）基于容忍义务的容忍

基于容忍义务的容忍，是指当事人之所以容忍他人某种侵扰行为的继续或自担他人行为所带来的损害，是因为他具有法律上的容忍义务，而不具有要求他人停止某种行为或对他的损害予以补偿或赔偿的权利。[①] 如何发现法律上的容忍义务，或者说容忍义务的根据是什么？对此，可总结为四点：第一，法律的直接规定；第二，法律的间接规定（法律解释）；第三，司法机关的裁判；第四，当事人的协议。

第一，基于法律直接规定而产生的容忍义务。法律直接规定容忍义务的情况，如《德国民法典》第906条第2款第912条（越界建筑，容忍义务）、第1004条（除去请求权和不作为请求权）。德语中容忍为"dulden"，容忍义务为"Duldungspflicht"。又如《意大利民法典》第844条、《澳门民法典》第1266条、《魁北克民法典》第976条、《瑞士民法典》第684条。直接对容忍义务加以规定的法条，其表达方式也有所不同。有的法条径直采取"应当""必须"等明确表明义务性规定的词语，如《德国民法典》第912条规定：土地所有人在建造建筑物时越界建筑，而无故意或重大过失的，邻地所有人必须容忍该越界建筑，但邻地所有人在越界前提出异议，或在越界后立即提出异议的除外。有的法条未采取"应当""必须"这类明确表明义务性规定的词语，但直接在条文中规定了"容忍限度"，其意在于强调当某一行为超出"容忍限度"时，受该行为影响的民事主体便获得相应的某种或某几种救济请求权，从反面解释，若该行为未超出"容忍限度"，则受该行为影响的民事主体对此只能容忍，这是他们的义务。这样的法条如《意大利民法典》第844条第1款：在正常忍受限度内，同时考虑到当地（参阅第890条）的环境条件，土地的所有人不得妨碍自邻地自

---

① 或者可以解释为，即使本来有请求权，因为负有容忍义务却不能行使这些请求权。

然排出或者传出的烟雾、热气、气味、噪音、震动以及其他类似的排放。又如《瑞士民法典》684条第2款：因煤、烟、不洁气体、音响或震动而造成的侵害，依土地的位置或性质，或依当地习惯属于为邻人所不能容忍的情况的，尤其应严禁之。还有的法条，如《魁北克民法典》第976条规定："依土地的性质、所处位置或当地习惯，相邻人应忍受（shall suffer）不超出他们应相互容忍限度（the limit of tolerance）的通常的相邻干扰。"

第二，基于法律间接规定而产生的容忍义务。法律间接规定容忍义务的情况，主要是指法条中未明确出现"容忍""容忍义务"或"容忍限度"等字样，只是在正面规定当某行为给人带来侵扰乃至损害时，他人享有的请求权的具体范围，在此具体范围之外，该他人便不享有请求权，在结果上便负有容忍义务。从全球范围来看，此种规定方式最为普遍。我国法条中并没有直接规定容忍义务的条文，目前能观察到的容忍义务的法条来源，均为间接规定。例如，《最高人民法院关于审理人身损害赔偿案件适用法律若干问题的解释》第17条第1款规定：受害人遭受人身损害，因就医治疗支出的各项费用以及因误工减少的收入，包括医疗费、误工费、护理费、交通费、住宿费、住院伙食补助费、必要的营养费，赔偿义务人应当予以赔偿。根据该条，赔偿义务人应予赔偿的费用，并不包括除上述列举的各项费用之外的其他费用。受害人还要对上述损害承担举证责任，若他不能举证，即使其实际花费远远超出上述范围，他也只能在上述范围之内对加害人享有请求权。因此，在我国司法实践中，实际的侵权损害赔偿往往只占到受害人实际全部损失的一小部分。当然，这种状况是人类社会的普遍状况。"任何一个法律制度都需要一个过滤器，以将可赔偿性损害从不可赔偿性损害中区分出来。"[①] 民法所谓"全部损害赔偿制度"中的"全部损害，实并非损害之全部，而只是其一部而已"[②]。"民法损害赔偿的范围远没有包括全部的损害，民法对损害的救济，只是法技术过滤后的

---

① [德]克雷斯蒂安·冯·巴尔.欧洲比较侵权行为法：下卷[M].焦美华，译.北京：法律出版社，2004：31-32.

② 曾世雄.损害赔偿法原理[M].北京：中国政法大学出版社，2001：25.

有限救济。"① 被法技术"过滤掉"的那部分损害，受害人在实际上承担了容忍义务。

第三，基于司法裁判而产生的容忍义务。司法机关的裁判也是产生容忍义务的来源之一。在很多纠纷中，受害人向司法机关提起对加害人的损害赔偿之诉或停止侵害、排除妨碍之诉，其主张未得到司法机关的有效裁判文书支持的那些部分，便由受害人自己"容忍"了，而且这种容忍是基于司法机关加于他的"容忍义务"而发生的。一个典型的例证是曾引起广泛关注的"梯子案"。原告王有财和被告东丰县机电公司同在一幢三层小楼，一楼是机电公司，二、三楼是王有财的住所。一楼的楼梯被机电公司堆放了很多机电设备，难以通行，王有财便在室外搭建一座楼梯上下楼。1998年，东丰县规划部门进行市容整顿，王家的室外铁楼梯由于没有经过规划部门批准，违反了《城市规划法》，属违法建筑，规划部门限令王家将其拆除，走室内楼梯。王有财向机电公司要求恢复在室内楼梯通行。机电公司以王家数年没有通行为由拒绝了王有财的要求。协商未果，王有财诉讼至东丰县人民法院，要求在室内楼梯通行。东丰县人民法院以王家已在室外搭建楼梯行走多年，现要求在室内通行已超过诉讼时效期限为由，驳回王家使用一楼楼梯的请求。王家对一审判决不服，上诉至辽源市中级人民法院，辽源市中院审理后撤销一审判决，判决王家享有在一楼楼梯通行的权利。后来此案由吉林省高院重新审理。吉林省高院判决：楼上住户自行搭建室外楼梯并通行多年，其行为应视为放弃在室内楼梯通行的权利。现在楼上住户要求在室内楼梯通行，其权利主张已超过我国法律规定的诉讼时效期限。故撤销辽源市中院的判决，维持东丰县法院的判决，楼上住户自行在原址修建室外楼梯通行。② 该案的核心问题是王有财的排除妨碍请求权是否已过诉讼时效，吉林省高院的判决对此持肯定态度，并基于此否定了王有财的该种请求权。对因机电公司的妨碍行为所带来的诸种不便，王有财只能基于吉林省高院的判决而承担容忍义务。此时，王有财

---

① 姜战军. 损害赔偿范围确定中的法律政策研究 [J]. 法学研究，2009（6）. 类似的观点还可参见另可参见李永军. 非财产性损害的契约性救济及其正当性 [J]. 比较法研究，2003（6）.
② 宋立辉. 爬梯之讼 [J]. 方圆法治，2004（8）.

的此种容忍义务并非直接来源于法律条文，而是直接源于判决。同时，通过该案我们也注意到，法院的判决在很多时候会课加给当事人某些并不合理的容忍义务。究其缘由，与立法对权利义务的分配不清晰从而带给法官过多的自由裁量空间存在着极大的关系。

第四，基于当事人协议而产生的容忍义务。此时，容忍义务源于当事人的协议，而非法律的直接规定或司法裁判。例如，A 建筑公司施工发出超标准的噪音，B 小区与施工地相邻，其居民向 A 建筑公司提出交涉，后 A 建筑公司与 B 小区中与施工地点最相毗邻的那一幢楼的居民达成协议，A 公司向该幢楼房以户为单位，每户补偿 2000 元人民币，但其施工仍照常进行，得到补偿的居民不应阻止。协议达成之后，得到补偿的那些居民对施工噪音便基于协议负有容忍义务。[①] 而那些未得到补偿的居民，便不负有这种容忍义务。根据日本民法理论，容忍义务有可能基于容忍请求权的行使以及被请求人的同意而产生。日本学者把物权请求权的形态分为两大类：积极行为请求权和容忍请求权。积极行为请求权是物权人请求相对人为积极的行为的权利，又包括标的物返还请求权、妨害排除请求权、妨害预防请求权三类。容忍请求权指的是物权人请求相对人容忍物权人自行恢复其物权的权利。[②] 例如，A 的某物被 B 非法占有，此时 A 的物权请求权主要表现为积极行为请求权，即他有权请求 B 积极做出向自己交付该物的

---

① 在处理此类情形时，《德国民法典》第 906 条第 2 款最为精细。根据该款，此时施工单位噪声排放虽然超过国家标准，造成"重大"侵扰。然而由于该种噪音排放属于当地通行且无法采取其他措施阻止的情形，在此种情形下，邻人对噪声排放均负有容忍义务，但享有要求施工者给予补偿的请求权。值得注意的是，若依《德国民法典》，本书所举该例证便有"名实不符"之嫌。因为按《德国民法典》，不论补偿协议达成与否，当事人对施工噪音都负有容忍义务，补偿协议解决的仅仅是金钱问题，而不解决噪声的排放问题。受噪音干扰的人仅仅享有金钱补偿权，而不享有噪声排放停止请求权，就金钱补偿达成协议仅仅是当事人行使金钱补偿请求权的结果。此后的容忍对方的噪音排放和金钱补偿协议之间并不存在因果关系。而在我国，由于法律对容忍义务并未做如同《德国民法典》第 906 条那样的规定，若严格依《物权法》第 90 条的规定，即使当事人之间就金钱补偿达成协议，在解释上，仍然存在这样的请求权空间，即受噪音干扰的居民仍然享有要求对方降低或停止噪音排放的请求权，尽管在现实中这样的请求权很难实现。

② [日] 近江·幸治. 民法讲义 II·物权法 [M]. 王茵，译，渠涛，审校. 北京：北京大学出版社，2006：23-24.

行为。又如，C 窃取 D 的某件大宗机器，后弃之于 E 的土地上，D 知晓，此时 D 基于物权请求权，可以行使容忍请求权。即他可以请求 E 容忍他到 E 的土地上取回该机器，以恢复其对该机器物权的圆满性。二者的区别在于，积极请求权的目的在于通过他人的积极行为使物权人恢复对物的支配，容忍行为请求权的目的在于通过自己的积极行为恢复对物的支配，但对于后者，需要建立在取得他人容忍的基础之上。此种理论同样存在于韩国民法学界中，韩国民法学者将上述案例中 D 的请求权称为"占有物收取容忍请求权"。①

（二）非基于容忍义务的容忍

除了基于容忍义务的容忍之外，还存在着大量的非基于容忍义务的容忍。如果说基于容忍义务的容忍是一种"不可不忍"的话，那么非基于容忍义务的容忍则是一种"可不忍而忍"。非基于容忍义务的容忍可能缘于多种因素。这些因素如功利的因素、个人品性、个人信息了解程度、习俗等。

第一，基于功利因素的容忍。在基于功利因素的"可不忍而忍"中，容忍行为往往基于当事人对容忍成本的计算而做出。在当事人不负容忍义务的情况下，他可以选择容忍，也可以选择不容忍。根据成本计算，如果当事人选择不容忍，他所得到的利益比他因容忍而失去的利益少，或者他因选择不容忍所遭受的利益损失比选择容忍所遭受的利益损失更多——这些利益既可能包括经济上的利益，还有可能包括人际关系上的利益如周围人际关系的和谐、社会舆论、时间、精力、情绪等——的时候，当事人大多数会选择容忍。例如，A 对 B 造成了较小的损害，B 依侵权法有权要求 A 赔偿损害，A 拒绝赔偿，B 有权向法院提起诉讼。然而 B 考虑到如果向法院诉讼，将耗费大量的时间、精力乃至金钱（如诉讼费、交通费、律师费等），而且即使得到足额赔偿，这些赔偿数额也有可能比不上他为获得这些赔偿所付出的各种实际花费，同时，他还要面临"执行难"的风险。考虑到这些因素，B 很可能会选择容忍，即使在这种情况下，他并不负有

---

① ［韩］梁彰洙．关于韩国民法典的最近修改 [M]// 崔吉子，译．韩国民法典．北京：北京大学出版社，2010：56.

容忍义务。如果说上述情形更多存在于陌生人社会的话，在熟人社会中，很多情况下人们容忍他人对自己的某种较轻微的损害或妨害，是基于期待着他人在将来会对自己为同样的容忍。当事人之间的力量强弱对比以及受害人对加害人的认知也经常成为受害人在做出是否容忍的决定时的重要因素。如果加害人力量过于强大，而受害人力量过于弱小，或者加害人属于一般人看来是"不好惹"的非理性之人，此时，受害人可能会判断：即使有充足的法律理由对加害人的行为不予容忍，他也未必能够在加害人那里得到利益补偿，或者即使能够在加害人那里得到的利益补偿，也有可能因此而遭受加害人的报复。基于这种判断，很多人会选择容忍。在当事人的容忍成本计算中，公权力机关（如司法机关、行政机关）的可信任度是一种重要的因素。如果公权力机关可信任度不高，也会导致众多的人面对他人侵害而又无力采取自救措施时，往往选择容忍而非选择公力救济。

第二，基于个人品性的容忍。容忍的选择还可能基于个人品性。我们不得不承认，在现实社会中，人与人之间的品性存在着极大的差别。有的人宽宏大度，有的人斤斤计较，有的人性格平和，有的人性格激进。不排除一个人明明知道他有权向对方提出某种请求，而纯粹是基于个人品性选择容忍的可能。此时的容忍是一种"明知可不忍而忍"。

第三，基于信息、证据掌握不足的容忍。个人信息了解程度和证据掌握程度在很多时候也促成容忍。信息是决策的基础。决策者常常发现，一方面，与决策相关的支持性信息不足；另一方面，又面临无关信息干扰的"超载"局面，其必然要在信息能力与信息搜索、甄别费用之间进行调适。[①] 对个人决策造成影响的信息如对自己所受损害的了解程度，对对方加害行为的了解程度、对法律规则的了解程度等。其中，因为对法律规则的了解程度不够而导致的容忍最为关键。基于其公开性，法律属于公共信息，司法者假定每个人都是了解这些公共信息的。法律不会因为加害人不了解法律而降低其应承担的责任，同样，法律也不会因为受害人不了解或不够了解法律而对其施以同情。我们经常会发现某些主体在其利益受到损害时，因为缺乏

---

① 吴元元. 信息能力与压力型立法 [J]. 中国社会科学，2010（1）.

足够的法律信息储备而放弃请求权甚至不知道自己有某种请求权。因为此种原因而容忍是一种"不知可不忍而忍"。在欲通过司法程序实现自己主张的受害者那里，证据至为重要。然而并非所有加害人的行为以及受害人所欲主张的损害赔偿或补偿均可被证明，由此，举证难成为导致容忍的重要客观因素。这是一种"无奈的容忍"。

第四，基于风俗习惯的容忍。风俗习惯长久且深刻地影响着人们的行为选择，它们也是使人们选择容忍的重要因素。法谚有云，"习惯胜法律""习惯乃法律之最佳的说明"。[①] 然而这些习惯作为非正式规则，只有被立法吸收或者被司法机关作为司法上的理由采纳时方具有法律上的效力。一般情况下，它们对人们的行为产生的是"软约束"的功能。与法律相比，风俗习惯的"地方性知识"特点表现的更为突出。很多被法律规定为不法的行为，在其缺乏法律的正当性基础的同时，却可能因为风俗习惯而获得在该行为所在地域的正当性。例如，江苏省江都区邵伯镇乡村有习惯：若某户人家有人过世，其家人可以身披丧服到他人菜地里随意摘菜，而被摘菜的他人对此应予容忍，不得阻拦。[②] 傣族有著名的"泼水节"，若一人身着名贵服装（假若该服装只能干洗，不能水洗）来到傣区，被当地人热情地泼水，导致其服装损坏，依据法律他有权要求赔偿损失；而依据习惯，他应当容忍。很多乡村在婚丧嫁娶时，吹吹打打，喧声振天，周围邻居也应对此予以容忍。清末民初，山西潞城县习惯：村中碾磨、水井，虽系有主之物，无论何人皆能使用，该物主不得拦阻，故俗有"碾磨千家用、打水不用问"之谚。[③] 又如，安徽铜陵县习惯：拆屋抢险。拆屋抢险者，

---

① 郑玉波.法谚：一 [M]. 北京：法律出版社，2007：42-43.

② 据本人社会调查得知，目前该习惯仍然存在。若严格依《侵权责任法》，摘菜者对蔬菜种植者构成侵权，而且对该种习惯得否成为法律渊源从而得为裁判依据，至少目前并无定论。因此，这里把由此种习俗而产生的容忍视为"非基于容忍义务的容忍"，而未将其列入"基于容忍义务的容忍"。另，扬泰地区，风俗习惯繁多，这些习惯在纠纷处理层面也发挥着重要的作用，姜堰市法院曾专门就此做出社会调查，将基于调查所获得的"良俗"纳入到案件审理过程中。汤建国，高其才.习惯在民事审判中的运用——江苏省姜堰市人民法院的实践 [M]. 北京：人民法院出版社，2008.

③ 前南京国民政府司法行政部编.民事习惯调查报告录 [M]. 北京：中国政法大学出版社，2005：123.

谓拆去圩埂最近之住屋，以急救圩埂之险也。圩田以圩埂为保障，遇水盛涨，圩埂若将破裂，急切，椿木不敷应用，即将最近人民住屋拆去，用其木柱作椿木板，作壁为障，以救险处，并不给还屋价，因救险出于紧急状态，故谓之抢险。[①] 在这两种习惯之下，碾磨、水井的主人，以及房屋的主人，在他人未经其允许而使用乃至破坏其财产的行为及其带来的损失，应当予以容忍。

第二节　容忍义务的法理分析

在经过了"革命"和"斗争"的思维洗礼之后，人们所倡导和欲建构的是一个"走向权利的时代"。[②] 在这个理想的时代，人们所提倡的是每个人的权利，所鼓励的是"为权利而斗争"，被法律奉为本位的，是"权利本位"。[③] 权利本位的观念在民法中体现的更为突出。我妻荣教授说，"私法，特别是民法，由权利本位构成"。[④]

在权利闪耀的光芒背后，是被理论所漠视了的"义务"。[⑤] 在这种背

---

① 前南京国民政府司法行政部编 . 民事习惯调查报告录 [M]. 北京：中国政法大学出版社，2005：190.

② 夏勇 . 走向权利的时代 [M]. 北京：中国政法大学出版社，2000.

③ 关于权利本位的论述，参见：张文显，于宁 . 当代中国法哲学研究范式的转换——从阶级斗争范式到权利本位范式 [J]. 中国法学，2001（1）. 孙笑侠 . "权利本位说"的基点、方法与理念 [J]. 中国法学，1991（4）. 张文显 . 从义务本位到权利本位是法的发展规律 [J]. 社会科学战线，1990（3）. 郑成良 . 权利本位说 [J]. 政治与法律，1989（4）. 刘旺洪 . 权利本位的理论逻辑——与童之伟教授商榷 [J]. 中国法学，2001（2）.

④ [日] 我妻荣 . 我妻荣民法讲义 I · 新订民法总则 [M]. 于敏，译 . 北京：中国法制出版社，2009：29.

⑤ 钱大军博士在其博士论文中对这种现状也有过描述。"法律权利和法律义务作为现代法学概念体系中的一对基石范畴，在法学研究中理应受到人们的同等重视。然而，现时的法律研究人员大多偏爱于对能激励人们行为的法律权利进行研究，对法律义务或是附着于对法律权利的研究而简略讨论，或是视而不见。这大概是基于他们对权利和义务之间关系的认识而导致的一种结果和状态。他们认为，在现代法学概念体系中，法律义务的存在附着于法律权利的存在，其无独立的地位和价值。因此，作为现代法学基石范畴双翼之一的法律义务，亟待理论上的深入研究和探讨"。钱大军 . 法律义务研究论纲 [M]. 北京：科学出版社，2008：22.

景之下，"容忍义务"作为义务的一种类型，其至未得到理论上的普遍承认。相对于权利和表现为积极作为的义务所指向的"有所为"，容忍义务所指向的是"有所不为"。在一个以"积极进取"为主导精神的社会，这种经常被视为消极避退乃至"胆小怕事"的"容忍行为"及产生容忍行为因素之一的"容忍义务"，在理论上受到普遍的忽视几乎是它的必然命运。一个鲜明的例证是，当王利明教授在谈论有关新闻报道轻微失实问题时提到，"为了保障正当的舆论监督，法律应优先保护新闻权利，而公民应该忍受轻微的人格权损害"时，立刻引来了有些学者的警惕。刘作翔教授指出：王利明先生提出的"公民应有忍受轻微伤害的义务"是一种很危险的提法。因为在我们这个权利意识并不发达的国度里，如果我们确立了这样一个义务或原则，那任何人都可能会借以社会公共利益保护之名义，以合法的依据来侵害公民的权利。① 其理论依据是美国著名的自由主义政治哲学家罗伯特·诺齐克的观点"对权利的最轻微的侵犯也是侵犯，也是道德上不允许的"②。但刘作翔教授似乎未注意到，诺齐克的此种观点并不能作为反对容忍义务的理论依据。因为容忍义务的存在是一种客观现象，指出容忍义务的存在并不是提倡侵害权利。另外，容忍义务所解决的是如何处理权利受到轻微损害的问题，诺齐克的观点所针对的是权利可否被侵害的问题，二者处于不同的问题层面，不存在可比性。

丰富的社会生活告诉我们，一个不容忽视的现实是，容忍能够在一定程度上维持利益冲突各方外观上的和谐状态，在整体上无论是对个人还是对社会，都具有极其重要的作用。这提醒我们，容忍义务作为产生容忍行为的因素之一，理应在法律上受到应有的重视。

一、什么是法律义务

容忍义务属于法律义务的一种类型，就像请求权属于法律权利的一

---

① 刘作翔.信息公开、知情权与公民隐私权的保护——以新闻采访中的"暗拍"为案例而展开分析 [J].学习与探索，2004（4）.

② [美]罗伯特·诺齐克.无政府、国家与乌托邦 [M].何怀宏，等译.北京：中国社会科学出版社，1991：40.

种类型一样。对法律制度来说，权利这一概念是必不可少的，法律义务这一概念也同样是必不可少的。康德的伦理学将义务描述为一种内心的要求，人在他的道德意识里感受到这种要求，并对自己提出这样的要求。而法律义务，则是由以人们之间的互相尊重为命令的法律共同体责成每个人负担的，人作为这个法律共同体的成员，必须履行法律义务。不遵守法律义务的人，通常必须接受某种制裁，即接受某种不利的后果，如丧失某种权利，或承担损害赔偿义务，或在极端的情况下遭受刑事处罚。然而，如果认为法律义务的本质，仅仅在于可以对不履行义务的行为进行制裁，因而可以通过制裁手段强制其履行，那么这种看法是错误的。有些法律义务是不能强制人们履行的，如在宪法和国际法中就存在这种法律义务。法律制度的出发点是：公民之所以能够履行日常生活中的大部分法律义务，是出于他们的法律意识，而并不仅仅是因为他们害怕会承担不利的后果。要只是这样的话，那么所有的法院和执行机关加起来也是难以维护法律制度的正常运行的。① 在《德国民法典》的思想中，"违反义务"意味着有人从事了一项法律所不允许的行为，亦即它包含着一项法律上的消极判断。拉伦茨指出，这里我们必须牢记："法律义务"是指对人们提出的某种要求，一种"应为"之行为；具有自身的道德意识和法律意识的人们原则上不能不遵守这种要求。诚然，法律义务的拘束性并非取决于义务人内心同意与否，而是以法律制度的客观的效力要求为基础的。② 法律义务与道德义务之间存在联系，也存在区别。有些法律义务源于道德义务，但并非每一项道德义务均属于法律义务。道德义务只有在被法律制度接受后才能成为法律义务；而只有当道德义务调整人们在共同生活中的外在行为，因而能够具备制裁的后果时，才会被法律制度所接受。此外，在法律制度所规定的法律义务中，有不少并不是道德义务，如纳税义务、出庭陈述义务、遵守社会秩序方面的规定的义务等。不可否认，在这些情形，"义务"意义中所

---

① ［德］卡尔·拉伦茨. 德国民法通论：上册 [M]. 王晓晔，邵建东，等译. 北京：法律出版社，2003：49.

② ［德］卡尔·拉伦茨. 德国民法通论：上册 [M]. 王晓晔，邵建东，等译. 北京：法律出版社，2003：50.

包含的强制性成分，要多于内心约束。而另一方面我们又必须看到，法律义务中的很大一部分同时也是道德义务，如遵守合同的义务、不辜负对方已付出的信赖的义务、不损害对方人身及其权利范围的义务等。①

拉伦茨认为，法律义务（Rechtspflicht）是法律制度的规范命令人承担的一种特定的"应为"。"应为"和"义务"原来是伦理上的概念。在法律中，它们意味着一种要求，接受这种要求的人自觉地将这种要求作为一种必要，作为一种命令，如果他不遵守这种要求，他就会失去自尊和他人对他的尊重。权利有相应的义务，首先要求接受者的理解和善意，但遵守这种命令并不需要考虑到接受者是否自觉地把它作为一种义务接受和同意。因此，法律上的应该，是"非自动的应该"，和"自动"的道德上的义务不同。由此出发，具有法律要求的法律制度就带有某种"制裁"的威慑力，尽管这并不是必需的，也不总是如此，这些制裁可以是损害赔偿义务或直接强制。②

法律义务可以是针对特定行为的作为或不作为。"绝对的不作为"是根本没有的。但是人们可以对某种特定行为，并且可能是事先规定好的行为负不作为的义务，在这层意义上，人们也可以有义务不作为。"作为"，即某人负有法律义务去做什么，它可以是实施一种完全的事实行为，比如，给付劳务；可以是提供一种特定事实的成果，比如，制造出某种工作物；也可以是提供一种法律成果，比如，转移某种特定物的所有权，让与某种特定的权利或设定一种权利，等等。这种类型的义务通常是来自一个债权债务关系，而且是债权的主要方面。不作为义务，而且是"针对所有人"的，首先是来自所谓绝对权，特别是人格权和物权：所有其他的人都负有义务，对法律所保护的范围不实施侵害，对权利者的所有物不实施侵害。③

但是，法律义务不仅可以对应于另一方的权利产生，也可以根据法律

---

① [德]卡尔·拉伦茨.德国民法通论：上册[M].王晓晔，邵建东，等译.北京：法律出版社，2003：50.

② [德]卡尔·拉伦茨.德国民法通论：上册[M].王晓晔，邵建东，等译.北京：法律出版社，2003：266.

③ [德]卡尔·拉伦茨.德国民法通论：上册[M].王晓晔，邵建东，等译.北京：法律出版社，2003：267.

规范产生。这种规范把某种行为定为义务，却并不给予别人一种权利。法律对此有很多规定，比如，法律规定必须实施某种行为或禁止某种行为，只是为了防止危害他人，或者对重要公共利益的侵害，如对司法利益的侵害，对公共交通的侵害等。[①]

法律义务一般与责任相联系，基于此点，有学者认为法律义务是主体应当采取的行为模式，是引起偏离行为模式的行为者承担法律责任的理由。[②]然而义务类型不同，功能不同，违反义务未必当然地引发某种责任。

二、什么是容忍义务

此处所谓容忍义务，仅指法律意义上的容忍义务。这就意味着，当我们说某人负有容忍义务时，该义务对他而言具有法律拘束力。德国学者冯·图尔将容忍义务表述为"某人本可以根据基本权利有权提出反对或异议，但在特定情况下所负有的不提出反对或异议的义务"。

关于容忍义务"是什么"？我国目前并未有完全统一的认识。目前我国关于容忍义务的讨论，大多首先会参引德国学者拉伦茨的著作。我们就从拉伦茨的容忍义务论谈起。

拉伦茨在说明"容忍义务"时，首先采用的例证是限制物权。他认为，所有人在他的所有物上为他人设定了一种限制物权，他在这种情况下是"受拘束的"。因此，所有人必须容忍他人的某些行为，而他作为所有人原来是不需要这样做的。如果所有人设定了一个质权，那么，在特定的情况下他就要容忍质权人对质物进行拍卖，并因此失去他对物的所有权。人们把这种情况称为容忍义务，它不仅是一个不作为的义务。所有人不仅负有义务，不实施某种特定的行为，比如，为了阻止拍卖所有物而向法院起诉等，他还更对此负有义务，即不能对权利人进行阻止，他必须让权利人对他的所有物进行合法的处分，并让这种处分有效。所有人必须容忍强制执行，但这并不等于，他自己有义务不采取相应的反对措施，而是因为他的

[①] [德]卡尔·拉伦茨.德国民法通论：上册[M].王晓晔，邵建东，等译.北京：法律出版社，2003：268.

[②] 钱大军.法律义务研究论纲[M].北京：科学出版社，2008：41.

权利是在质权人之后，所以这种反对措施不发生法律后果。①

　　除上述限制物权的例证之外，拉伦茨还提到另外一个例证，但他未将该例证纳入到容忍义务之列。该例证所针对的是一方当事人行使形成权时，另外一方当事人对行使形成权的结果只能被动接受。他说，合同一方当事人，在合同另一方行使解除权或终止权这种形成权，使权利改变时，他必须让合同另一方的这种行为有效。他的"拘束"在于，另一方当事人可以把一种法律关系的形成强加于他，或在上述情况下解除这种法律关系，尽管他本人对此并不愿意。拉伦茨还指出，德语中还没有合适的词可以用来表达这种类型的拘束。②虽然拉伦茨认为德语中没有合适的词来表达与形成权相对应的义务，但有学者仍然在德语中找到一个相对应的词，这个词是屈从（Unterwerfung）。德国学者伯蒂歇尔（Bötticher）在论述形成权之相对人的这种特殊义务——法律上的拘束时，使用了这个词。他就此论述的著作名字就是《私法中的形成权与屈从》。③葡萄牙著名民法典学者平托也将此种情况下的义务——对应于形成权的义务——称为"屈从"（sujeição）。④

　　我国有学者把屈从与容忍义务画等号。如有学者认为"这种所谓的法律上的拘束（即与形成权相对应的法律拘束）与法律义务（Rechtspflicht）明显不同。法律义务是指法律制度作为一种规范命令使人承担的特定应为（Sollen），义务可以是针对特定行为的作为（Tun），也可以是不作为（Unterlassen）。而法律上的拘束，德国学者也称之为容忍义务（Duldungspflicht），但这种容忍义务不同于法律义务中的不作为。""正是由于形成权相对人所负担的这种所谓'容忍义务'的特殊性，我国学

①　[德]卡尔·拉伦茨.德国民法通论：上册[M].王晓晔，邵建东，等译.北京：法律出版社，2003：268-269.

②　[德]卡尔·拉伦茨.德国民法通论：上册[M].王晓晔，邵建东，等译.北京：法律出版社，2003：268.

③　Bötticher, Gestaltungsrecht und Unterwerfung im Privatrecht, Berlin，1964. 申卫星.形成权基本理论研究[M]// 梁慧星.民商法论丛：第30卷.北京：法律出版社，2004.

④　Carlos Alberto da Mota Pinto. 民法总论[M]. 林炳辉，等译.澳门法律翻译办公室，澳门大学法学院，1999：88-94.

者张俊浩教授曾称……"①但考察拉伦茨在论述到"法律义务和其他的拘束"时，他并未将"屈从"等同于"容忍义务"，甚至也并未明确指出二者具有类似性。因为他在论述到与形成权相对应的法律拘束时，称这种法律拘束在德语中并无合适的词语可以表达，而在论述到所有人必须容忍限制物权人对其物的某些行为时，他明确指出"人们把这种情况称为容忍义务"。②

冯·图尔认为，"关于容忍义务，在概念上只是说，某人有义务不提反对或异议，这种反对或异议他本来有权提出的；对一个行为，本来就不能或不可阻止，就无所谓容忍了"③。按照这种看法，上述与形成权相对应的"屈从"就更不能与容忍义务相提并论了。因为一方当事人行使形成权时，另一方当事人对其后果"本来就不能或不可阻止"，因此就谈不上属于容忍义务。

拉伦茨关于限制物权的例证，大体可划入到笔者在上一节中所提到的"基于当事人的协议而产生的容忍"。如果甲将自己的房屋出租给乙（按物权法通常理论，乙并未取得用益物权），则乙本来不能进入甲的该房屋，但由于该协议，乙有权进入并使用甚至装修该房屋，依约定甲对此不应阻拦。该例证与拉伦茨关于限制物权的例证并不完全相同，一个属于传统民法理论上的"债权"（承租人享有），一个属于传统民法理论上的"物权"（担保物权人或用益物权人享有）。在这两种不同的情形之下，物的所有人对物的占有人占有或使用其物的行为均不得阻止，这是一种"法律拘束"，对这种"法律拘束"，二者是否因为限制物权人和承租人所享有的权利不同而有所差异呢？本书认为这两种情况之间具有更多的类似性，可以划入一个类型，适用相同的规则，如此一来这两种情形之下，物的所有人所受到的"法律拘束"，均可被称为"容忍义务"。根据这样的类比，或许可以

---

① 申卫星.形成权基本理论研究[M]//梁慧星.民商法论丛：第30卷.北京：法律出版社，2004.

② [德]卡尔·拉伦茨.德国民法通论：上册[M].王晓晔，邵建东，等译.北京：法律出版社，2003：268-269.

③ [德]卡尔·拉伦茨.德国民法通论：上册[M].王晓晔，邵建东，等译.北京：法律出版社，2003：269.

得出这样的结论，即任何基于有效的协议或法律规定占有、使用乃至处分他人财产的行为，该他人均负有容忍义务。但如此一来，容忍义务的范围便可能会被无限地扩大，除了分类学上的意义之外，对容忍义务的这种总结并不具有太多的实践意义。不仅如此，基于上述情景中的容忍义务所产生的行为，即"容忍"，与人们日常生活中所理解的"容忍"并不相符合。甲基于货运合同而占有乙的货物，假如人们说此时乙应对甲占有其货物的行为予以"容忍"，这种说法多数情况下不会被一般人所认可，因为人们日常生活中所理解的"容忍"所针对的往往是那些侵扰或损害行为，而且暗含着"他本可不忍"之意。而上述诸类情形，既无"侵害、侵扰、干涉"等行为（一般人绝不会把基于租赁合同入住他人房屋的行为视为"侵害、侵扰、干涉"），也无"本可不忍"的要素（房屋租赁合同一生效，承租人即可入住，根据合同，承租人的入住是基于出租人的"允许"），因此称这些情形下的"不反对"状态为"容忍"，与一般人的生活经验并不相符。

如果一定要把上述情景中的"不反对"或者"法律拘束"乃至"屈从"均纳入"容忍义务"这一表达的意义范围之内，我们不妨把此时的容忍义务称为"广义的容忍义务"，以"容忍义务"一词来概括这些情景中在外观上看起来是相似的那些共同特征，如当事人无请求权或不能行使请求权，当事人应当接受基于对方的行为（行使形成权，入住承租的房屋）所发生的现状等。与此相对应，我们可以把一般人在日常生活经验中所体认的能够产生"容忍"的那些义务称为"狭义上的容忍义务"。"狭义上的容忍义务"所针对的仅仅是他人的侵害、侵扰、干涉行为以及由这些行为带来的损害后果。我国有学者将该种义务称为"容忍合理损害的义务"。[①] 但这种称谓似乎缩小了容忍义务的适用范围。因为容忍义务所针对的既可能是"损害"这种后果，还有可能是针对产生"损害"这种后果的侵害行为。

或许拉伦茨也意识到了本书所谓的"广义上的容忍义务"范围过大的

---

① 李友根.容忍合理损害义务的法理——基于案例的整理与学说的梳理[J].法学，2007（7）.

问题，① 因为他在限制物权例证之后又提出了"严格的容忍义务"的概念。他说，"关于严格的容忍义务，可以这样看。一个土地所有人同意另一个人利用他土地上的道路，但并未为该人设定物权（地役权），这时他只是有义务不得采取措施反对这种利用，即不去阻止该人，这就是不作为。如果他为该人设定了利用他的土地的物权，他的所有权就受到限制；这时他不仅负有义务不采取反对措施，而且也没有权利这样做。"② 与拉伦茨所谓的"严格的容忍义务"相对应的限制物权例证中的容忍义务，大概属于"非严格的容忍义务"，尽管拉伦茨没有这样命名。拉伦茨的这种潜意识给了我们启发：容忍义务的范围是可以划分层次的。基于这种启发，本书做出了上述的"广义容忍义务"和"狭义容忍义务"的划分。

为了更为清晰、更为集中地考察容忍义务中最引人注目的那些部分，本书所重点考察的是"狭义容忍义务"，除此之外的其他被称为"容忍义务"的部分，如所有权人对地役权人的容忍，房屋所有权人对承租人的容忍，被征收者对征收行为的容忍等，均不在本书重点考察范围之内。为了行文方便，以下仍然使用"容忍义务"而非"狭义容忍义务"一词。

三、与容忍义务相关的各要素分析

容忍义务的核心问题在于，谁对谁应在何种情况下通过何种方式容忍？对一个术语下定义是困难而危险的，由于冯·图尔式的定义已具有相当的合理性，故本书不欲重新定义，而只欲通过下面的分解与总结对容忍义务做一个"白描"式的叙述。

---

① 有学者认为拉伦茨所举限制物权的例证并不能有效地说明容忍义务。"但是，拉伦茨似乎并没有真正的抓到容忍义务的真谛，他认为，容忍义务的基础可以适用于他物权对所有权的限制，这是不恰当的。当一方当事人享有他物权时，他根据完整的权利完全享有支配对物的权利，对于所有人来说那是他本来就不能或不允许阻止的，谈不上'容忍'，也就不会有容忍义务的存在。"韩光明.不动产相邻关系规则分析[D].北京：中国政法大学，2006：102.

② [德]卡尔·拉伦茨.德国民法通论：上册[M].王晓晔，邵建东，等译.北京：法律出版社，2003：269.

（一）义务来源

在义务来源上，容忍义务可能来源于法律规定（包括直接规定、间接规定）、当事人协议、司法判决（法律解释）等，对此前文已述。关于容忍义务的来源，存在着不同的看法。有学者认为容忍义务一般是由法律直接规定而发生的，现代民法一般都遵循容忍义务法定主义。[①] 然而这并非实际情况，《德国民法典》中虽然有明确地对"容忍义务"的法律规定，但这并非是指所有的容忍义务均由法律直接加以规定。事实上，更多的容忍义务是法律间接规定的，还有某些容忍义务并非基于法条产生而是基于对法条的解释产生的。后两种情况都非"法律的直接规定"，与明确规定容忍义务的法条相比，这些法条与"容忍义务"的距离相对更远。假如把法律意义上的"容忍义务"作为一个核心的话，依与容忍义务密切程度排序，与其最密切者为直接包含"容忍"乃至"容忍义务"字样的条文。与其次级密切者，为虽然未明确包含"容忍"或"容忍义务"字样，但对救济请求权赋权范围明确的条文，对此类条文，可反推对其赋权范围之外的损害，受害人应予以容忍。与其较为疏远者，为某些制度的一般条款，如《物权法》第84条关于处理相邻关系的"有利生产、方便生活、团结互助、公平合理"十六字方针，再如，《物权法》第85条关于习惯可作为处理相邻关系法源的规定。与其最为疏远，弥散在由前几类条文所构成的层级结构最外围的，是民法的基本原则，具体表现为《民法总则》第1章第3-9条。事实上，除了第一类条文之外，依其他几类条文推出容忍义务的存在，都需要经过法律解释。它们都可在大体上归入容忍义务的间接法条来源。

（二）适用范围

在适用范围上，容忍义务所针对的是他人的轻微侵害，或者侵害虽非轻微但法律明确规定受干扰者必须容忍的这一干扰行为本身及其所产生的后果。更明确的说，容忍义务所针对的状况有两种：一为使当事人受有不利益的行为；二为使当事人受有不利益的后果——可能表现为经济损失、

---

① 韩光明.财产权利与容忍义务——不动产相邻关系规则分析[M].北京：知识产权出版社，2010：169，173. 又见王保林.论容忍义务在审理相邻关系纠纷中的应用[J].法律适用，2009（7）.

精神痛苦等。前者如不动产权利人应容忍其邻人发出的日常噪声；后者如受害人对因加害人的行为所导致的损害，因法律的规定或举证不能，而只部分地得到赔偿，对于未得到赔偿的那部分损害，即由受害人容忍。有时，当事人须同时容忍这两种状况。例如，甲乙相邻，甲生小孩，夜啼不止；乙因此夜间失眠，便另租他房或安装隔音窗以求安静。此时，乙既不能要求甲"停止侵害行为"——使小儿停止夜啼，也不能要求损害赔偿——由甲承担其租房或安装隔音窗的费用。有时，当事人只对前者负有容忍义务，不对后者负有容忍后者。例如，依《德国民法典》第906条第2款，若A与B相邻，A在使用其地时排放不可量物，并构成重大妨害且因此使B的土地收益减损。但A使用其地的行为为当地通行且不能以经济合理的手段阻止该种妨害。此时，B应容忍A的排放不可量物的行为，但对A的排放行为所造成的土地收益减损，B可以要求A予以补偿，而无需容忍。在实际生活中，更多的情况是，当事人对前者不负容忍义务，对后者却负部分的容忍义务。目前在我国，大多数侵权损害赔偿案件中，受害人对侵害行为虽然不能容忍，但当侵害行为已经过去，受害人要求侵害人赔偿其损害时，多数情况下只能得到部分的损害赔偿，而且由于精神损害赔偿的范围非常有限，所赔偿的大多针对物质损害。对更多的不利益，如身体损害案件中当事人肉体的痛苦，精神的痛苦，生活的不便利等都被受害人无可奈何的"容忍"了。

需注意的是，容忍义务虽然在相邻关系中更受瞩目——如有学者指出"容忍他人侵害之义务，多见于相邻关系"[①]——但容忍义务并非仅限于相邻关系中，它是一种普遍性的义务。有学者谨慎地认为容忍义务为相邻关系所首创，后来该义务的适用范围扩张至侵权法领域，[②] 进而把被"容忍"的对象更为精确地界定为他人的"合理损害"，并把此处之"合理"，解释为理由之合理、程度之合理、救济之合理。[③] 这种分析对理解容忍义务

---

① ［日］近江·幸治.民法讲义 II·物权法[M].王茵，译，渠涛，审校.北京：北京大学出版社，2009：162.

② 李友根.容忍合理损害义务的法理——基于案例和整理与学说的梳理[J].法学，2007（7）.

③ 李友根.容忍合理损害义务的法理——基于案例和整理与学说的梳理[J].法学，2007（7）.

的适用范围具有一定的帮助作用，对认识容忍义务的普遍性无疑也是个进步。然而事实是，在相邻关系、侵权法这两个领域之外的其他领域，如合同法、婚姻家庭法领域中，均广泛分布着容忍义务。在合同法中，容忍义务应属于基于诚信原则而产生的附随义务的一种。根据目前的法律条文以及学者理论，一般提到的合同法上的具体附随义务多限于以下几种，如协助、保密、通知、告知、说明、提醒、警示、安全保护、竞业禁止等，鲜有提及容忍义务者。[①] 偶见有提及容忍义务者，其所用之处，也并非真正的容忍义务，而是其他义务。例如，在仓储合同中，存货人或仓单持有人有检查仓储物或提取样品的权利，[②] 针对这一权利所对应的义务，有学者解释为保管人的"容忍义务"。[③] 但这种解释并非合理。因为保管人与存货人或仓单持有人之间的关系是：存货人或仓单持有人有法定的权利检查仓储物或提取样品，而且，保管人此时的义务主要表现为"协助"这一以积极形式表现出来的义务，而非"容忍"这一以不作为形式表现出来的义务。合同法上容忍义务的真正表现是，当一方当事人有轻微违反约定义务或违反其他合同法上的义务时，若此轻微违反不影响合同目的或不会给另一方带来实质性损害，另一方当事人应对此予以容忍。这是对"合同必须严守"原则的一种适当校正，也是对鼓励交易原则的彰扬。容忍义务消化矛盾，维续共同体存在的作用在婚姻家庭领域中表现的更为明显。配偶之间因为不忠行为、轻微家庭暴力行为、轻微人格权损害行为使对方遭受的不利益，法律并未赋予受有不利益的一方相应的救济请求权，如果仍要维持婚姻存续，一方就必须通过容忍来实现这一目的。

---

① 在多数专门研究附随义务的论文中，也未将容忍义务作为一项独立的附随义务单独讨论。例如，在侯国跃博士的博士论文中，仅将其归入"其他不作为义务"，并且对它的描述也只有半句话："出租人当容忍承租人在出租房屋上架设收音机或电视户外天线之义务……"侯国跃. 契约附随义务研究 [D]. 重庆：西南政法大学博士毕业论文，2006：186.

② 我国《合同法》第388条"保管人根据存货人或者仓单持有人的要求，应当同意其检查仓储物或者提取样品"。

③ 隋彭生. 合同法要义 [M]. 北京：中国政法大学出版社，2003：589-590. 该书认为，《中华人民共和国合同法》第388条所规定的是仓储保管人的容忍义务。"因为仓储合同是满足存货人需要的服务性合同，因此，保管人应当容忍存货人来检查、提取样品所造成的麻烦。"并进一步认为，"承揽合同中，承揽人也有容忍义务"。

　　有人曾根据适用范围把容忍义务划分为"相邻关系中的容忍义务""环境污染中的容忍义务""公众人物的容忍义务"三大类。^①但此种分类仅涉及容忍义务适用范围中非常微小的部分，不能涵括容忍义务的全部领域，难以得到赞同。

（三）义务主体

　　在义务主体上，负有容忍义务的人是因他人的行为受有不利益的人。容忍义务的主体类型主要是自然人，法人是否也负容忍义务，有待进一步探讨。由于容忍义务的适用范围非常广泛，因此容忍义务的主体绝对不仅限于相邻关系中的当事人，也包括其他情景下的利益受到他人"合理"损害的人。一个值得探讨的问题是，无行为能力人和限制行为能力人是否应承担容忍的义务。由于民事权利能力概念所包含的是主体既有取得权利又有承担义务的资格之义，因此民事权利能力又被称为民事义务能力，那么这是否就意味着在一个完全民事行为能力人对某种"合理"损害负有容忍义务的同时，一个无民事行为能力人在同等条件下也负有同样的容忍义务。由于民事权利能力的统一性和平等性，无民事行为能力人在权利能力上与完全民事行为能力人完全一致，但在具体的权利享有上，二者因个人的自然禀赋、法律的具体规定等种种因素而存在巨大的差异。^②因此权利能力的平等并不意味着二者在具体权利享有上的等同，同时也并不意味着二者在具体义务承担上的等同。这说明，某些情况下完全行为能力人要负容忍义务，但无行为能力人未必要负同样的容忍义务，反之亦然。如果我们确信，无行为能力人也须在某些情形下负有容忍义务，那么其所负容忍义务，无论在损害的"合理"程度判断上，还是在义务承担方式上，均与完全行为能力人存在差异。这是因为，认知能力在很多情况下会影响民事主体的行为选择，无行为能力人在认知能力以及对他人侵害行为的承受能力上与完全行为能力人存在着天然差异。因此在具体的容忍义务判断标准上二者将因此而存在不同。无行为能力人如何承担容忍义务，也颇值探讨。在监护制度之下，无行为能力人的民事活动由其监护人代理，此种法

---

　　①　蔡琴. 论公众人物的容忍义务 [D]. 长沙：湖南大学，2009.
　　②　李云波. 法人民事能力一元论 [J]. 扬州大学学报，2010（5）.

定代理既包括代为行使权利，也包括代为履行义务和承担责任。但这些代理活动所指向的主要是积极的作为，容忍义务在外观上表现为不作为，虽然它不仅仅是"不作为"，[①] 因此，容忍义务能否被代理也不无疑问。合理的解释是，由于无行为能力人的法定监护人，尤其是未成年人的父母，对未成年子女享有一种亲情利益，当未成年子女受到某种轻微损害时，其亲情利益也同时受到损害。此时，无行为能力人所负的容忍义务经常会以其法定代理人不向对方行使救济请求权的方式来实现，而且，这看起来很像是无行为能力人的容忍义务转化成了其法定代理人的容忍义务，或者说无行为能力人的容忍义务被其法定代理人的容忍义务所吸收。

（四）相对人

在相对人上，与容忍义务相对应的主体，是其行为对他人产生干扰乃至侵害的人，他们可能是自然人，也可能是法人（如建筑施工公司、各类生产企业等）及其他非法人组织，还有可能是国家。容忍义务相对人类型不同，在某些时候会影响容忍义务的形成及其限度。法人，尤其是那些具有生产性、长期性、营利性、经营性的工业企业法人，其所排放工业不可量物，危害程度更大。因此各国一般对其中的某些不可量物，如噪声、强光、空气污染物质等制定相应的排放标准，这些标准是判断受害人应负容忍义务还是享有救济请求权的重要依据。而一般的自然人住户，其所排放日常生活不可量物，通常没有上述法定标准，判断受干扰人应负容忍义务还是享有救济请求权的依据，需要综合考量各种因素之后，由司法机关通过自由裁量权的行使来确定。而且，习惯作为判断容忍义务限度的依据时，多运用于侵害主体为自然人而非法人的情况。国家作为容忍义务相对人，并非见于上述所论及的征收、征用等行政行为中，但可见于野生动物致害的情况中。当野生动物致人损害时，法律明确规定由政府承担责任，受害人对政府享有补偿请求权。如《野生动物保护法》第14条规定："因保护国家和地方重点保护野生动物，造成农作物或者其他损失的，由当地政府给予补偿，补偿办法由省、自治区、直辖市政府制定。"然而现实生活

---

① [德] 卡尔·拉伦茨. 德国民法通论: 上册 [M]. 王晓晔, 邵建东, 等译. 北京: 法律出版社, 2003: 268.

中，只有极少数省、自治区、直辖市政府出台了补偿标准，[①]这使很多受到野生动物严重侵害的民事主体向当地政府主张补偿时被以无具体补偿标准为由拒绝，其后果便是受害人自行承担相应的损害，在客观上"容忍"了本应由国家承担的损害。但值得注意的是，此种情况下的"容忍"并非基于"容忍义务"的容忍。与前述受害人对被法律技术"过滤"掉的那些损害承担容忍义务不同，此处的受害人的损害并没有被法律技术"过滤"掉，因为依基本法（《野生动物保护法》第14条），他们有权要求当地政府予以补偿，具体补偿标准的缺失并不能成为当地政府不承担补偿责任的合法理由。当然，如果损害轻微，如猴子偷摘了几颗桃子、麻雀偷吃了少量麦子等，则当事人应负容忍义务。

（五）履行方式

在履行方式上，容忍义务一般表现为不反对或不提异议。不仅如此，在很多时候，它还可能表现为不能向对方行使救济请求权，尤其是损害赔偿（补偿）请求权。前面的讨论中已涉及容忍义务与屈从之间的关系。严格来说，屈从是相对于形成权的某种法律拘束，外观上与容忍义务非常相似，但二者并不完全等同。容忍义务与不作为义务很相似，但二者也并不完全等同。按照拉伦茨的理解，容忍义务不仅仅是一个不作为义务，容忍义务人不仅负有义务不实施某种特定的行为，更负有义务不阻止对方的继续行为。[②]不作为义务强调的是义务人不得积极的去做某事，在对民事主体课加某项不作为义务时，一般不预设前提条件，尤其是不以他人的某种行为为义务指向。容忍义务强调的是义务人不得反对别人做某事，或要求别人做某事（如停止行为，进行赔偿或补偿等），它一般有预设的前提条件，尤其是以他人的某种行为或其后果为义务指向。例如，甲负有不伤害乙的义务，此时甲对乙负有的是不作为义务，该义务不具有具体指向性。

---

① 只有少数几个省制定了相应的补偿标准，分别是云南、陕西、吉林。如《云南省重点保护陆生野生动物造成人身财产损害补偿办法》《陕西省重点保护陆生野生动物造成人身财产损害补偿办法》和《吉林省重点保护陆生野生动物造成人身财产损害补偿办法》及其实施细则。

② [德]卡尔·拉伦茨.德国民法通论：上册[M].王晓晔，邵建东，等译.北京：法律出版社，2003：268.

如果乙在家播放某位歌手的歌曲被甲听到，虽然声音并不太大，但甲非常讨厌该位歌手，他认为他受到了干扰，但他不能要求乙停止播放，此时甲对乙负有的便是容忍义务，该义务具有明确的指向性，它指向的是播放音乐的行为，表现为不得提出异议或反对。"不作为"义务只是要求义务人不得主动改变某种既存状态，"容忍义务"则要求义务人被动的接受某种既存的状态。容忍义务与"免除"存在着一定联系。我们可以认为，当一方负有容忍义务时，另一方实际上处于一种"责任应予免除"的状态。严格说来，一方的行为造成了对方的微小损失，对方即获得了救济请求权，有权要求其停止侵害或赔偿（补偿）损失。但由于法律考虑到如果所有类似的情形都允许一方行使救济请求权，并且对方都应承担责任，这并不利于社会的和谐，并且易造成救济请求权的滥用，于是采取策略，一方面，对受害人设定容忍义务，使其本应享有的权利不得行使；另一方面，容忍义务的设置在反面的表现就是加害人无须对其轻微加害行为承担责任，尽管他本来应当承担责任。

在这个问题上值得讨论的是附代价的容忍义务。如果要把容忍义务进行类型化，至少可以有这样一种分类方式，即无代价的容忍义务和附对价的容忍义务。无代价的容忍义务中，当事人只负容忍义务，不享有向对方要求支付对价的权利。附代价的容忍义务中，当事人在负容忍义务的同时，享有向对方要求支付代价的权利。最典型的附代价的容忍义务的法律规定，莫过于《德国民法典》第906条第2款，根据该款，在重大妨害由对另一块土地作当地通常的使用而引起，且不能被在经济上对于这类使用人可合理的期待的措施所阻止的限度内，受干涉人仍负容忍义务。但若该干涉超过可合理的期待的限度，侵害对其土地作当地通常的使用或侵害其土地的收益的，土地所有人可以向另一块土地的使用人请求适当的金钱补偿。实际上，前文中已多次提及侵害、干涉、侵扰"行为"及其"损害后果"，这种表达实际包含着对"行为"和"后果"的二元区分。这种二元区分可以很好地解释附代价的容忍义务。《德国民法典》第906条第2款所规定的"容忍义务"和"请求权"，二者针对的对象并不相同，其中"容忍义务"所针对的是他人发出噪声、灰尘、震动等不可量物的"行为"本身，而"补偿请求权"所针对的是他人排放上述不可量物所造成的"损害后果"。我们可以把不可量物排放人向对方支付的"补偿"视为向对方因容忍其排放"行为"而付出的"代价"。事实上，在紧急避险的情境中，也可能存在此种附代价的容忍义务。在无代价的容忍义务中，受干涉者不仅要容忍对方的"行为"，还要容忍对方行为所造成的"后果"。这是二者最大的不同。

（六）违反后果

在违反后果上，违反容忍义务并不会导致相应的法律责任。一般理论认为，义务的违反与法律责任之间存在着因果关系。有的学者在表述上显得比较谨慎，认为"法律义务是指主体应当采取的行为模式，是引起偏离模式行为者的法律责任的理由"[①]。这种表述仅仅指明法律义务与法律责任之间存在着可能的联系，而非绝对必然的联系。事实上，当人们凭借基于公平正义的观念所产生的直觉认为在某种情况下行为人对某种损害应当承担责任时，对法律义务的发现乃至创设通常是由果求因的，安全保障义务在我国法律上的确立是非常典型的例子。经验告诉我们，无论是积极的作为义务，还是一般意义上的消极的不作为义务，对其违反，均可能会产生责任的承担。例如，买卖合同关系中，卖方不履行交付合格的标的物这一"作为"义务，可能会导致违约责任的产生；人身关系中，甲未遵守不得损害他人的"不作为"义务而打伤乙，可能会导致侵权责任的产生。然而容忍义务只是一种法律要求当事人被动接受某种既存状态（受到损害）的义务，对其违反的形式无非是提出异议、要求停止损害行为，或要求行为人对某种损害后果承担责任（在其对该损害后果也应负容忍义务时）。这些行为本身并不能给对方带来任何实际上的损害后果，因此即使违反容忍义务，也并不能导致相应责任的产生。在现实中，我们司空见惯的各种民事责任类型中，很难发现基于容忍义务的违反而产生的民事责任。对容忍义务的违反，如果有什么不利后果的话，大多也表现为其请求遭到对方的拒绝或司法机关的否定，对因此而产生的相关经济损失，由容忍义务人自己

---

① 钱大军.法律义务的逻辑分析 [J].法制与社会发展，2003（2）.

承担等。

有人认为在征收、征用中，也存在着容忍义务。本书认为，在征收、征用的情况下，行政主体与被征收人之间存在的是一种"命令"与"服从"的关系，征收、征用一旦合法生效，被征收者便负有"服从"的义务。"服从"不同于"容忍"，也不同于前面所述的"屈从"。"服从义务"也不同于"容忍义务"，它并非是私法上的义务，而是公法上的义务，因为此时当事人双方主体地位不平等、意志不平等，行为目的并非为私人利益，而是为公共利益。除此之外，在内容上，"服从义务"不仅仅意味着消极的接受某种状态和不能行使请求权，还意味着义务人要实施某种积极的行为以配合征收、征用的实现。例如，被征收土地或房屋者，有义务腾空房屋，搬迁至政府分配的住所等。与容忍义务的另一个不同是，被征收、征用者在承担因征收、征用而产生的服从义务的同时，在理论上会得到至少是等价的补偿，甚至是超额的补偿。因此，至少在理论上，履行"服从义务"将会使义务人得到与受损害的利益相等或超额的报偿。而"容忍义务"人承担容忍义务的后果是，他受到损害的利益将因此而不能得到报偿。

（七）容忍义务所处法律规范的性质

在法律规范上，包含或产生容忍义务的规范并非刚性的禁止性规范。王轶教授在论述到我国《物权法》第89条时，^①曾解释道："表面上看起来，该条规定也对应着一项禁止性规范。但实际上，如果相邻建筑物的权利人愿意在获得相应补偿的背景下，放弃自己通风、采光和日照的利益，建筑物的建造者完全可以不遵循该条的规定，法律并无强制当事人必须遵循之理。此类规定意在确定特定利益的归属，它只是使获得特定利益的民事主体取得了与其他民事主体讨价还价的资本。"^②这种解释是否可以适用于《物权法》第90条，乃至，这种解释是否可以适用于《德国民法典》第906条呢？有人也许会认为，《物权法》第90条所规定的是环境保护义务，这种义务所针对的是公共利益，而且法条中明确表明"不得违反国家规定"排

---

① 《物权法》第89条规定："建造建筑物，不得违反国家有关工程建设标准，妨碍相邻建筑物的通风、采光和日照。"

② 王轶. 民法原理与民法学方法 [M]. 北京：法律出版社，2009：289.

放污染物，如果"违反国家规定"排放污染物，当事人即可能遭到行政乃至刑事处罚，因此该条规定属于禁止性规范，基于该条文，当事人之间不具有可交易性。然而《物权法》第90条广泛涉及多种法律部门，其涉及民法的部分，大致可以解读为：第一，不动产权利人不应通过污染物排放的手段侵害他人的人身安宁、财产安全等利益；第二，不动产权利人可以排放污染物，但不得超过"国家规定"的标准；第三，超过国家标准的排放，有可能成为使不动产权利人承担民事责任的构成条件。依此种分析，在排放未超过国家标准的条件下，受侵害人在很多时候负有容忍义务（现实中的有关诉讼确认了这一点），在《德国民法典》第906条第1款明确规定了此种容忍义务（但其条件并非国家规定的标准，而是一般人可忍受的程度）。然而当身负"容忍义务"的受干涉者，向未超过国家标准或一般人可忍受程度排放不可量物的邻人提出停止或降低排放或者金钱补偿的要求时，对方完全有可能接受其要求，或就其要求与其进入协商过程（这样的处理在超过国家标准或一般人可忍受程度的情况下受到法律更为直接的鼓励）。这就表明，容忍义务的存在只是使得对方有权利拒绝容忍义务人所提出的要求，但如果他放弃了这种权利，而与容忍义务人达成某种协议，法律也完全没有必要否定该种协议的效力。如此一来，王轶教授的上述解释在某种程度上也可以适用于《物权法》第90条，乃至《德国民法典》第906条第1款。从而得到这样一个结论，包含容忍义务的规范并非刚性的禁止性规范，它们更类似于倡导性规范，在很多情况下，容忍义务具有可交易性。更有学者指出，对于以容忍义务为核心的民法相邻关系，法律所做的物权调整虽皆为强制规定，但除少数具有行为禁制规范性质者，尚非不得由当事人在其调整的基础上为私法的再调整。[①] 德国学说及实务对于当事人约定不行使相邻关系的权利或容忍为一定行为，也都肯定其债权效力，不认为与相邻关系规定的强制性有何抵触。[②]

---

① 苏永钦.法定相邻权可否预先排除[M]//苏永钦.民法物权争议问题研究[M].北京：清华大学出版社，2004：120.

② 苏永钦.法定相邻权可否预先排除[M]//苏永钦.民法物权争议问题研究[M].北京：清华大学出版社，2004：120.

（八）容忍义务的功能

在功能上，容忍义务是立法、司法或当事人相互间为消弭利益冲突而加于受害者的一种法律手段。容忍义务发挥着诸多的社会功能，如消解纠纷、节约社会成本，有利于当事人自我利益的维护，增进社会和谐和稳定等。这就使的有学者因此而认为"相邻关系规则的逻辑基础在于权利冲突的不可避免，在资源稀缺的情形，解决权利冲突的最佳途径就是设定容忍义务。"① 王利明教授曾指出，"为了维护社会生活的安宁，法律上常常要求人们容忍来于他人行为的轻微损害，或使行为人对他人的轻微损害的后果不承担法律责任"②。他曾较为系统地说明了容忍义务的社会功能。第一，忍受轻微妨碍义务是维护社会生活的和睦所必需的。容忍来自他人的轻微的妨害，是民事主体所应当负有的一种义务。因为人作为社会关系的总和，生活在特定的共同体和社会之中，总会与他人发生各种摩擦，从而不可避免造成损害或妨害。如果人们不能容忍任何轻微的妨害，则社会成员之间根本无法和睦相处，社会就难以形成正常的经济生活秩序。所以，从维护社会生活秩序的角度出发，所有人应当容忍轻微的妨害。在他人实施了轻微的妨害的情况下，物权人不得请求予以排除。③ 第二，忍受轻微妨碍义务是相邻关系制度的重要内容。相邻关系规则就是要规范不动产权利人之间在行使物权时的相互关系，一方的权利要适当延伸，另一方要提供适当便利，这就包含了应忍受轻微损害的义务。如果在物权法上不能确定忍受轻微妨害的义务，则无法形成相邻关系规则。"容忍义务可直接基于法律而生，其主要情形体现为相邻关系上的容忍义务。来自邻地干涉而生的对所有权之妨害，若该干涉是轻微的或为当地通行的，则所有权人对该妨害，不得提起所有物妨害防止之诉。"④ 第三，忍受轻微妨害的义务，在一定程度上也确定了所有权行使的标准。在现代民法上，所有权不是绝对无

---

① 韩光明.财产权利与容忍义务——不动产相邻关系规则分析 [M].北京：知识产权出版社，2010：59.

② 王利明.侵权行为法研究：上卷 [M].北京：中国人民大学出版社，2004：355.

③ 王利明.物权法研究：上卷 [M].北京：中国人民大学出版社，2007：232.

④ [德] 鲍尔·施蒂尔纳.德国物权法：上 [M].北京：法律出版社，2004：231.

限制的权利，而是一种受限制的权利。对所有权的限制规则之一是所有人负有忍受轻微妨害的义务，这也是诚信原则的要求。[①]

有学者曾认为，《德国民法典》所规定的容忍义务主要是为了促进当时（20世纪初）工业的发展，在今天，这种义务已名存实亡。[②]然而考察《德国民法典》第906条的两次修正，即1959年、1994年修正，我们发现，至少在不可量物侵害领域，容忍义务并未"名存实亡"。所变化者，主要表现为两点。第一，判断容忍义务限度的标准，即何谓"重大妨害"，何谓"轻微妨害"的标准，得到了明确。在1994年的修正案中，将法律或法规规定的排放标准作为判断妨害是轻微还是重大的依据。第二，明确在某些重大妨害的情形下，受害人仍需对排放行为承担"容忍义务"，同时赋予其衡量补偿请求权。这些均表明，历经百年，《德国民法典》中所变化了的，不是容忍义务的"存"和"亡"，而是判断容忍义务限度的标准以及在某些情况下受害人在承担容忍义务的同时所获得的某些权利（衡量补偿请求权）。《德国民法典》第906条关于容忍义务规定的两次修正，实为如何在法律中更好地规范容忍义务以使其更好地发挥社会功能的有益探索。

四、容忍义务所处法律关系的性质

容忍义务必定存在于一定的民事法律关系中。依目前的理论通说，民事法律关系的要素包括主体、内容、客体。其中的主体即法律上的"人"，内容即权利和义务，客体即权利和义务共同指向的对象，包括物、行为、智力成果、人格利益、权利等。如果要全面认识容忍义务，就需要把它放置到法律关系中，结合法律关系中的各种要素对其加以分析。

理论上，一般会把权利分为绝对权和相对权。其中绝对权是指权利人特定，而义务人不特定的权利，物权、知识产权、人身权（其中身份权具

---

① 王利明. 物权法研究：上卷 [M]. 北京：中国人民大学出版社，2007：233. 另见王利明. 足球坠井与请求权. 判解研究，2006，3. 在此文中，作者也指出《德国民法典》之所以规定了对轻微损害的容忍义务（第905条、906条、912条），与当时德国谋求工业发展有关。因此，可见，除上述三项功能能之外，容忍义务还是扩张行为人行动自由的一种法律手段。

② 孙宪忠. 中国物权法原理 [M]. 北京：法律出版社，2004：326.

有双重属性[①]）为绝对权的典型。相对权是权利人特定，义务人也特定的权利。法律关系也经常被分为绝对法律关系和相对法律关系。其中相对法律关系是权利人和义务人都特定的法律关系，绝对法律关系是权利人特定而义务人不特定的法律关系。不仅如此，义务也被做如上的划分，即相对义务与绝对义务。如有学者指出，无论将法律义务如何分类，有三种分类最有理论和实践意义。它们包括绝对义务与相对义务，原生义务与派生义务，必要性义务与禁为性义务。其中绝对义务与相对义务的划分，以义务承担是否具有普遍性以及是否附带条件为标准。绝对义务是社会所有成员都要承担的，不附带任何条件的义务。相对义务是社会成员只在特定条件下才承担的义务，并且这种义务履行对象为特定的人。相对义务是对享有特定权利的特定的人而承担的义务。相对义务的表现为：（1）这种义务的发生是有特定条件或特定原因的；（2）这种义务是相对于特定的人的。所谓特定人是指享有特定权利的人；（3）这种义务存在着免除条件，即可由与义务人相对的权利人的意志而免除义务。[②]典型的相对权是债权，典型的相对法律关系是债的关系，典型的相对义务是债务。

　　容忍义务存在于受到他人行为干扰或侵害的人与实施干扰、侵害他人行为的行为人之间。这种义务人（即承担容忍义务的人）特定，权利人（可能是不动产权利人或其他享有某种行动自由权的人）也特定的情形，非常符合相对法律关系的特征。然而当我们考察相邻关系中的容忍义务时，我们可能会发现这样的理论困境：人们习惯于把相邻关系作为物权关系的一部分，物权关系被认为是"绝对关系"。但相邻关系各方当事人却限定在一个大致可以确定的范围之内，这一点又不同于一般意义上的绝对关系。由此——主体的相对特定性，相邻关系本身是否属于绝对关系便不无可争

---

① 杨立新教授认为某些身份权如亲属权、配偶权等，既具有相对性，又具有绝对性。其相对性是就具有亲属关系的人之间或配偶之间而言的。其绝对性是就具有亲属关系或配偶关系的人作为一个整体与第三人之间而言的。杨立新.从契约到身份回归[M].北京：法律出版社，2007.

② 张恒山.义务先定论[M].济南：山东人民出版社，1999：76–78.

议之处。在这种背景下，作为"相邻关系核心技术"的容忍义务，[①]属于"相对义务"还是"绝对义务"也存在可讨论的空间。如果把它归入到绝对义务，则与绝对义务主体的不确定性相矛盾，如果把它归入到相对义务，则与其所处其中的相邻关系被习惯的认为属于绝对关系相矛盾。这种矛盾显了既有的关于权利、法律关系、义务等概念的类型化理论存在着不足。

我们可以把前一章中关于相邻不可量物排放的"常态"与"非常态"这一划分方式扩张到相邻各方其他干扰（如植物越界、邻地通行等）的"常态"与"非常态"，甚至还可以扩张到更为广阔的领域，即普遍意义上的一人行为对他人行为产生干扰的"常态"与"非常态"。"常态"之下，行为人产生的干扰可在物理意义上或伦理意义上被一般人所忍受，此时无论基于道德、习俗乃至基于法律，当事人都应当予以容忍。此种情景下，法律层面的容忍义务处于绝对法律关系之中，可视其为"绝对义务"，因为在"常态"之下，干扰是基于他人行使绝对权而且未超出其权利范围的行为所产生的。在"非常态"之下，例如，根据《德国民法典》第906条第2款的规定，相邻方的不可量物排放虽超过了国家标准，但此种排放属当地通行且不可通过经济合理方式降低其排放程度，则受干扰者仍应负容忍义务，不过同时他享有对排放者的金钱补偿请求权。此时的容忍义务已处于一种相对法律关系中，可被视为一种相对义务，因为此时排放者与受干涉者之间基于法律的直接规定而产生了债的关系。只不过与一般的债的关系不同，在这种债中，受干涉者虽然依其他条款会获得救济请求权，但依容忍义务条款，他并不能行使这种请求权。

---

① 韩光明博士把容忍义务称为相邻关系的核心技术。韩光明. 财产权利与容忍义务——不动产相邻关系规则分析 [M]. 北京：知识产权出版社，2010：166. 王洪亮教授也持类似观点。他认为，相邻关系以不动产权利人的容忍义务为主要内容，不动产关系主要表现为不动产权利人应有的容忍，而非强调相对人对不动产权利人的不动产的支配。并以此种观点检视我国《物权法》，然后指出：《物权法》上的规则，多从相邻人 / 干涉人的权利角度以及不动产权利人的（不作为）义务角度规定的，并没有将规则中心放置在容忍义务上。在结果上，不动产权利人的容忍义务之范围与限度往往在法律上没有明确规定，或者只能借助公法上的标准予以确定。崔建远，等. 物权法 [M]. 北京：清华大学出版社，2008：130. 该书有关相邻关系的部分为王洪亮教授所撰写。

第三节　容忍义务条款的表达方式

　　根据作为容忍义务法律依据的法律条款对容忍义务规定的明确程度，本书把容忍义务条款区分为隐性容忍义务条款和显性容忍义务条款。二者在表述上的最大区别，便在于是否在条文表达上明确使用了"容忍""容忍义务""应当容忍""应予容忍""必须容忍""应当忍受"等字样。显性容忍义务条款中明确使用了"容忍""容忍义务""忍受"等字样，司法机关可以将相应的显性容忍义务条款直接用作向当事人课加容忍义务的法律依据，而无需在裁判文书中进一步阐释容忍义务存在的正当性。德国、荷兰、西班牙、瑞士等不少大陆法系国家的民法典中均设有显性容忍义务条款。例如，《德国民法典》第912条标题即为"越界建筑；容忍义务"，其内容为：

　　"（1）土地所有权人在建造建筑物时越界建筑，而无故意或重大过失的，邻地所有人必须容忍该越界建筑，但邻地所有人已在越界前提出异议，或在越界后立即提出异议的除外。

　　"（2）邻地所有人必须以金钱定期金得到补偿。定期金的数额依越界的时间确定。"

　　又如《德国民法典》第918条"必要通道权的排除"：

　　"（1）土地与公路的原有联系因所有人的任意行为而消除的，不发生必要通道的容忍义务。

　　"（2）因让与土地的一部分，致使所让与或所留存的部分与公路的联系被切断的，原来发生联系的那部分土地的所有人必须容忍必要通道。属于同一所有人的两块以上土地中的一块的让与，与部分让与相同。"

　　再如《魁北克民法典》第976条规定：

　　"依土地的性质，所处位置或当地习惯，相邻人应忍受不超出他们应相互容忍限度的通常的相邻干扰。"

　　当前我国在立法上——无论是公法上还是私法上——均无显性容忍义务条款。我国司法机关在向当事人课加容忍义务时所依据的法律条款，多属隐性容忍义务条款。隐性容忍义务条款中虽然并不包含"容忍""容忍义务"等字样，但在实际上规定了当事人的容忍义务。司法机关在裁判文书中将其作为向当事人课加容忍义务的法律依据时，如果要增强裁判的说服力，便需要进一步解释该条隐含了容忍义务的理由。例如我国《民法通则》第83条，《物权法》第84条、第86条、第87条、第88条等。但是隐性容忍义务条款的运用存在着诸多问题。首先便是隐性容忍义务条款的识别和判断的不统一。尽管有些条款被公认为隐性容忍义务条款，如上述民法通则第83条和《物权法》第84条，但是对哪些条款属于隐性容忍义务条款，目前在学理上并没有统一的标准，这就导致隐性容忍义务条款识别和判断的不统一，进而导致司法机关在隐性容忍义务条款选择和适用上易被质疑为武断和任意。其次便是解释和运用的不统一。即便是对某些公认的隐性容忍义务条款，不同的法官也会对其产生不同的解释。这些解释和运用上的不统一在容忍义务的法律效力和容忍限度的界定等问题上表现的尤为突出。上述两点在困扰着司法机关的同时，也会在理论上引发争议，更会引发当事人对基于这些隐性容忍义务条款向其课加容忍义务的裁判公正性的怀疑。

很显然，向当事人课加容忍义务时的理由缺乏或不充分这一难题，凭借隐性容忍义务条款并不能很好的解决，只能通过显性容忍义务条款的设置加以解决。显性容忍义务条款可以在司法机关向当事人课加容忍义务时提供更为确定、清晰、权威的理由，从而增强向当事人课加容忍义务的裁判文书的说服力。玛蒂尔德·柯恩指出，对于法治实现真正意义重大的并不是所有的机构行为人都为他们所做的每一个决定提供理由，而只是体系内必须有充足的理由可用，这些理由可以作为一个整体提供给公民，使其理解并评价国家的行为。[①]隐性容忍义务条款虽然也可被用作向当事人课加容忍义务的理由，但是这种理由的确定性、清晰性、权威性、充分性无法与显性容忍义务条款相提并论。当法官向当事人依隐性容忍义务条款课加容忍义务时，这一条款虽然可以构成一个"理由"，但此时法官所要给出理由的重点不是向当事人课加容忍义务的条款是什么，而是要解释为什

---

① [美]玛蒂尔德·柯恩.作为理由之治的法治[J].杨贝，译.中外法学，2010（3）.

么这一条款中包含容忍义务。如果不能对此做出很好的解释，仅仅宣称某一条文中包含了容忍义务，当事人应当遵守，当事人的不信服便在所难免。当法官援引隐性容忍义务条款时，他便是在向当事人宣告存在着这样一条"容忍义务规则"，但是隐性容忍义务条款中未明确出现"容忍义务""容忍"等字样时，他便需要对这一条构成容忍义务规则加以证明，即"给出理由"以证明该条款包含容忍义务规则。玛蒂尔德·柯恩指出，"不给理由的法律体系"将面临至少三种问题：首先，它做出的决定将缺乏一致性；其次，认识上的不足，法律将几乎不能为公众所认识；再者，在确保公民能够就他们认为应该反对的法律决定进行争论时存在地域性困难。给出理由的价值就在于阻止公共机构的专断，从而得出更好的公共决定。①

总结起来看，与隐性容忍义务条款相比，显性容忍义务条款具有如下优势。

第一，确定性。显性容忍义务条款是容忍义务在立法上得以确定无疑的最有力的证据。设置了显性容忍义务条款，便省去了在理论上关于"我国立法上有没有容忍义务""容忍义务是不是一种法律上的义务""有没有必要在法律上承认容忍义务"等问题的无谓争论。

第二，清晰性。在当前的情况下，我们无法苛求公众去了解容忍义务，因为他们在现有的立法中查阅不到明确包含"容忍义务"字段的条文，而条文中含有"容忍"二字才是足以使公众认知和识别容忍义务规则的关键。在此基础上，我们才可以进一步期待当事人能够在某些情况下主动的履行容忍义务。若我们仅能够从隐性容忍义务条款中解释出容忍义务，这便有点类似于古代的秘密法，多少有悖于法的公开性特征。显性容忍义务条款为人们提供了有关容忍义务规则在法律上最为清晰明确的表达。这种清晰性会便利人们对容忍义务规则的识别和适用。

第三，权威性。成文法法条的权威性不必赘言。司法机关在裁判文书中援引显性容忍义务条款向当事人课加容忍义务时，便援引了最为权威的依据，提供了最令人信服的理由，这会大大的提升这一裁判结论的正当性，以及当事人对它的确信和尊重，从而有助于促进司法公信力和司法权威的提升。

---

① [美]玛蒂尔德·柯恩.作为理由之治的法治[J].杨贝，译.中外法学，2010（3）.

第四，一致性。在只有隐性容忍义务条款的情况下，由于法官对哪些条文中包含了容忍义务会产生不同的理解，这就造成对隐性容忍义务条款识别的不一致和解释与适用的不一致。显性容忍义务条款的设置至少会使法官在容忍义务条款的识别上达成较为一致的认识。并进而有助于在解释和适用上的统一，从而有助于在个案中实现"类似情况类似处理"的"看得见的正义"。

除了上述几个最为显著的优势之外，显性容忍义务条款还会对隐性容忍义务条款功能的发挥产生激活功能。通过显性容忍义务条款可以解决容忍义务应否存在的争论，使公众对容忍义务的存在产生确信。解决了这一问题之后，即使在某些个案中，法律并未设置相应的显性容忍义务条款，当司法机关通过解释隐性容忍义务条款的方式向当事人课加容忍义务时，至少会降低当事人对"容忍义务"这一法律义务存在的客观性的质疑。我们完全不可忽略公众对"容忍义务"承认的重大意义，因为公众的承认是其接受自身在司法裁判中被课加容忍义务的前提。在这一前提明确了的情况下，再让他们接受隐性容忍义务条款中的容忍义务的约束时，所遇到的阻碍和质疑便会大大降低。

第四节　域外民法典中的显性容忍义务条款

诸多大陆法系国家或地区已纷纷在其民法典中设置了较为详备的显性容忍义务条款。以下是本书搜集、整理的部分域外民法典对显性容忍义务条款的规定情况。

表 8　域外民法典中的显性容忍义务条款

荷兰民法典	
编、章	条文内容
第 2 编 法人	第 336 条：一名或数名单独或共同认缴不少于 1/3 的已认缴资本的，可以向法院对行为损害公司利益、继续保持股东身份不能合理容忍的股东提起诉讼，请求根据第 341 条转让其股份

第 2 编 法人	第 342 条：一名或数名单独或共同认缴不少于 1/3 的已认缴资本的，可以向法院对行为损害公司利益、继续行使表决权不能合理容忍的股份质权人或用益权人提起诉讼，请求将表决权移转给股东
第 5 编 物权	第 33 条：边界确定后，公共水域的水岸线移到陆地内部的，被淹没的土地的所有权人，必须容忍他人按照目的使用该水域
	第 54 条：（1）建筑物或工作物的一部分位于他人土地地表、地上或地下，并且拆除越界部分给建筑物或工作物所有权人造成的损害和保留该部分给土地所有权人造成的损害，严重不成比例的，建筑物或工作物所有权人任何时候可以请求为其设定维持现状的地役权，但同时应当支付补偿，或者，土地所有权人可以选择转让所需要的土地部分。（2）建筑物或工作物由于时间推移，倾斜在他人土地上方的，适用前款的规定。（3）法律或者法律行为规定了容忍现状的义务，或者建筑物或工作物的所有权人建筑或者取得时有恶意或重大过失的，上述各款不适用
	第 71 条：（1）地役权给供役地施加的负担是地表、地上或地下容忍或不作为的义务。设定文书可以规定，该负担也包括设置行使地役权必需的建筑物、工作物或植物的义务，但是该建筑物、工作物或植物应当全部或部分用于需役地。（2）地役权给供役地施加的负担，也可以是维护供役地或者现在或将来供役地上全部或部分用于需役地的建筑物、工作物或植物
第 6 编 "债法总则"	第 168 条：（1）基于重大的社会利益应当容忍某一行为的，法院可以驳回禁止侵权行为的请求。受害人保留根据本章请求损害赔偿的权利。（2）在第 170 条规定的情形下，工作人员对损害不承担责任。（3）没有履行支付赔偿金或提供担保的裁判或者提供担保的义务的，法院仍然可以判令禁止该行为
	第 252 条：（1）合同可以约定，一方当事人承担与其资产有关的容忍或不作为义务，移转给资产的特定继受人，同时约束从资产权利人取得使用资产的权利的人。（2）当事人的约定作成公证书并在公共登记簿上登记，第 1 款的约定才有效。作成公证书时，该约定的义务人必须在荷兰选择住所
	第 259 条：合同目的是使登记资产权利人或使用人承担给付义务，而该义务不包括或伴随持续占有的容忍，有下列情形之一的，法院经义务人请求可以变更合同效果或者全部或部分解除合同： a. 合同已订立不少于 10 年，并且该义务继续存在不符合公共利益； b. 义务履行对债权人已不存在正当利益，并且不能认为该利益可恢复
第 7 编 "合同分则"	第 223 条：对于不动产或其一部分的租赁，出租人打算在租赁期满后出租或者打算转让的，承租人有义务容忍在租赁物上设置通常的出租或转让公告，并给予有兴趣的人查看租赁物的机会
	第 357 条：农业出租人在农业租赁合同终止后打算将农业租赁物农业出租或出租的，或者打算转让农业租赁物的，承租人有义务容忍在农业租赁物上设置通常的农业出租、出租或转让的公告，并给予有兴趣的人查看租赁物的机会

右上角："续表"

德国民法典

编、章	条文内容
第1编 总则第6章权利的行使、自卫、自助	229条自助：以自助为目的而取走、毁坏或毁损物的人，或以自助为目的而扣留有逃跑嫌疑的义务人的人，或以自助为目的而除去义务人对某一行为的抵抗（该行为系义务人有义务加以容忍的）的人，如不能适时地获得官方的救助，且存在不立即介入则请求权的实现将会落空或极为困难的危险，则不是不法地实施行为
第2编 债务关系法第8章各种债务关系	555a条保持措施：第1款 （1）承租人必须容忍对于租赁物的保养或修缮为必要的措施（保持措施）； （2）保持措施必须适时地通知承租人，但保持措施只会造成对租赁物的（不）显著干涉或其立即实施是绝对必要的除外； （3）出租人必须在适当范围内偿还承租人因保持措施而须支出的费用。出租人必须根据请求而进行预付； （4）使承租人受不利益的不同于第2款或第3款的约定，不生效力
	555d条现代化措施的容忍，除斥期间： （1）对于现代化措施，承租人应当予以容忍（陈卫佐译为必须，杜景林译为应当）。 （2）现代化措施将对承租人、其家庭或者其家庭的其他成员造成严苛困难，并且此种困难即使在评价出租人和同一建筑物之内的其他承租人的正当利益，以及评价能源节省和气候保护的利益时，仍然不能被正当化的，不适用第1款的容忍义务。可以期待的租金提高以及预计的将来营业费用，在容忍义务框架下实施考虑时，不在考虑之内；其仅在提高租金时，依第559条第4款和第5款予以考虑
	（3）承租人应当将在容忍或者提高租金方面构成严苛困难的事由，在现代化通知到达月份的下一个月份结束之前，以文本形式通知给出租人。期间的进行仅在现代化通知符合第555c条的规定时，才得以开始。 （4）在期间结束之后，对于在容忍或者提高租金方面构成严苛困难的事由，以承租人无过错而在期间的遵守上受阻，并且已经不迟延地以文本形式将事由和延误的原因通知给出租人，尚应当予以考虑。在容忍或者提高租金方面构成严苛困难的事由，仅在其至迟于现代化措施开始之前被通知时，才予以考虑
第2编 债务关系法第8章各种债务关系	588条维持或者改善措施 （1）承租人应当容忍为维持租赁物而有必要对其进行的干涉。 （2）对于为改善租赁物而采取的措施，承租人应当予以容忍，但上述措施将会对其造成严苛困难，而且此种困难即使在评价出租人的正当利益时亦不能被正当化的，不在此限。对于承租人因上述措施而发生的费用和失去的收益，出租人应当在依情形为适当的范围之内予以偿还。出租人应当依请求预付费用

续表

第3编《物权法》第3章所有权、第4章役权	906条不可量物的侵入： （1）土地所有权人不得禁止煤气、蒸汽、臭气、烟、煤烟子、热、噪音、震动以及从另一块土地发出的类似干涉的侵入，但以该干涉不妨害或仅不显著地妨害其土地的使用为限。在通常的情况下，法律或法令所确定的极限值或标准值不被依这些规定算出和评价的干涉所超出的，即为存在不显著的妨害。依《联邦公害防止法》第48条颁布并反映技术水平的一般行政规定中的数值，亦同。 （2）在重大妨害由另一块土地的当地通常的使用引起，且不能被在经济上可合理地期待于这类使用人的措施所阻止的限度内，亦同。土地所有人须据此而容忍某一干涉的，如该干涉超过可合理地期待的限度而侵害其土地的当地通常的使用或它的收益，则土地所有人可以向另一块土地的使用人请求适当的金钱补偿
	912条越界建筑：容忍义务 （1）土地所有权人在建造建筑物时越界建筑，而无故意或重大过失的，邻地所有人必须容忍该越界建筑，但邻地所有人已在越界前提出异议，或在越界后立即提出异议的除外。 （2）邻地所有人必须以金钱定期金得到补偿。定期金的数额依越界的时间确定
	917条必要通道： （1）土地欠缺适当的使用所必需的与公路的联系的，土地所有人可以向邻地所有人们请求：他们为建立必要的联系而容忍对其土地的使用，直到缺陷被除去时为止。在必要的情形下，必要通道的方向和使用权的范围，以判决予以确定。 （2）必要通道所经过的邻地所有人，必须以定期金得到补偿。准用第912条第2款第2句和第913条、第914条、第916条的规定
	918条必要通道权的排除： （1）土地与公路的原有联系因所有人的任意行为而消除的，不发生必要通道的容忍义务。 （2）因让与土地的一部分，致使所让与或所留存的部分与公路的联系被切断的，原来发生联系的那部分土地的所有人必须容忍必要通道。属于同一所有人的两块以上土地中的一块的让与，与部分让与相同
	1004条除去请求权和不作为请求权： （1）所有权被以侵夺或扣留占有以外的方式侵害的，所有人可以向妨害人请求除去侵害。有继续受侵害之虞的，所有人可以提起不作为之诉。 （2）所有人有义务容忍的，前款所规定的请求权即被排除
第3编《物权法》第3章所有权、第4章役权	1044条容忍修缮：用益权人不自己实施已成为必要的物的修缮或更新的，必须许可所有人实施，并且，如用益权客体为土地，则必须许可所有人使用第1043条所称土地成分

第 4 编 亲属法第 2 章亲属	1598a 条要求允许进行基因检验以澄清嫡亲出身的请求权 （1）为澄清子女的嫡亲出身： 1. 父亲可以分别向母亲和子女请求允许进行基因血缘检验，并容忍提取适当检验的基因样本； 2. 母亲可以分别向父亲和子女请求允许进行基因血缘检验，并容忍提取适合于检验的基因样本； 3. 子女可以分别向双亲请求允许进行基因血缘检验，并容忍提取适合于检验的基因样本。该样本必须依公认的科学原则予以提取。 （2）根据有权澄清者的申请，家庭法院必须代替所未给予的允许，并命令容忍取样。 （3）如果且只要嫡亲出身的澄清会构成对未成年子女最佳利益的显着侵害，而这一侵害即使在考虑到有权澄清者的利益的情况下也会是不可合理地期待于子女的，法院即停止程序。 （4）已允许进行基因血缘检验并提供基因样本的人，可以向令他人实施血缘检验的有权澄清者请求查阅血缘鉴定或交付副本。家庭法院裁判因第 1 句所规定的请求权而发生的争议
第 5 编 继承法第 3 章遗嘱	2213 条在诉讼上主张针对遗产的请求权 （1）以遗产为标的的请求权，在诉讼上既可以向继承人亦可以向遗嘱执行人主张。遗嘱执行人不享有遗产管理权的，仅准许向继承人主张。即使遗嘱执行人享有遗产管理权，特留份请求权亦仅能向继承人主张。 （2）对于遗嘱执行人，不适用第 1958 条的规定。 （3）向继承人主张其请求权的遗产债权人，亦可以向遗嘱执行人主张请求权，但以遗嘱执行人应当容忍对处于其管理之下的遗产标的物进行强制执行为限

瑞士民法典

编、章	条文内容
第 4 编 《物权法》第 1 部分所有权第 19 章土地所有权	第 684 条： （1）任何人，在行使其所有权时，特别是在其土地上经营工业时，对邻人的所有权有不造成过度侵害的注意的义务。 （2）因煤、烟、不洁气体、音响或震动而造成的侵害，依土地的位置或性质，或依当地习惯属于为邻人所不能容忍的情况的，尤其应严禁之

意大利民法典

编、章	条文内容
第 3 编 所有权第 2 章所有权	第 844 条（排放）：在正常忍受限度内，并考虑到当地的环境条件（890 条、949 条），土地的所有人不得妨碍自邻地自然排出或者传出的烟雾、热气、气味、噪音、震动以及其他类似的排放。在适用本条的规定时，司法机构应当尽量协调生产的需要与土地所有人的利益（944 条、1044 条）。同时也应当考虑某一确定用途的所有权的利益（890 条）

奥地利普通民法典

编、章	条文内容

编、章	条文内容
第2编 物法，第7章役权	472条： 基于役权，为他人之便宜，所有权人受有容忍他人利用其物或自己不利用其物之拘束。役权，为对于供役物的任何占有人均生效力之物权。 第475条： （1）房屋地役权通常有： 1. 使他人建筑物为自己建筑物承重的权利； 2. 将梁木或屋椽嵌入他人墙体的权利； 3. 为采光或眺望而在他人墙上开窗的权利； 4. 将建筑物的房顶或屋檐延伸至邻人土地上空的权利； 5. 通过邻人烟囱排放烟气的权利； 6. 将屋檐水少水槽伸至他人土地的权利； 7. 向邻人土地排水或经过邻人土地引水的权利； （2）基于前款或类似的房屋地役权，房屋占有人有权在邻人的土地上实施与房屋地役权相关的行为，邻地所有权人应容忍之

葡萄牙民法典

编、章	条文内容
第2编 各种合同第4章租赁	1038条（义务之列出）： 承租人具有下列义务：a）支付租金；b）容许出租人检查租赁物；c）不将租赁物用于不符合原定目的之用途；d）谨慎使用租赁物；e）容忍紧急修补及公共当局下令进行之任何工程…… 1073条（法律容许之毁损）：一、如承租人对租赁物做出轻微毁损是为确保租赁物能给予承租人舒适及便利所需，则容许做出该行为。二、然而，承租人在返还租赁物前，应对上款所指之毁损做出修补，但另有订定者除外
第2编 各种合同第6章使用借贷	1135条（借用人之义务）：借用人具有下列义务：a）保管及保存借用物；b）提供借用物予贷与人检查；c）不将借用物用于非原定用途；d）谨慎使用借用物；e）容许贷与人依其意愿对借用物做出任何改善；f）不将借用物提供予第三人使用，但经贷与人许可者除外；g）如知悉借用物有瑕疵或可能出现危险，或知悉第三人就该物主张拥有某些权利，而贷与人并不知悉此事实者，应立即通知贷与人；h）合同终结时，返还借用物

西班牙民法典

编、章	条文内容
第4卷 债与合同第6集租赁合同第2章	1558条： 如在租赁期间，租赁物急需修理，不能迟延至租赁期间终了时，不论对承租人有何不便，甚至可在修理期间被剥夺租赁物一部的使用，承租人均须忍受之。但修理之期间在四十日以上时，租金应按租赁物被剥夺期间的长短与被剥夺部分大小的比例减少。 如因修理的结果，致使承租人及其家属要居住部分的房屋不适宜居住时，承租人得解除其租赁合同

马耳他民法典

编、章	条文内容

续表

第2编物第2分编取得和移转财产及其他物权的方式第九题租赁合同	第1548条（承租人应容忍紧急修缮的实施）： （1）租赁存续期间，如果租赁的房地产需要紧急修缮，且不能推迟至租约期满后进行的，不论该修缮给承租人造成何种不便，即使他在该修缮期间被剥夺部分房地产的，承租人亦应容忍之。 （2）但如果此等修缮的实施超过40天，应当根据承租人被剥夺房地产的期限与被剥夺的部分的比例减少租金。 第1553条（何时承租人应当要求出租人为其抗辩）：如果仅以其行为造成侵扰的第三人对租赁物主张任何权利，或者如果承租人本人被起诉，强迫他放弃全部或部分租赁物或者容忍任何地役权的行使，他应当要求出租人为其抗辩，并且如果他愿意，他可以通过指出他据以持有租赁物的出租人的名字，而终止对他提起的诉讼

加拿大魁北克民法典

所处编、章	条文内容
第4编财产第2题所有权第3章不动产所有权的特殊规则	第976条： 依土地的性质，所处位置或当地习惯，相邻人应忍受不超出他们应相互容忍限度的通常的相邻干扰
第4编财产第4题所有权的权能分离第3章地役权	第1177条： 地役权，为对分属于不同所有人的不动产，为了一不动产即需役地的利益，对另一不动产即供役地课加的负担。 依此负担，供役地的所有人被要求容忍需役地所有人的某些使用行为或供役地所有人禁绝行使其所有权的某些固有权能。 地役权扩及至为其行使所必要的全部财产

智利民法典

所处编、章	条文内容
第2编财产及其所有、占有、使用和收益第十一题役权	第826条： 供役地分割的，设于其上的役权不发生改变，其分得部分如原本存在役权，分得人应予忍受
第4编 债的通则和各类合同第26题租赁合同	第1928条： 根据使承租人免受一切干扰或妨碍的义务，出租人不得在未经承租人同意的情况下改变租赁物的形式，也不得在租赁物上实施可能干扰或妨碍其享用的作业或工作。 尽管如此，对于无重大不便即不能推迟的修缮，虽要剥夺承租人对租赁物的部分享用，承租人亦负忍受的义务，但承租人有权请求按被剥夺享用部分的相应比例减少该期间的价金或租金。 此等修缮涉及租赁物的大多数部分，该物剩余部分显然不足以满足承租目的时，承租人可终止租赁。 如修缮的原因在合同成立之时即存在，且承租人并不知晓，但为出租人知晓，或者出租人有做忧虑该原因的先例或依其职业应知晓其存在，承租人还有权请求损害赔偿。 修缮将长时间妨碍租赁物的享用，以至于承租人非遭受重大妨害或损害租赁即不可能继续存在的，适用同一规定

秘鲁共和国新民法典	
所处编、章	条文内容
第 5 编物权第 2 题所有权	第 961 条 对土地之工业开发的限制： 所有权人在行使其权利特别是在其从事工业开发之作业时，应避免损害邻接或相邻的所有权，及其居民的安全、安宁和健康。 禁止产生烟气、烟尘、烟雾、噪音，以及超过邻人之间依具体情境应相互容忍之限度的类似滋扰
第 7 编债的发生依据第 6 题租赁	第 1673 条 租赁财产的维修： 在租赁过程中，若财产需要进行不可迟延至合同结束之时的维修，则即使维修意味着对财产部分使用的剥夺，承租人亦须忍受

韩国民法典	
编、章	条文内容
第 2 编 物权第 3 章所有权	第 217 条（禁止煤烟等对邻地的妨害）： （1）土地所有人负有采取适当措施防止煤烟、热气体、液体、噪音、振动及其他类似事物妨害邻地的使用或使邻人遭受生活上的痛苦之义务。 （2）前款情形符合土地通常用途的，邻人负有容忍义务。 注：需注意的是《韩国民法典》第 217 条原来并无第 2 款，该款于 2009 年修订后的《韩国民法典》内加入。修正过程中，有学者建议将第 1 款中的义务扩张到土地占有人，并进一步明确该妨碍的容忍要件

泰王国民商法典	
编、章	条文内容
第 4 编“财产”第 4 章“地役权”	第 1387 条： 作为供役物的不动产所有权人为了他人不动产利益而必须容忍影响自己财产的一些行为或不得行使自己财产所有权上的一些权利

菲律宾民法典	
编、章	条文内容
第 4 编 债与合同第 8 题租赁第 2 章乡村和城市土地租赁	第 1662 条： 在租赁期间，对租赁物过行某些紧急修缮成为必要，而在租赁终止前，该修缮又不能被延迟的，尽管修缮对承租人而言可能非常令人烦恼，以及尽管在修缮期间承租人可能被剥夺部分场所，承租人也必须容忍本项工作。 修缮持续了超过 40 天的，应按承租人被剥夺财产的时间包括起初的 40 天，以及被剥夺的部分的比例减少租金。 工作具有承租人和其家人作为其住处所需部分变和不可居住的性质的，如果租赁的主要目的是为承租人提供住处，承租人可以解除合同

从上述所列各国民法典中的显性容忍义务条款，可以看到：

第一，显性容忍义务条款在某些民法典中的分布非常广泛，涉及物权法、债权法、亲属法、继承法，乃至法人的内部治理（如《荷兰民法典》）；

第二，某些民法典对显性容忍义务条款的设置非常详细并具有非常强的可操作性，尤其以《荷兰民法典》和《德国民法典》最为典型。其可操作性主要体现在对容忍义务的适用情形和法律效果的具体描述上；

第三，显性容忍义务条款中几个最为重要的因素涉及：容忍义务的适用情境，容忍义务的法律效果，容忍限度的判断等；

第四，在通过立法向一方主体课加容忍义务的同时，也重视对其应有利益的保护，以达到在行为人和容忍义务人之间的利益平衡；

第五，上述大多数民法典主要针对某些具体情形设置显性容忍义务规范，而未对容忍义务设置一般性、原则性的条款。

上述几点对我们设计我国民法典中的显性容忍义务条款时具有重要的借鉴和参考意义。

第五节　嵌入相邻不可量物排放规则中的容忍义务

一、“垃圾焚烧场案”引出的关于容忍义务的争论

（一）基本案情

据《新京报》2010年5月22日报道，北京市朝阳区柏林爱乐小区居民赵蕾，于2002年入住该小区。北京金州安洁废物处理有限公司于2005年12月开始，在距离小区2.5公里外的高安屯医疗垃圾焚烧场焚烧医疗垃圾，朝阳区垃圾无害化处理中心也在高安屯逐年超量填埋垃圾，两被告总在夜间产生大量有毒、恶臭、有害气体。赵蕾称，自从2005年后，附近居民在夏天只能关闭门窗躲避恶臭。2008年7月，她患上支气管炎。赵蕾认为二被告侵犯了她的身体健康权和清洁空气权，故起诉要求停止空气污染，并

索赔医疗费、精神抚慰金、空气污染赔偿金等共计1800余元。给赵蕾看病的医生作证说，臭味达到一定程度且有毒成分含量复杂，会导致支气管炎。案件审理时，金州安洁公司称，公司焚烧垃圾的排放气体没有超过相应的标准，赵蕾的病与其无关。朝阳区垃圾处理中心称，该中心对大气的影响在国家规定范围内。二被告提交了相关检测报告，以证明排放达标。朝阳法院认为，在医学上，支气管炎的发病原因多样，不能排除是其他原因导致发病。赵蕾应证明此地的确存在环境污染行为；朝阳法院还认为，高安屯医疗垃圾焚烧场自20世纪80年代即消纳本区生活垃圾，市政府相关部门已对垃圾采取了分流和调整，目前已得到很好的控制，气味趋于减少。赵蕾购买当地房屋，对于垃圾填埋场的存在应当负一定的容忍义务。故而驳回了赵蕾的诉讼请求。①

（二）社会舆论

该案经媒体披露之后，对法院以容忍义务驳回原告诉讼请求的做法，社会舆论多持否定态度。

有人指出，严格说来，本案中法院并不必引用居民的"容忍义务"，特别没有必要专门指出赵蕾"对于垃圾处理场的存在应当负一定的容忍义务"。理由有二，第一，赵蕾的诉讼请求中并没有要求垃圾处理场搬迁的内容，也就是说并没有对垃圾场处理场的存在提出质疑，根据民事诉讼"不诉不理"的原则，法院要求赵蕾对"垃圾处理场的存在"承担容忍义务完全是多此一举。第二，即使应当"容忍"垃圾处理场的存在，但并不等于也必须容忍垃圾场的有害气体排放，更不等于容忍其损害身体健康，因此法院引用"容忍义务"对解决损害赔偿是没有任何意义的。当然，也许法官在此提示"容忍义务"本意就是要求赵蕾容忍"符合排放标准"的有害气体之熏染和包围，意在阻止类似的诉讼频繁发生。"容忍义务"的确是处理不动产相邻关系的一个重要原则，但也不能滥用。在环境污染问题

---

① 王殿学. 居民告焚烧场臭味致病败诉 [N]. 新京报，2010-05-22. 另外，针对同一污染源，家住朝阳区万象新天小区业主杨某起诉北京市环保局审批违法。海淀法院一审判决以杨某居住在垃圾焚烧厂800米以外没有资格起诉为由驳回起诉。王殿学. 诉环保局违法，居民被判无资格 [N]. 新京报，2010-05-24.

上滥用容忍义务，不仅不利于对污染行为的控制，危害社会环境和公共安全，而且也不利于垃圾处理场站的建设。①

有人认为，垃圾焚烧厂产生的有害气体已经对居民形成了侵害，更已经大大超过居民的"容忍义务"的合理范围，在这样的情景下要求承担"容忍义务"既强人所难，也不利于对环境污染侵害行为的遏制。法律的目的在于维护正义，如果剔除了"容忍义务"的"合理"的前提，片面强调当事人的"容忍义务"，便是对法律正义目标的违反。本案中，法院用"容忍义务"来做判决，不仅缺乏实际的法律依据，也缺少必要的理论前提，难以令人信服。②

上述两种批评并不否认容忍义务的存在，他们所质疑和批判的是，法官在这一个案中课加给原告的容忍义务，具有多大程度上的合理性。换句话说，他们所质疑的是容忍义务的判断标准，而非容忍义务本身。

与上述批评不同，更多的人在看到"容忍义务"作为法院驳回原告诉讼请求的依据之后，所质疑和否定的则是"容忍义务"这一义务本身存在的合理性，并且把它和某些社会不公平现象联系起来。例如，有人指出，仅有容忍义务而无相应维护自己利益的权利，这对一般公民并不公平。同时对法官把作为无奈之举的"被动容忍"上升到司法层面上的"容忍义务"，提出质疑。③还有人认为，义务与权利是对等的。没有享受到合法伸张的权利，也就没有承担义务的必要性。民事主体有拒绝合法权益被侵犯的权利，却没有容忍的义务。④另有人认为，所谓"容忍义务"不过是强权势力对弱势群体的要求。按照他们（强势群体）的逻辑，"容忍"小区附近建垃圾场焚烧垃圾是公民的义务，维护自己的身心健康却不是公民的权利？"容忍"有关部门犯错是公民的义务，讨个说法却不是公民的权利？只是，我不知道，又有谁来"容忍"老百姓的愤怒呢？⑤这些批评使我们意识

① 李克杰.谨防"容忍义务"被滥用 [N]. 西安晚报，2010-05-23.
② 朱少华.既然公民"有义务容忍"，何必还要法律 [EB/OL]. 四川在线，2010-05-01.
③ 孙立梅.容忍义务 [N]. 新闻晚报，2010-05-25.
④ 江德斌.拒绝权利与容忍义务 [N]. 三晋都市报，2010-05-24.
⑤ 蔡文演.有多少义务需要"容忍" [N]. 厦门商报，2010-06-06.

到，前述质疑王利明教授倡导容忍义务作为一种普遍义务的观点，在我国目前的社会中，具有一定的观念基础。

（三）问题之所在

该案之所以引起如此强烈的舆论反响，真正的原因并不在于法官在判决中使用了"容忍义务"这一术语，事实上，在此案发生之前，我国已经有基于容忍义务而驳回原告诉讼且被媒体报道的案件。

据《京华时报》2005年2月2日报道，[①] 王某与郑某房屋相邻，郑某南阳台的东侧邻近王某家居室窗户。1997年8月，王某在居室窗外安装了一台空调室外机。四个月后，郑某在南阳台东侧也安了一台空调外机。王某不堪其热气和噪声的侵扰，协调不成，诉至法院。法院委托市建设工程质量检测中心，对郑某家空调室外机的安全性进行了鉴定，结论为"不应直接在其上安装"，但限于楼房设计，郑某只能在南阳台东侧安空调，而且空调散热孔并不是垂直对着王某家居室窗。王某也安装了空调，因此不需开窗，他应该对郑某安装空调尽容忍义务。因此法院驳回了王某的起诉。

另据《佛山日报》2007年4月21日报道，为防楼上滴水、落物，二楼住户"擅自"搭建遮篷。三楼住户认为遮篷超过两楼分隔线，刮风下雨引起噪音、溅水等影响其生活及安全，要求拆除遮篷。双方协商未果，"三楼"将"二楼"及小区物管告上法庭。审理本案的法官解释称：相邻方对一些程度轻微的妨害负有容忍义务。本案中，被告将遮棚降到属于二楼与三楼层分割中线以下，并铺盖塑料草后，已在可容忍的范围内。而原告曾某要求彻底拆除遮篷，没有兼顾被告的利益，有悖相邻关系公平合理的处理原则。[②]

又据《浙江法制报》2009年2月10日报道，77岁的毛某居住在两间平房之内，20世纪50年代末，镇里出资造起了一间公共厕所，厕所北墙正对毛某家朝南的门窗。2002年4月，公厕经改造完工，12月，毛某家的新房也在原地落成。毛家与公厕距离变得更近。天天面对倒粪便的声音和厕所的恶臭，毛家人不得不长期关闭门窗，吃、睡、出行都受到影响。2008年

---

① 孙思娅. 不堪空调热气告上法庭，法院判原告尽容忍义务 [N]. 京华时报，2005-02-02.

② 张跃鹏，杜楠. 为防高空坠物，楼下建遮篷；担心影响防盗，楼上递诉状——楼上住户要求将遮篷拆除，法院以相邻当事人负容忍义务为由未予支持 [N]. 佛山日报，2007-04-21.

6月，毛某以庵东镇环境卫生管理站为被告向法院提起诉讼，要求消除厕所产生的空气污染，并赔偿精神损失。浙江省慈溪市法院对公厕的位置、卫生等情况进行实地勘察。查明，公共厕所由镇环境卫生管理站实施管理，并制定了保洁制度和标准，安排保洁员进行日常保洁，通过了慈溪市爱国卫生运动委员会验收合格，符合环境卫生要求和方便公众使用，属于公益设施。按照物权法规定，不动产的相邻权利人应当按照有利生产、方便生活、团结互助、公平合理的原则，正确处理相邻关系。所以对这样一个公益设施，包括毛某一家在内的相邻居民应对该厕所产生的气味以及冲水声等具有容忍义务。况且，毛某新建房的时间晚于该厕所改造，新房更靠近厕所，另外毛某称该厕所造成其身体伤害但并未提供相应证据加以证明。因此，法院判决驳回毛某的诉讼请求。①

可以发现，我国司法部门在长期的司法实践中，已经发现了容忍义务的社会调节功能，并且已经意识到法的价值和经验法则对于判断相邻各方"容忍义务"范围时的重要性。②上述这几个案件虽经媒体报道但均未引起大的反响，显示了"容忍义务"适用在这些案件判决中的合理性。相比之下，除了侵害的公共性（这是一个很重要的因素）之外，垃圾焚烧场案的判决受到质疑的一个重要原因是，法官对原告不当地课加了容忍义务。此案中，法官在判断容忍义务是否存在时，并没有明确合理的说明其做出这种判断的法律依据事实依据、以及理论依据。在这种情况下，原告不服判决，公众提出质疑，是不可避免的。

因此，有关容忍义务的真正问题，并不在于我们应否承认它的存在，

---

① 公厕离家太近，臭气无法忍受——法院：对公益设施应有容忍义务 [N]. 浙江法制报，2009-02-10.

② 王保林. 论容忍义务在审理相邻关系纠纷中的运用 [J]. 法律适用，2009（7）. 作者为上海市南汇区人民法院法官. 姬广勇，张惠. 审理相邻关系纠纷面临的问题及对策. 人民法院网，2010-10*5 日访问. 作者为江苏省铜山县人民法院法官. 顾书进，于晓东. 相邻权和容忍义务 [N]. 江苏法制报，2006-11-13. 新楼盘影响旧楼住户采光 法院判不违法但应补偿——旧楼业主应负有容忍义务 [N]. 北京晚报，2009-01-05. 孙燕与韩光耀相邻排烟纠纷案，辽宁省沈阳市中级人民法院（2007）沈民（2）房终字第371号民事判决书，载南京大学中国法律案例研究中心网站，2011年3月5日访问.

而在于是否有必要以及以何种技术手段将之嵌入法律规范，以及如何更合理的将之适用于具体案件的处理过程。

二、各国立法及我国相关学者建议稿中的容忍义务条款

（一）各国立法

如果说相邻不可量物排放关系是相邻关系的核心的话，那么容忍义务便是相邻不可量物排放关系中的核心，也就是容忍义务是相邻关系核心的核心。前文已述，早在古罗马时期，彭波尼即指出，对于从炉灶发出的烟尘侵害，其程度轻微者，邻人无权请求加以禁止。随着历史发展，人们对容忍义务的存在及社会功能有了越来越多的认识，并且逐步将其纳入立法条文之中。考察其他诸大陆法系民法典，可以发现，目前已有不少国家或地区在其民法典中明确规定了容忍义务，现择其与相邻不可量物排放相关联者陈列如下。

第一，《德国民法典》第906条（不可量物的侵入）第1款、第2款：（1）土地所有人不得禁止煤气、蒸气、臭气、烟、煤烟子、热、噪音、震动以及从另一块土地发出的类似干涉的侵入，但以该干涉不妨害或仅轻微的妨害其土地的使用为限。在通常情况下，法律或法规命令确定的极限值或标准值不被依照这些规定算出和评价的干涉所超出的，即为存在轻微的妨害。依照《联邦公害防止法》第48条颁布并反映技术水平的一般行政法规中的数值，亦同。（2）在重大妨害由对另一块土地作当地通常的使用而引起，且不能被在经济上对于这类使用人可合理的期待的措施所阻止的限度内，亦同。土地所有人据此须容忍某一干涉，且该干涉超过可合理的期待的限度，侵害对其土地作当地通常的使用或侵害其土地的收益的，土地所有人可以向另一块土地的使用人请求适当的金钱补偿。

第二，《瑞士民法典》第684条：（1）任何人，在行使其所有权时，特别是在其土地上经营工业时，对邻人的所有权有不造成过度侵害的注意的义务。（2）因煤、烟、不洁气体、音响或震动而造成的侵害，依土地的位置或性质，或依当地习惯属于为邻人所不能容忍的情况的，尤其应严禁之。

第三，《意大利民法典》第844条（排放）：在正常忍受限度内，并考

虑到当地的环境条件（890条、949条），土地的所有人不得妨碍自邻地自然排出或者传出的烟雾、热气、气味、噪音、震动以及其他类似的排放。在适用本条的规定时，司法机构应当尽量协调生产的需要与土地所有人的利益（944条、1044条）。同时也应当考虑某一确定用途的所有权的利益（890条）。①

第四，《加拿大魁北克民法典》第976条：依土地的性质、所处位置或当地习惯，相邻人应忍受不超出他们应相互容忍限度的通常的相邻干扰。

第五，《埃塞俄比亚民法典》第1225条（所有权的滥用）：原则。（1）所有人不得干扰或侵害其邻人；（2）他不得制造超过善良邻居行为限度的烟雾、灰尘、难闻的气味、噪音或震动；（3）就此，必须考虑当地习惯、土地的位置和其性质。

第六，《韩国民法典》第217条（禁止煤烟等对邻地的妨害）：（1）土地所有人负有采取适当措施防止煤烟、热气体、液体、噪音、振动及其他类似事物妨害邻地的使用或使邻人遭受生活上的痛苦之义务。（2）前款情形符合土地通常用途的，邻人负有容忍义务。② 需注意的是《韩国民法典》第217条原来并无第2款，该款于2009年修订后的《韩国民法典》内加入。修正过程中，有学者建议将第1款中的义务扩张到土地占有人，并进一步明确该妨碍的容忍要件。③

第七，《阿尔及利亚民法典》第691条：所有人不得以滥用的方式行使其权利以损害邻人的所有权。邻人不得因相邻关系中的普通不便起诉。但如不便超出普通的限度，邻人得请求予以排除。法官应考虑财产的使用、不动产的性质、财产的各自状态及其目的等而为裁决。④

第八，《埃及民法典》第807条：所有不得滥用用权利损害邻人的财产。就相邻关系产生的不可避免的习惯上的不便，一方邻人不可请求他方邻人

---

① 费安玲，丁改，张宓，译 . 意大利民法典 [M]. 北京：中国政法大学出版社，2004：210.

② 崔吉子译 . 韩国最新民法典 [M]. 北京：北京大学出版社，2010：162.

③ [韩] 梁彰洙 . 关于韩国民法典的最近修改 [M]// 崔吉子，译 . 韩国民法典 . 北京：北京大学出版社，2010：56.

④ 尹田译 . 阿尔及利亚民法典 [M]. 北京：中国法制出版社，金桥文化出版（香港）有限公司，2002：125.

赔偿，但如此等不便超出了通常限度，他可请求予以排除。在此等情形下，惯例、不动产的性质、不动产相互的位置及其使用目的均应予考虑。此等权利的行使不因主管当局颁发许可证而受阻碍。①

上列各规定，均明确承认容忍义务的存在，其中有些条文对容忍义务适用场合和衡量标准做出了进一步的规定。至于其立法表达方式，在本章第一节已有所阐述，此处不赘。在上述各条文中，本书认为《德国民法典》第906条关于相邻不可量物排放关系中容忍义务的规定最为可取。它不仅明确了容忍义务为相邻各方的一项一般性的义务，还区分轻微妨害、重大但为当地通行且不能以经济合理的方式阻止的妨害、重大妨害且非当地通行或可以经济合理的方式阻止妨害的发生这三种情况，把受害人的容忍义务区分为三个层次：绝对容忍义务、有条件容忍义务、无容忍义务。不仅如此，它还将法律法规规定的排放标准值作为判断妨害是否轻微的重要标准，规定了衡量补偿请求权等。所有这些，都使得这一条文与其他各国相关条文相比，无论是在立法理念和立法技术上，还是在可操作性上，均处于领先地位，最值得理论研究和立法、司法借鉴。

（二）我国学者建议稿

或许是受到上列民法典的影响，我国也有几个民法草案学者建议稿中，明确规定容忍义务者。

第一，王利明教授主持的《民法典草案建议稿》第282条（适当的容忍）：权利人在行使权利时，他人对因行使权利造成的不便，负有适当容忍的义务。

第二，王利明教授主持的《物权法草案建议稿》第201条（相邻关系的定义）第2款：不动产相邻各方应当为他方排水、通行、通风、采光、日照、排污、用水等提供必要的便利，并应容忍来自于他方的正当合理的轻微妨害。

第三，王利明教授主持的《物权法草案建议稿》第229条（不可量物侵入的禁止权）：在正常限度内，不动产权利人不得禁止自邻地自然排出

---

① 黄文煌译. 埃及民法典 [M]. 厦门：厦门大学出版社，2008：129.

或者传了的烟雾、煤气、蒸气、不良气味、热气、噪音、震动等类似排放。正常限度依次根据下列方式确定：有关法律、法规；通行做法；大多数人的意愿。依据行政许可对不动产使用而产生的不可量物侵入，同样适用上述规则。

第四，梁慧星教授主持的《物权法草案建议稿》第134条（不可量物侵入的禁止）：土地所有人或使用人，于他人的土地、建筑物或其他工作物有煤气、蒸汽、热气、臭气、烟气、灰屑、喧嚣、无线电波、光、震动及其他相类者侵入时，有权予以禁止。但其侵入轻微，或按土地、建筑物或其他工作物形状、地方习惯认为相当的除外。

以上四条，第一条体现了王利明教授把容忍义务作为一项普遍义务的观点。这种把容忍义务明定为普遍义务的做法，世界各国民法典中鲜有所见。即使规定容忍义务条文比较多的《德国民法典》，也只局限于物权法部分。第二条把容忍轻微妨害的义务作为相邻关系中的一项一般义务。第三条针对相邻不可量物排放，再一次重申了容忍义务，其特色在于把判断容忍义务限度的几个依据依次列出，分别是"有关法律、法规；通行做法；大多数人的意愿"。并且还规定"依据行政许可对不动产使用而产生的不可量物侵入，同样适用上述规则。"第四条主要借鉴台湾地区"民法"第793条，列举"按土地、建筑物或其他工作物形状、地方习惯认为相当者"作为判断容忍义务的依据。所有这几条，都是我国学者试图将容忍义务融入法条的有益尝试。然而在2007年颁布的《物权法》中及最新的民法草案中，学者的这种尝试和努力未被立法机关所采纳。或许，若要把容忍义务条文化，还需要进一步的理论研究，以消除在目前社会背景下，国人对"容忍义务"可能产生的不公平后果的恐惧。

三、如何衡量容忍义务的限度

不管在条文中如何规定容忍义务，在司法实践中，主要的难题是，当面临具体的个案时，司法者如何确定当事人应负容忍义务，还是应享有救济请求权？这就是容忍义务限度的问题。容忍义务的限度，从受害人角度而言，是判断其是否应当承担容忍义务的依据；从加害人角度而，则是判断其行为是否具有违法性及可责性的依据。如果把判断标准定的过于模糊，无异于无限地扩大了法官在此问题上的自由裁量权；然而现实情况千变万化，法律又不可能给出统一固定的标准。于是在各国司法实践与理论研讨中，出现了各种关于容忍义务限度的学说。

（一）日本的忍受限度论

在日本，最著名的理论是"忍受限度理论"。倡导忍受限度理论的代表性学者是加藤一郎与野村好弘。这一理论最先是在环境侵权领域中提出来的。该论认为，工业不可量物排放者的活动造成了环境污染，这种污染给人们带来的损害已经超过了人们所能忍受的限度时，就是滥用了权利，就是非法侵害了他人的权利。加藤一郎说："在自己的土地上排烟当然是自由的，但是排烟没有直接向上而是越过土地的界限给他人造成损害的场合，则超出了所有权或者营业权的范围，原则上是违法的。不过社会生活上，存在相互在一定程度上必须受忍的范围。即原则上具有违法性，但在一定的忍受限度以下的部分，应该例外地考虑不具有违法性。"① 该论意图在于确定一个认定公害中的"停止侵害"的判断基准。该论认为，在判断是否应支持"停止侵害"的请求时，应综合考量被侵害利益的种类、侵害行为的种类和性质、侵害行为的必要性等诸种因素，做出判断。在日本，下级审裁判例中基于忍受限度论来决定停止侵害可否的方法较多。② 按照此论，违法性判断的问题便汇入到忍受限度问题之中。但以这种学说作为判断违法性或受害人容忍限度的方法，由于其评判标准的不固定，使法官获得了非常大的自由裁量权，有人甚至称之为法官的"空白授权书"。③ 对

---

① ［日］加藤一郎. 公害法的生成和展开 [M]. 东京：岩波书店，1968：27-28. ［日］圆谷峻. 判例形成的日本新侵权行为法 [M]. 赵莉，译. 北京：法律出版社，2008：269.

② ［日］圆谷峻. 判例形成的日本新侵权行为法 [M]. 赵莉，译. 北京：法律出版社，2008：269.

③ 冷罗生. 日本公害诉讼理论与案例评析 [M]. 北京：商务印书馆，2005：40. 在该书中，本书所称的"忍受限度"被作者译为"受忍限度"，目前在国内的各种文献中，以前一种表达更为通用，因此本书采"忍受限度"这一表述方式。采纳"忍受限度"表达方式的如，马俊驹，罗丽. 日本环境侵权民事责任研究 [J]. 现代法学，2003（1）. 陆青. 从日本公害判例看忍受限度论[J]. 国外法学，1982（3）. 另有学者将其译为"容忍限度"，如张利春. 日本公害侵权中的"容忍限度论"述评——兼论对我国民法学研究的启示 [J]. 法商研究，2010（3）.

此，有学者认为，客观的说，"忍受限度论"本身不存在什么问题，问题就出在判断忍受限度的方法上。①

为了有助于忍受限度的判断，日本学理上认为，在具体案件中对容忍义务的限度需要结合与该案相关的各种变量综合判断。野村好弘曾提出了衡量容忍义务的八项变量。第一，遭受侵害的利益的性质和程度，例如，对不动产的侵害，对人体的侵害，生活上的不便，对营业的侵害，等等。第二，地域性，例如，双方当事人是居住在田园地区还是居住在大城市，或者居住在同一个大城市的不同地区，是商业区还是居住区、生活区，等等。第三，加害人是否事前通知了受害人。第四，土地利用的前后关系。第五，加害人方面是否采取了最好的防止方法或相应的防止措施。第六，加害人方面所从事的活动的社会价值与必要性。第七，受害人方面的特殊情况，如受害人是作曲家、老人或者孩童。第八，加害人方面是否遵守了特定的规章。② 司法实践受到了忍受限度理论的较大影响。在"名古屋新干线噪音诉讼"案中，二审法院名古屋高等法院把该案中作为忍受限度的主要判断事项总结为以下八种，分别是：第一，侵害行为的形式和程度；第二，被侵害利益的性质和内容；第三，损害行为的公共性；第四，对损害行为所采取的防御对策；第五，障碍防止对策；第六，行政方针；第七，地域性；第八，与其他交通噪音及震动的比较。③

日本的忍受限度论对我国具有一定的借鉴意义。对此，我们有学者总结借鉴日本的忍受限度论的理论意义如下：④第一，忍受限度论有利于维护相邻关系，明确在相邻人之间均有相互容忍的义务，不能将自己的权利绝对化，凡受损害就一律诉诸法院；第二，忍受限度论为环境立法规定排污标准提供了理论依据；第三，忍受限度论考虑各种因素综合判断加害人是否应承担赔偿责任，涉及的问题全面细致，体现了社会的公平观念，实际

---

① [日]大冢直. 环境法. 有斐阁，2002：504. 冷罗生. 日本公害诉讼理论与案例评析 [M]. 北京：商务印书馆，2005：40.

② [日]加藤一郎：《公害法的生成和展开》，岩波书店昭和43年。陈华彬. 物权法 [M]. 北京：法律出版社，2004：322.

③ 冷罗生. 日本公害诉讼理论与案例评析 [M]. 北京：商务印收馆，2005：138.

④ 刘士国. 现代侵权损害赔偿研究 [M]. 北京：法律出版社，1998：218.

是利益衡量论的具体运用。但我国借鉴与应用容忍限度论，应限于相邻关系中的污染妨碍。

（二）英美法上的综合判断论

英美法在确定相邻方容忍义务的限度时，也意识到单一标准的不可行，而采取综合判断的方式，不但采用了"合理人"标准，[①]而且将加害人和受害人的经济状况、所拥有的预防手段、当时的技术发展水平等都加以考虑。[②]在美国，判断容忍义务限度的一个重要标准是侵害"不合理"。对如何认定不合理，美国目前各州并不统一，有些州仍然坚持无论其不可量物排放行为有多大效用，只要造成原告侵害，就构成侵扰。侵害行为的经济或社会效用，是否优于被侵害者给社会带来的利益，并不在判断侵害行为是否合理之列。有些州从损害程度来判断行为的合理与否，但更多的州则综合考虑各种因素判断是否合理，通常要考虑的因素包括：相邻不动产的特点、违法行为的性质、与原告不动产接近的程度、行为的频度、持续时间的长短、给原告造成的损害的性质和程度等。被告行为的效用在某些州也被作为一个因素予以考虑。根据《侵权法重述》（第2次）第826（a）条规定，"损害程度大于行为效用"的故意干涉行为属于"不合理的"行为。这个标准大约得到三分之一数量的州的采纳。为适用这一标准，法院必须比较被告行为的效用和这种行为给原告造成的"损害程度"。因此，判断是否不合理系根据每个案件的具体事实予以逐案考虑的结果。[③]《侵权法重述》（第2次）列举了应予以考虑的八个因素。其中五个因素与损害程度有关：损害的范围（主要是损害的大小和持续时间）、损害的特点（有形损害或者个人不舒服感）、原告使用和享受不动产的社会价值、被侵犯的使用或者享受行为与现场特点的适用程度以及原告避免损害的责任。其余三

---

① 例如，美国《侵权法重述》（第2次）第821条F节规定：只有当侵扰给原告造成实质损害、且该损害的种类同于该社区的正常人或处于正常状况并用于正常目的的财产将会遭受的损害时，被告才因侵扰对原告承担责任。

② 李旭彬.论英国侵权法中的私人妨害制度[M]// 王军.侵权行为法比较研究.北京：法律出版社，2006：652.

③ [美]约翰·G.斯普兰克林.美国财产法精解[M].钟书峰，译.北京：北京大学出版社，2009：472.

个因素有助于评估被告行为的效用：被告行为的主要目的的社会价值、被告行为与现场特点的适合程度以及防止或者避免干涉的现实可行性。

（三）公法上排污标准对判断容忍限度的作用

在容忍限度的判断上，一个重要的问题是公法上的排污标准与容忍限度具有何种关系，对此存在不同的观点。主流的观点是，公法上的排污标准并非判断容忍限度的唯一标准。在日本法上，存在私法上的保护优先于公法规制的思想。基于这一思想，如果排放行为违反公法上的标准和要求并造成他人损害，在民事上当然属于具有违法性和过失的行为，超出了容忍限度，构成侵权。如果排放行为虽符合公法上的排准和要求，或者根本不存在相应的公法上的标准和要求，但却造成他人损害且超过通常忍受限度，也应认为其在民事上具有违法性和过失，应当承担民事责任。于是，加害者遵守环境行政法律法规、符合公法上的排放标准和要求，只是不受行政法制裁的依据，并不意味着不能构成环境侵权行为，更不能成为免除赔偿责任和侵害排除责任的理由。①

然而，一个不可否认的事实是，公法上的排放标准仍然是判断容忍限度的重要标准，在某些个案的司法处理中甚至是唯一标准。《德国民法典》第906条第1款第2句的规定："在通常情况下，法律或法规命令确定的极限值或标准值不被依照这些规定算出和评价的干涉所超出的，即为存在轻微的妨害。依照《联邦公害防治法》第48条颁布并反映技术水平的一般行政法规中的数值，亦同。"依此规定，公法上的排放标准在"通常情况下"构成判断容忍限度的标准。在我国实践中，在某些领域如噪声侵害案件中，排放标准通常被作为判断受干扰人的容忍义务也即排放人的违法性的唯一标准。在由环境行政部门主导的调解中如是，在司法上亦如是。鉴于我国因噪声、大气污染物等不可量物排放所致侵权案件中，鲜见排放未超标者，王成教授主张，如果存在排放标准的话，排放标准在所有情况下均属于判断排放行为是否违法或当事人是否具有过错的唯一标准。②

公法上排放标准往往是据科学手段和社会调查所设定，它在一定程度

---

① 王明远.日本环境公害民事赔偿法研究.北大法律评论：第4卷第1辑，308.
② 王成.环境侵权行为构成的解释论及立法论之考察[J].法学评论，2008（6）.

上反映了一个理性人或"合理人"可以忍受某种不可量物排放的限度。然而，随着科学上的认知水平不断提高，以及人们对生活质量的要求越来越高，相应的公法上的标准可能也随之变化。例如，对噪声排放，我国在2008年10月1日之前并无低频噪音的排放标准。此前建设部《住宅设计规范》《民用建筑隔声设计规范 GBJ118-88》仅规定了关于稳定噪声的 A声级标准，依此，噪音排放标准为白天50分贝、晚上40分贝。2008年10月1日实施的，由国家环境保护部、国家质检检疫总局颁布的《噪声环境质量标准》《工业企业厂界环境噪声排放标准》《社会生活环境噪声排放标准》，增加规定了室内环境噪声要求，除了常规的连续等效 A 声级评价外，针对固定设备结构传声至室内，噪声频谱发生改变，高频噪声被显著削减，低频噪声异常突出的特点，增加了低频段（31.5Hz~500Hz）频谱评价。并把夜间噪音标准设定为居民住宅不超过30分贝。这种噪声排放标准的变化在客观上缩小了当事人容忍义务的限度。

四、相邻不可量物排放条款建议条文

可以大致这样认为，在一般情况下，判断容忍限度的根本标准是"妨害轻微"，判断妨害轻微的最重要的客观标准是"公法上排放标准或要求"（如果有的话）。在某些情况下，容忍限度的标准可能被其他因素所修正，其中最重要的因素是排放行为的社会效用，这种基于社会效用因素而修正容忍限度标准的后果是在实际上扩张了受害人对排放行为容忍义务的限度。为了衡平受害人的利益，在否定其对排放行为的"排除侵害"请求权的同时，赋予其经济上的赔偿请求权或补偿请求权，以示利益平衡。如果没有公法上的排放标准的话，判断容忍限度最重要的标准是"合理人"标准，即按通常合理人的忍受程度，然后辅之以其他各项标准做出判断，这些标准如当地习惯、建筑物设计、土地用途、不动产位于城市还是乡村、入住时间先后、受害人身体素质、排放人主观过错程度[①]、产生不可量物设

---

① 王卫国教授曾将过错分为故意、过失，又将过失分为一级过失等几个层次。这种对主观过错的划分，并以之作为判断责罚程度的依据的设想，至今仍有现实意义。王卫国.过错责任原则——第三次勃兴[M].北京：中国法制出版社，2000：187.

备本身的性能、排放行为的社会效用等。结合本书第二章第五节关于相邻不可量物排放条款设计的讨论，本书拟对相邻不可量物排放条款提出如下建议条款：

　　第×× 条（相邻不可量物的排放）：

　　不动产权利人利用不动产时在正常限度内产生噪音、震动、蒸汽、油烟、气味、粉尘、光及其他类似物质的，相邻方应予容忍。

　　不动产权利人超出正常限度排放上述物质的，相邻方有权要求其停止排放、赔偿损失；但其排放行为已取得行政许可并且无法通过经济合理的手段降低排放量的，相邻方应予容忍，但有权要求其予以经济补偿。

　　这一条文设计主要借鉴了《德国民法典》第906条。条文第1款主要规定不动产权利人利用不动产时在正常限度内产生不可量物影响邻人时的法律处理。在此种情形下，相邻方虽受其排放不可量物的影响，仍应容忍。所容忍的内容不仅仅是对方的行为，也包括对方行为对其造成的不利后果。第2款规定的是超出正常限度排放时的法律处理。又分两种情形，一种情形是一般情况下的超出正常限度排放，此时相邻方既有权要求其停止排放，又有权要求其赔偿损失。另一种情形是虽然该排放行为超出了正常限度，但是其已取得行政许可，并且无法通过经济合理的手段降低排放程度或排放量。此时相邻方对不动产权人的排放行为仍应负容忍义务，但对其排放行为造成的经济损失并不负容忍义务，有权要求其补偿。该款将相邻方的容忍义务限定在较小的范围中，以免造成对容忍义务条款的滥用，致相邻方利益得不到保障。这个范围限定在：已取得行政许可且无法通过经济合理的手段降低排放。如夜间建设工程施工许可，虽其取得了行政许可，但是其噪音排放量往往会超过法定标准，对邻人形成噪声污染，并且在当前的技术手段下，这种噪声排放无法通过经济合理的方式降低到正常限度之内。此时相邻方对其建设行为仍应容忍，但有权要求给予经济补偿。

第五章　相邻不可量物侵害的私法救济

第一节　案例及问题

一、陆耀东诉永达公司环境污染损害赔偿纠纷案 [①]

（一）案情与判决

原告陆某在被告上海某汽车销售服务有限公司经营场所的隔壁小区居住。被告经营场所东面展厅的围墙边，安装着三盏双头照明路灯，每晚七时至次日晨五时开启。这些路灯散射的强烈灯光，直入原告居室，使原告难以安睡，为此出现了失眠、烦躁不安等症状，工作效率低下。被告设置的这些路灯，严重干扰了居民的休息，已经违反从2004年9月1日起上海市开始实施的《城市环境装饰照明规范》的规定，构成光污染侵害。请求判令被告停止和排除对原告的光污染侵害，拆除该路灯，公开向原告道歉，并给原告赔偿损失1000元。审理中，原告将请求赔偿损失的金额变更为1元。

原告陆某提交以下证据：1.上海市安居房、平价房配售合同一份，用以证明陆某的居室与该公司的经营场所相邻；2.2004年8月30日晚间拍摄

---

① 沈德咏，最高人民法院办公厅.最高人民法院公报案例大全：上卷 [M].北京：人民法院出版社，2009：827–830.

的涉案路灯开启状态以及陆某居室外墙的照片 2 张，用以证明涉案路灯开启后的亮度以及陆某居室外墙受照射的程度；3. 在陆某居室内拍摄的涉案路灯开启后灯光射入情况的录像片段，用以证明在夜间目视情况下，射入居室的涉案路灯灯光非常刺眼；4."人民网""北方网"上关于光污染的报道 2 篇，用以证明光污染会对人体健康造成负面影响；5.《城市环境装饰照明规范》文本，用以证明涉案路灯的灯光对陆某居室的照射已达到该规范所指的"障害光"和"光污染"标准。

被告主张，涉案路灯是被告为自己的经营场所外部环境提供照明安装的，是经营所需的必要装置，而且是安装在被告自己的经营场所上，原告无权干涉。该路灯的功率每盏仅为 120 瓦，不会造成光污染，不可能侵害原告，更不会对原告造成什么实际的损害结果。该路灯不仅为被告自己的经营场所外部环境提供了照明，事实上也为隔壁小区居民的夜间行走提供了方便。即便如此，为搞好企业与邻近居民的关系，被告在得知原告起诉后，已经切断了涉案路灯的电源，并保证今后不再使用，故不同意原告的诉讼请求。

被告未提交证据，对原告提交的证据，被告质证认为：对证据 1 无异议，证据 2、证据 3 不能证明涉案灯光已构成光污染，也不能证明该灯光妨害了原告，证据 4 与涉案灯光无直接关系，证据 5 的真实性无异议，但无法证明涉案灯光的亮度已超出该规范规定的"障害光""光污染"标准。

经质证，上海市浦东新区人民法院确认以下事实：原告陆某的居室西侧与被告经营场所的东侧相邻，中间间隔一条宽 15 米左右的公共通道。该公司为给经营场所东面展厅的外部环境照明，在展厅围墙边安装了三盏双头照明路灯，每晚 7:00 至次日晨 5:00 开启。这些位于原告居室西南一侧的路灯，高度与原告居室的阳台持平，最近处离原告居室 20 米左右，其间没有任何物件遮挡。这些路灯开启后，灯光除能照亮永达公司的经营场所外，还能散射到原告居室及周围住宅的外墙上，并通过窗户对居室内造成明显影响。在原告居室的阳台上，目视夜间开启后的路灯灯光，亮度达到刺眼的程度。原告为此于 2004 年 9 月 1 日提起诉讼后，永达公司已于同年 9 月 3 日暂停使用涉案路灯。

另查明，《城市环境装饰照明规范》由上海市质量技术监督局于2004年6月29日发布，2004年9月1日在上海市范围内实施。在该规范上，"外溢光／杂散光"的定义是："照明装置发出的光中落在目标区域或边界以外的部分"；"障害光"的定义是："外溢光／杂散光的数量或方向足以引起人们烦躁、不舒适、注意力不集中或降低对于一些重要信息（如交通信号）的感知能力，甚至对于动、植物亦会产生不良的影响时，即称之为障害光。""光污染"的定义是："由外溢光／杂散光的不利影响造成的不良照明环境，狭义地讲，即为障害光的消极影响。"

本案争议焦点是：在自己权益范围内安装为自己提供照明的路灯，能否构成环境污染中的光污染？被告永达公司安装的路灯，是否影响了原告的权利？被告应否为此承担责任？承担什么责任？

上海市浦东新区人民法院认为：《中华人民共和国环境保护法》（以下简称环保法）第2条规定："本法所称环境，是指影响人类生存和发展的各种天然的和经过人工改造的自然因素的总体，包括大气、水、海洋、土地、矿藏、森林、草原、野生生物、自然遗迹、人文遗迹、自然保护区、风景名胜区、城市和乡村等。""一切单位和个人都有保护环境的义务，并有权对污染和破坏环境的单位和个人进行检举和控告。"环境既然是影响人类生存和发展的各种天然的和经过人工改造的自然因素的总体，路灯灯光当然涵盖其中。被告在自己的经营场所设置路灯，为自己的经营场所外部环境提供照明，本无过错。但由于该公司的经营场所与周边居民小区距离甚近，中间无任何物件遮挡，该公司路灯的外溢光、杂散光能射入周边居民的居室内，数量足以改变居室内人们夜间休息时通常习惯的暗光环境，且超出了一般公众普遍可忍受的范围。因此该公司设置的路灯，其外溢光、杂散光确实达到了《城市环境装饰照明规范》所指的障害光程度，已构成由强光引起的光污染，遭受污染的居民有权进行控告。

被告公司辩称，涉案路灯用于其经营场所的正常环境照明，是经营所需的必要装置。经查，涉案路灯不属于车站、机场、公路等公共场所为公众提供服务而必须设置的照明、装饰用灯，只是该公司为自己公司的经营便利而设置的路灯。该公司完全有条件以其他形式为自己经营场所的外部环境提供照明，或者通过采取遮挡等必要的措施来避免自己设置的路灯侵害他人合法权益。该公司的此项辩解理由，不能成为其侵权行为的合理免责事由，故不予采纳。

被告辩称，涉案灯光没有对原告造成实际的损害结果。环境污染对人体健康造成的实际损害结果，不仅包括那些症状明显并可用计量方法反映的损害结果，还包括那些症状不明显且暂时无法用计量方法反映的损害结果。光污染对人体健康可能造成的损害，目前已为公众普遍认识。夜间，人们通常习惯于在暗光环境下休息。公司设置的路灯，其射入周边居民居室内的外溢光、杂散光，数量足以改变人们夜间休息时通常习惯的暗光环境，且超出一般公众普遍可忍受的范围，光污染程度较为明显。在此情况下，陆某诉称涉案灯光使其难以安睡，为此出现了失眠、烦躁不安等症状，这就是涉案灯光对陆耀东的实际损害。原告诉称的这些实际损害，符合日常生活经验法则，根据最高人民法院《关于民事诉讼证据的若干规定》第9条的规定，原告无需举证证明，应推定属实。该公司否认光污染对原告造成了实际损害，应当举证反驳。该公司不能举出涉案灯光对陆某身体健康没有产生危害的证据，该辩解理由亦不予采纳。

《中华人民共和国民法通则》第124条规定："违反国家保护环境防止污染的规定，污染环境造成他人损害的，应当依法承担民事责任。"环保法第41条规定："造成环境污染危害的，有责任排除危害，并对直接受到损害的单位或者个人赔偿损失。"被告开启的涉案路灯灯光，已对原告的正常居住环境和健康生活造成了损害，构成环境污染。该公司不能举证证明该侵害行为具有合理的免责事由，故应承担排除危害的法律责任。该公司已于诉讼期间实际停止了开启涉案路灯，并承诺今后不再使用，于法无悖，应予支持。因该公司的侵权行为没有给陆某造成不良的社会影响，故对陆某关于该公司公开赔礼道歉的诉讼请求，不予支持。尽管陆该只主张该公司赔偿其损失1元，但因陆某不能举证证明光污染对其造成的实际损失数额，故对该项诉讼请求亦不予支持。

综上，上海市浦东新区人民法院于2004年11月1日判决：被告应停止使用其经营场所东面展厅围墙边的三盏双头照明路灯，排除对原告陆某造成的光污染侵害；原告陆某的其余诉讼请求，不予支持。

（二）简要评述

第一，该案涉及光污染，可被该案发生后颁布的《物权法》第90条所涵摄。《物权法》颁布之前，可以援引《民法通则》第124条作为判断侵权构成与否的依据。然而无论是《物权法》还是《民法通则》都规定污染物排放不得"违反国家保护环境防止污染的规定"或"违反国家规定"，但这种规定在侵权构成上占据何种地位，即它们是否为侵权责任的必要构成要件，存在极大的争议。《环境保护法》第41条并未规定"违反国家规定"作为承担"排除危害、赔偿损失"责任的必要条件。《侵权责任法》第65条在此点上做出了与《环境保护法》第41条相一致的规定，即未把"违反国家规定"作为侵权责任构成的要件。如何解释《民法通则》《物权法》《侵权责任法》《环境保护法》这几个条文之间的关系，亟待澄清。

第二，此种光污染是由工商经营行为，而非日常生活行为带来的。工商经营行为与日常生活行为在不可量物排放的问题上，存在着诸多不同。前者多有国家规定的标准，而对后者并无国家规定的标准。因此，在排放行为违法性认定上，对于前者，常以国家规定的标准为据，而对后者，常以日常生活经验为据。

第三，该案中法院在归责原则上存在着模棱两可的态度，一方面承认永达公司"在自己的经营场所设置路灯，为自己的经营场所外部环境提供照明，本无过错。"另一方面又在强调，"由于永达公司的经营场所与周边居民小区距离甚近，中间无任何物件遮挡，永达公司路灯的外溢光、杂散光能射入周边居民的居室内，数量足以改变居室内人们夜间休息时通常习惯的暗光环境，且超出了一般公众普遍可忍受的范围。因此永达公司设置的路灯，其外溢光、杂散光确实达到了《城市环境装饰照明规范》所指的障害光程度，已构成由强光引起的光污染，遭受污染的居民有权进行控告"。这种态度上的模糊反映了我国法律与理论对环境侵权归责原则认识的不统一。

第四，该案"损害"的认定标准包括两个，一个是客观标准，即《城市环境装饰照明规范》；一个是非客观标准，即日常生活经验法则。

第五，该案所判定的救济措施为排除侵害，否定了原告提出的经济损害赔偿请求权，更否定了其赔礼道歉的要求。所提出的问题在于，《民法通则》以及《侵权责任法》中所涉及的诸种侵权责任承担方式，应如何具体运用于因相邻不可量物排放造成的侵权案件中。

二、杨寒秋诉第三航务工程局第六工程公司施工噪声污染致精神损害赔偿纠纷案 [①]

（一）案情与判决

原告诉称，被告第三航务工程局第六工程公司（以下简称"三航六公司"）于1977年间在湖里工业区建立下属的机电公司铁件加工厂，从事铁件加工业务。交通部三航六公司房地产开发部开发的兴湖花园E座于1995年10月竣工，原告杨寒秋购买了E座306室并于1996年底入住。该房屋位置与被告下属的机电公司加工厂区相毗邻，由于铁件加工厂三班倒加工敲打、制作铁件，给居住在附近的原告及家人造成噪声污染，原告多次向环保部门投诉，环保部门也多次要求其进行整改，被告也承认在施工中出现噪音问题，并向周围居民表示歉意，并于2002年1月7日向厦门市环境监理中心所出具4条整改报告：（1）在15天内将原先发出大噪音的作业区迁至石湖山预制厂，减少噪音源；（2）加强对上、下班作息时间管理，上午7：30～11：30，下午1：30～5：30，晚上6：00～9：00；（3）在赶工期施工中，夜间不安排敲打等大噪音作业，且不超过9：00；（4）加强对职工的环保教育，减少污染并积极支持配合环保部门工作。过后，被告并无按整改报告实施整改，噪声污染继续存在，原告等住户再次向环保部门投诉举报，要求处理。2002年2月4日21时至2002年2月5日21时，厦门市环境监测中心站接受厦门市环境监理中心所委托布点在兴湖花园E座商品房对被告三航六公司厂房进行了24小时连续监测。监测报告分析表明：现场背景噪声处于70dB（A）以下，而70dB（A）以上的声音基本为被告铁

---

① 最高人民法院中国应用法学研究所编.人民法院案例选·2004年民事专辑总第48辑 [M].北京：人民法院出版社，2005.

件加工厂的噪声及飞机降落的声音，对大于70dB（A）的噪声进行自动数据记录及同步录音，取得760组噪声数据，对持续时间较长（超过15秒）的噪声进行筛选，然后将飞机噪声数据剔除，得出27组被告三航六公司铁件加工厂的噪声数据，参照《中华人民共和国国家标准〈工业企业厂界噪声标准〉》（GB12348—90）规定，监测区域兴湖花园所在湖里工业区的噪声标准为：白天不超过65dB（A），夜间不超过55dB（A），监测报告影响评价表明：本次监测采集的数据剔除了飞机噪声干扰后，主要噪声源是三航六公司的敲击噪声，且平均等效声级均大于70dB（A）。最大声级达到93.3dB（A），平均等效声级为78.4dB（A），超过工业厂界65dB（A），符合筛选条件的数据统计后，累计时间为552.1秒，结论为：通过本次噪声测量得出，湖里三航六公司铁件加工厂房的敲击噪声超过国家标准。因协商处理未果，原告杨寒秋诉求：（1）被告立即停止对原告的一切侵权、侵害行为；（2）判令被告支付精神损失赔偿费10000元。审理中，被告三航六公司提出原告提供的监测报告不足以作为证据使用，按《工业企业厂界噪声测量方法》规定，在风力为5.5米／秒以上时应停止测量，而厦门市专业气象台证明监测的2月4—5日风力均超过5.5米／秒且有雨，对此监测中心鉴定人员到庭接受当事人询问，并提供了厦门市专业气象台2月5日的气象资料，说明监测时段内风速最大仅为2.7米／秒，最低为1.9米／秒，2分钟平均风速为最大1.3米／秒，监测时段采取的数据已剔除风力及下雨可能影响监测的因素，监测数据是准确的，并说明：被告铁件加工厂产生的噪声是脉冲式噪声，对人影响最大。被告三航六公司还提供上海市工业企业厂界噪声测量方法实施细则、有效噪声振动标准调研报告、测量方法等三份材料，说明厦门市监测中心站的监测实施方法不符合规定；原告对此提出上海市的环境污染处理实施方法不能运用于厦门市，并变更第二项诉讼请求为被告赔偿其精神损害人民币1万元。

被告三航六公司答辩称：（1）其对原告不存在环境污染侵害行为；（2）即使存在污染行为，应注意到该车间建于1977年，而原告居住的商品房开发时间在后，产生环境污染的原因在于城市建设过程中，功能规划存在缺陷，责任不完全在于被告，即使存在噪声污染，原告也未能提供证据证明对其造成后果。请求驳回原告的诉讼请求。

厦门市湖里区人民法院经公开审理认为，被告三航六公司加工敲打铁件产生的噪声，经市环境监测中心站检测，已超过国家标准《工业企业厂界噪声标准》（GB12348—90）规定，这表明其已对原告构成侵权，由此而产生的对原告安宁权、健康权的人身侵害，对原告的休息、生活造成了严重影响，而遭受的这种侵害，受侵害人在现实生活中是无法以数字和程度说明的。因此，原告请求被告停止侵害，符合法律规定，应予支持，原告请求被告支付精神损害赔偿人民币1万元，并不为过，亦应支持，被告应对有条件整改而未及时整改，为了赶工创利而置相邻居民休息、生活于不顾的行为付出代价；但被告设厂在前，原告入住在后，这与国家建设规划功能缺陷有关，完全由被告承担显属不尽合理，可酌情减轻被告之赔偿责任，依照《中华人民共和国环境噪声污染防治法》第23条、第25条、第61条，《中华人民共和国民法通则》第124条的规定，于2002年6月28日做出判决如下：一、被告第三航务工程局第六工程公司应于本判决生效之日起三日内，彻底整改消除噪声污染，停止对原告的噪声侵害；二、被告第三航务工程局第六工程公司应支付原告杨寒秋精神损害赔偿费人民币7000元，款限本判决生效之日起五日内支付。

被告第三航务工程局第六工程公司不服一审判决，上诉称：原判认定上诉人"铁件加工厂三班倒加工敲打、制作铁件"与事实不符；其次，被上诉人提供厦门市环境监测中心站的监测报告在形式上和科学性方面存在瑕疵，作为本案证据使用的监测报告，形式上并无鉴定人员签名，也无鉴定机构盖章。监测条件上，也不符合《工业企业厂界噪声测量方法》的规定；即使上诉人厂界噪声超过国家标准，也未对被上诉人造成严重损害结果，根据最高院的有关规定，原审判令上诉人支付高额精神赔偿明显缺乏事实和法律依据。请求二审法院撤销原判，依法改判。

被上诉人答辩称，原判认定上诉人对被上诉人产生噪声污染的事实清楚，证据确凿，适用法律正确，请求二审驳回上诉，维持原判。

福建省厦门市中级人民法院经公开开庭审理后认为，上诉人的铁件加工厂排放工业噪声，超过国家规定的工业企业厂界噪声排放标准，危害居住于上诉人厂界相毗邻的被上诉人，造成被上诉人安宁权、健康权受到侵害，原判对本案的定性准确，判决上诉人承担相应的民事责任准确，应予维持。上诉人提出原判认定事实有误，缺乏依据，其上诉请求，不予支持。关于上诉人提出的损害结果问题。由于上诉人的噪声污染本质上是不可计量的一种无形损害，无法从量的角度来衡量损害结果，只能根据上诉人造成污染的事实、情节及程度等方面来考量，从被上诉人数十次向有关部门投诉举报的情况来看，上诉人的铁件加工厂在较长的时间内排放噪声，持续干扰被上诉人及家人的正常生活、工作，有关部门虽曾责令其整改，但噪声污染仍未得到解决，因此，上诉人的噪声污染的事实，应视为一种较严重的后果。原判确定上诉人以金钱的方式承担责任，体现对被损害者的精神抚慰，是适当的。上诉人提出没有造成严重损害结果的上诉主张，不符合本案的客观事实，法院不予采纳。依照《中华人民共和国民事诉讼法》第152条第1款第1项的规定，判决驳回上诉，维持原判。

（二）简要评述

第一，该案当事人之间虽存在物理空间上的毗邻，但在最终的判决中，并未适用相邻关系的法律条文，而是适用的环境侵权的条文。这表明在非常态下的相邻不可量物排放所致损害，其法律处理已突破了物权法上的相邻关系规则，而进入侵权法规则，"相邻"在案件的处理中不再占据最重要的位置。

第二，对噪声污染的侵害对象，法院给出了自己的见解。该案判决认为噪声污染所侵害的是当事人的安宁权、健康权。与物权侵害论相比，这种针对具体的侵害物以及具体的受害对象所做出的总结，直接面对现实，具有极强的可信服力。

第三，在违法性认定上，一审判决的依据是"已超过国家标准《工业企业厂界噪声标准》"，并将此作为认定被告构成侵权责任的要件。

第四，在损害判断上，一审判决并未充分说明损害的存在，只以噪声排放超过国家标准为据而认定损害的存在。二审判决综合考量了各种因素如上诉人多次向有关行政部门投诉举报，一般人的日常经验等，来论证损害的存在。

第五，救济措施（责任承担方式）有二：第一，排除侵害，第二，赔偿损失。

第六，被告提出"被告设厂在前，原告入住在后，这与国家建设规划功能缺陷有关，完全由被告承担显属不尽合理，可酌情减轻被告之赔偿责任。"有人认为法院在此扩大适用了环境污染致人损害责任的免责条件，将由于国家建设规划部门工作缺陷而造成的损害转移给普通市民，不利于保护受害人。[①] 这与英美法上的"主动接近侵扰"（coming to nuisance）有相似之处，但我国法律目前对此种情况并无明确的处理方式，相关的理论研究也较为薄弱。

三、北京市平谷区平谷镇西鹿角村民委员会、夏秋东与贾明成等相邻污染侵害纠纷[②]

（一）案情与判决

贾明成、王秋华系夫妻关系，贾广发、贾广宇系贾明成、王秋华之长子和次子。贾明成夫妇于1996年或1997年在西鹿角村北购买宅院一处。夏秋东于1998年下半年经村委会批准在贾明成所购宅院西北方向建设鸡舍四间用于养鸡，2006年，夏秋东在上述四间鸡舍东侧扩建15间鸡舍，截至2016年7月份，夏秋东养鸡场共养有800余只鸡。2001年3月，贾明成提交宅基地申请表获得批准，取得其所购宅院北侧的一块宅基地，紧邻夏秋东的鸡舍。2010年左右，贾明成、王秋华、贾广宇、贾广发经批准在后批宅基地上紧邻原购房屋北侧建设二层新房。夏秋东鸡舍东端与贾明成、王秋华、贾广宇、贾广发二层新房南北相对，距离约为七八米。夏秋东将鸡粪露天堆放于鸡舍东端东侧。贾明成不堪因夏秋东养鸡而产生的臭气、蚊虫等侵扰，便向法院起诉。一审法院认为：不动产相邻各方应当按照有利生产、方便生活、团结互助、公平合理的精神，正确处理相邻关系，相邻各方在行使自己权利的同时，不应超出合理限度给对方造成妨害，给相邻

---

① 朱泉鹰，张如曦. 侵权行为法案例精解 [M]. 厦门：厦门大学出版社，2004：187.
② 北京市第三中级人民法（2017）京03民终5642号判决书。

方造成妨碍或者损失的，应当停止侵害，排除妨害，赔偿损失。夏秋东养鸡场位于村民居住生活区域，与贾明成、王秋华、贾广宇、贾广发等人房屋紧邻，且该养鸡场处于贾明成、王秋华、贾广宇、贾广发房屋的上风向，所散发出的臭气、滋生的苍蝇蚊虫和产生的噪声不可避免地给贾明成、王秋华、贾广宇、贾广发等人带来侵扰，上述侵扰已经明显达到影响贾明成、王秋华、贾广宇、贾广发等人正常居住生活的程度，超出贾明成、王秋华、贾广宇、贾广发等人必要的容忍义务限度。与夏秋东维持现养鸡场的利益相比，贾明成、王秋华、贾广宇、贾广发等人的正常居住生活的基本人身权利为重，夏秋东以损害邻居正常基本居住生活的代价利用土地属权利滥用行为，其应考虑采取关停养鸡场、将养鸡场址搬至远离居民区等方式，避免继续在现场址养鸡。至于夏秋东养鸡场东侧露天堆放畜禽养殖排泄物的行为，则更毫无疑问应予禁止。由于夏秋东养鸡和露天堆放鸡粪等行为致使贾明成、王秋华、贾广宇、贾广发家苍蝇、蚊虫聚集，现贾明成、王秋华、贾广宇、贾广发要求夏秋东支付购买杀虫剂支出的费用正当合理，但贾明成、王秋华、贾广宇、贾广发未能提供充分有效的证据证明上述费用金额，其主张金额过高，法院根据本案的实际情况酌情确定为1000元。贾明成、王秋华、贾广宇、贾广发要求夏秋东支付房屋装修款和房租并无事实和法律依据，法院不予支持。据此，一审法院于2017年2月判决如下：一、夏秋东于判决生效十五日后立即停止在其位于北京市平谷区平谷镇西鹿角村的现养殖场养鸡；二、夏秋东于判决生效后十日内将贾明成、王秋华、贾广宇、贾广发房后的畜禽养殖排泄物全部清除；三、夏秋东于判决生效后十日内给付贾明成、王秋华、贾广宇、贾广发消灭苍蝇、蚊虫等的杀虫剂款损失1000元。四、驳回贾明成、王秋华、贾广宇、贾广发的其他诉讼请求。被告夏秋东对一审判决不服，提起上诉。二审法院认为，关于本案案由，相邻污染侵害纠纷主要是指相邻不动产权利人违反国家规定弃置固体废物，排放大气污染物、水污染物、噪声、光、电磁波辐射等有害物质，侵害相邻人之生命安全、身体健康和生活环境。而本案是因夏秋东的鸡舍对贾明成一家居住生活是否造成妨碍引起的纠纷，涉及的主要是双方作为相邻不动产的权利人各自行使其权利的延伸或限制问题，并不符合相邻污染侵害案由的主要特征，故调整案由为相邻关系纠纷。综合当事人的诉辩主张和查明事实，本案二审审理的争议焦点是夏秋东的养鸡行为是否超过邻里之间的容忍限度、损害了贾明成一家居住生活的人身权利而应当停止。就此问题，贾明成等人主张处理相邻关系应坚持生命权优先原则，鸡舍环境恶劣，恶臭熏天，作为毗邻而居的住户，生活质量受到很大影响，夏秋东应当尊重邻居的生命健康权，立即停止养鸡；夏秋东主张在此地养鸡已近二十年，养鸡是其安身立命的生活来源，虽然鸡舍环境对贾明成一家造成一定影响，但不应因此而停止养鸡。二审法院院认为，解决该问题的关键在于，如何对相邻关系中的利益冲突进行权衡和取舍，并从以下四个方面做出了分析。第一个方面，容忍义务限度。二审法院认为，容忍义务的实质是对权利的限制，为了充分发挥不动产的效能，所有权人或使用权人在行使不动产权利时，有权根据相邻关系的法律规定，要求他方提供必要的便利，即使给他方造成了侵害或妨碍，只要在正常合理的范围内，他方即负有容忍义务。在这一原则下，并不是所有的越界侵害均可要求行使赔偿权或妨害排除请求权，只有在不动产权利人给相邻他方造成的妨碍，程度超过了一般人的忍受限度，该行为才属于法律上的禁止行为或权利的限制行使，相邻他方可免除容忍义务。如何判断是否超出相关主体的忍受限度范围，通常是根据所受的相邻妨碍是否达到影响正常生活，降低生活质量的程度，是否逾越社会一般人的"容忍限度"。二审法院认为，本案中，从妨害行为的性质和程度分析，夏秋东所建鸡舍位于西鹿角村村民居住区，是人口密集区域，如长期紧邻村舍饲养大量家禽，极易对村民身体健康、生活质量造成不良影响。虽然夏秋东主张其养鸡数量已经大幅度减少，降至八百只，并不会造成大规模污染，但就贾明成家而言，鸡舍紧邻其居住宅院的上风向，常年散发恶臭、滋生蚊蝇并产生噪声，且在距离贾明成一家新建二层北房北侧不足十米的空地上常年露天堆放鸡粪，无其他贮存和排放禽畜粪便的设施妥善进行处理，显然已经达到严重影响贾明成等人身体健康及正常居住生活的程度。第二个方面，价值衡量。二审法院认为，对互相冲突的各种利益进行价值评估和对比时，应确定它们在法律价值体系中的位阶，考虑选择价值优位的利益给予保护。就权利被侵害的类型而言，相邻关系纠纷中主要涉及以下几种：生命权、身体权、健康权；前者以外的其他人格利益；财产权等。上述不同类型的权利，在法律价值判断上具有层次性，给予救济、适用利益衡量原则时也应当区别考虑。通常情况下，生命权利高于健康权利，而后者又高于财产等其他利益。一般情况下，在处理此类纠纷时，经营收益的权利与居住生活的基本人身权利相比，必然要做出让步。但本案中的难点在于，养鸡是夏秋东的主要生活来源，且其已在此地经营十余年之久，一旦停止难以为继，其关涉到的不仅是财产权利、经营收益权利，更涉及到维持生计的基本生存权利。贾明成所主张的生命权、健康权等人身权利与夏秋东所主张的财产权、经营收益权甚至生存权均是公民个人的重要权利。如何在两种利益冲突中进行权衡和取舍，二审法院认为可以考虑以下因素：首先，考虑最大利益与最小弊害加以权衡并取舍。夏秋东经营鸡舍虽然有一定的历史形成原因，但与未来农村村舍整体规划布局、环境发展理念并不相符，如继续允许夏秋东在现址经营鸡舍，长期实施侵扰行为，必然要以损害周边居民的健康生活等基本生存权利为代价，长此以往，弊显大于利，得不偿失。其次，考虑被舍弃的价值有无依理性的其他替代方式获取的可能。本案中如停止养鸡，主要涉及到夏秋东维持生计的问题，原审法院虽判令其停止在原址养鸡，但仍可通过另觅他址将养鸡场搬至远离居民区等方式，实现其继续养鸡之经营目的，或在原址考虑另寻其他替代性收益渠道维持生计。第三个方面，土地利用的先后顺序。二审法院认为这并非判断是否构成妨碍的关键因素，并指出，一般情况下，如果加害土地利用在前，受害土地利用在后，受害人主张妨害的，难以得到支持，这也是出于尊重历史、通过维持现状以保持利益平衡的考虑。而本案中，从地理位置上看，贾明成家受鸡舍影响最大的是北房二层楼，根据土地利用的惯行性和时间先后，贾明成一家于2010年在村里批给其紧邻鸡舍的宅基地上建北房二层，晚于夏秋东1997年建设鸡舍开始养鸡的时间，夏秋东亦是以此作为主要理由提出抗辩的。就此问题，二审法院认为，贾明成后建北房二层所利用的土地属宅基地性质，作为一种用益物权，宅基地使用权是农民安身之本的重要财产，用于建造农村住宅满足其居住生活的基本需求。

虽然该宅基地的位置与夏秋东的鸡舍相邻，从村整体布局规划、居住环境等角度而言本就存在不合理性，但在该宅基地已经过区政府审批给贾明成使用的情况下，贾明成作为宅基地使用权人必然要在该土地上建房居住生活以实现对土地的充分利用。虽然夏秋东主张在贾明成建造房屋之初即有言在先，曾告知其可能出现的后果，但这并不能成为法律上贾明成自行承担全部侵害后果的理由。第四个方面，加害行为是否经过行政许可并不影响受害人在相邻关系民事纠纷中主张权利。妨害行为的性质和程度是衡量构成相邻关系妨碍与否的一个因素。该行为在性质上是否属于违法审批或者违反了国家有关标准规定的程度，侵扰程度是否影响居民生活居住标准等因素，均是认定构成妨碍与否的依据。但即便侵害人已经遵循这种义务，取得了相关机构或部门的许可，如果仍对相邻方构成妨碍，也不能免除其承担相应的民事责任。本案中，夏秋东提供2000年西鹿角村委会出具的证明，据以佐证其赖以养鸡的土地是1998年经村委会批准的，以养鸡为业亦是响应政府发展养殖业的号召，他人不得干涉。二审法院认为，虽然政府相关部门目前尚未对夏秋东养鸡是否符合相关标准出具明确意见，但并不影响在相邻关系民事纠纷中对夏秋东养鸡行为是否构成妨碍做出评判和处理。综上分析，原审法院判令夏秋东停止在涉案场地养鸡并清除全部排泄物，处理适当，应予维持。关于贾明成等人要求夏秋东支付其购买杀虫剂支出费用的诉讼请求，考虑到夏秋东建设鸡舍在先，贾明成建二层北房在后，虽然因养鸡行为直接影响贾明成等人的居住生活而被判令停止，但夏秋东并无侵害贾明成一家居住生活之故意，且其以放弃经营为代价已经足以弥补贾明成等人因此造成的损失，也确保了贾明成一家今后生活居住环境的改善，不宜再由夏秋东向贾明成一家支付购买杀虫剂等费用，故二审法院对此予以调整。最终，二审法院依据我国《民法通则》第83条、《物权法》第84条判决维持一审判决中的第一项、第二项；撤销其第三项、第四项。

（二）简要述评

本案二审判决书被北京法院微信公众号"京法网事"作为北京法院"经典判决书"于2018年年初向公众推送，显示了其社会影响力。该案是典型的相邻不可量物排放纠纷案，二审法院在做出判决时充分考虑到容忍义务限度的判定、相互冲突的价值间的衡量与选择、土地利用的先后顺序、行政许可对不可量物排放行为引发的民事纠纷的影响等多种因素，判决论证不可谓不充分，判决理由不可谓不详尽。但是仍然有如下问题值得进一步探索。

首先，关于本案案由，一审法院以相邻污染侵害纠纷为案由立案，二审法院认为案件并不符合相邻污染侵害案由的主要特征，故调整案由为"相邻关系纠纷"。这种调整再次显示了《物权法》第90条在司法实践中地位的尴尬。根据我国最高人民法院《民事案件案由规定》，相邻关系纠纷被列为第47类案由，其项下又列有7项具体案由，分别是"相邻用水、排水纠纷""相邻通行纠纷""相邻土地、建筑物利用关系纠纷""相邻通风纠纷""相邻采光、日照纠纷""相邻污染侵害纠纷""相邻损害防免关系纠纷"。这7项具体案由中，最与该案相契合的应为"相邻污染侵害纠纷"，但若使用这个案由，便会遭遇前文所述的"国家规定"难题，未必有利于对受侵扰者的保护。故二审法院将具体案由改为"相邻关系纠纷"这一类案由。

其次，关于被告养鸡所侵扰的对象，二审判决中所使用的术语既非"环境权"，也非"安宁生活权""对不动产的使用和享受"，而是原告的"生命健康权""生命权、健康权""基本生存权利"等。这种总结值得商榷。因为在该案中，原告的生命权、健康权本身并未受到现实的侵害，受到直接侵害的是他们的舒适和安宁。

再者，关于对原告的救济方式，二审判决采取了排除侵害的方式，但并未判决补偿或赔偿损失，体现了法院对双方利益衡量的综合考量。

五、上述各案所涉及的问题

当相邻不可量物的排放超出一定范围时，对当事人之间相应关系的调整便由物权法的单一调整转化为由物权法、侵权法、环境保护法等多重调整。这引发了众多的问题，在上述各案中的简要述评中，已经提及其中的某些问题，此处再做如下进一步归纳。

第一，过错、不法性在不可量物非常态排放致他人受害的案件中占据何种地位，理论界当前对此存在着极大的争议。环境法学界将不可量物侵害责任纳入环境责任领域中，而环境法学界将无过错责任原则作为环境民事责任的归责原则。这种大一统的归责原则是否有利于问题的真正解决，是否更有利于受害人的保护，有必要从现实的角度加以考察。

第二，不可量物排放超出一定范围导致纠纷，既可能适用物权法，更可能适用侵权法以及环境法相关规则来处理。不同的规则分配了不同的权利和义务，其中最为重要的两种请求权即物权请求权与侵权救济请求权。在何种情况可获得何种请求权，各请求权之间存在何种异同，如何在具体案件中调适二者之间的关系，均值得探讨。对不可量物排放所致侵害，可有哪些救济措施或者责任承担方式。《民法总则》和《侵权责任法》虽规定了各种民事责任承担方式，但并未明确规各种民事责任承担方式的具体适用，这种状况在不可量物侵权案件中尤有体现。针对受害人提出的各种请求，不可量物排放人可以采取哪些抗辩事由，除了法律明确规定的各种免责事由如作为不可抗力的自然灾害、受害人自身过错等之外，是否还存在其他的抗辩事由，诉讼时效期间的经过，主动接近侵害等可否作为抗辩事由。

下面两节，将针对上述问题并结合前述案例展开讨论。

第二节　归责原则之选择

从各国法律规定及理论研究来看，非常态下的相邻不可量物排放，不可避免的与环境侵权相联系，至少在我国目前的立法、司法和理论中，它被归入作为特殊侵权的环境侵权之内。而据《侵权责任法》第65条，环境侵权适用无过错责任，由此影响到其构成要件仅为损害事实与行为与损害事实之间的因果关系，而不包括违法性要件。然而环境侵权的无过错责任原则这一立法选择，是否能够有效地调整非常态下的相邻不可量物排放，有待进一步探讨。

一、当前的立法及学说

我国目前明确规定环境侵权与环境民事责任的法律条文典型的有如下几个。《民法通则》第124条："违反国家保护环境防止污染的规定，污染环境造成他人损害的，应当依法承担民事责任。"修订前的《环境保护法》（1989年）第41条第1款："造成环境污染危害的，有责任排除危害，并对直接受到损害的单位或者个人赔偿损失。"修订后的《环境保护法》（2014年）第64条规定："因污染环境和破坏生态造成损害的，应当依照《中华人民共和国侵权责任法》的有关规定承担侵权责任。"《侵权责任法》第65条规定："因污染环境造成损害的，污染者应当承担侵权责任。"《物权法》第90条规定："不动产权利人不得违反国家规定弃置固体废物，排放大气污染物、水污染物、噪声、光、电磁波辐射等有害物质。"《放射性污染防治法》（2003年）第59条规定："因放射性污染造成他人损害的，应当依法承担民事责任。"《海洋环境保护法》（217年修正）第89条第1款规定："造成海洋环境污染损害的责任者，应当排除危害，并赔偿损失；完全由于第三者的故意或者过失，造成海洋环境污染损害的，由第三者排除危害，并承担赔偿责任。"《水污染防治法》（2017年修正）第96条第1款规定："因水污染受到损害的当事人，有权要求排污方排除危害和赔偿损失。"《大气污染防治法》（2018年修正）第125条规定："排放大气污染物造成损害的，应当依法承担侵权责任。"《环境噪声污染防治法》（2018年修正）第61条第1款规定："受到环境噪声污染危害的单位和个人，有权要求加害人排除危害；造成损失的，依法赔偿损失。"对上述相关规定的内容及其相互之间存在何种关系，存在着不同的理解，由此形成了对环境侵权责任归责原则认识上的严重的不统一。目前主要有以下几种学说。

（一）过错责任说

过错责任原则指的是，加害人只对有过错的行为承担责任，如果没有过错，即使其行为对他人有损害，也无需承担民事责任。彼德·斯坦指出，侵权责任的基础是过失，这种理论起源于这样一种观念，侵权，顾名思义就是做了错事。因此，侵权诉讼中被告应当支付的损害赔偿，是一种对做了某种错事而进行的惩罚。同理，假若他无法避免这样做，那么就不应该对他进行惩罚。一句话，侵权责任是以道义责任为前提的。[①] 1804年《法国民法典》第1383条首次将其作为重要原则确立，之后大陆法系各国纷纷将其引入民法典，英美法系也通过判例确立了过错责任原则。过错责任原则产生于自由资本主义时期，在近代被确立为与私权神圣、契约自由并列的三大民法基本原则之一。这一原则在当时对保护自由竞争，促进市场经济的发展，维护个人权利做出了重大的贡献。至今仍然是调整侵权行为的一般归责原则，被规定在各大陆法系国家的民法典中。例如，我国《侵权责任法》第6条规定："行为人因过错侵害他人民事权益，应当承担侵权责任"。根据法律规定推定行为人有过错，行为人不能证明自己没有过错的，应当承担侵权责任。"《德国民法典》第823条、《日本民法典》第709条、《意大利民法典》第2043条、《荷兰民法典》第6—162条、《俄罗斯民法典》第1064条等均明确规定了过错责任原则。根据过错责任原则，若当事人虽违反保护他人之法律，造成他人损害，但能证明其本身行为并无过错，他便不用承担责任。

环境侵权法领域中，也存在着过错责任说。当前，这一观点的代表性学者是北京大学的王成教授。针对"无过错责任原则已为各发达国家环保法采为统一归责原则"这一观点，王成教授表达了相反的观点。认为日本的忍受限度理论，是一种衡量环境侵权行为违法性的理论，是证成环境侵权责任正当性的理论。是在客观排污标准不能起作用时的次优之计，是一种界限的区分，甚至是一种过失的认定。[②] 另外日本目前判例也采取了承认被告的高度预见义务、结果回避义务的立场。[③] 同时还指出，在德国，在受害人不能依照危险责任法，或不能依据《德国民法典》第906条获得赔偿时，可通过《德国民法典》第823条关于一般侵权行为的规定或德国《环境责任法》得到救济。并举德国噪音排放案例来说明对于噪音公害是否造成重大损害，以德国联邦噪音管制标准作为判决标准。认为这些都是

---

① 王利明. 侵权行为法归责原则研究 [M]. 北京：中国政法大学出版社，1993：60.

② 王成. 环境侵权行为构成的解释论及立法论之考察 [J]. 法学评论，2008（6）.

③ 马俊驹，罗丽. 日本环境侵权民事责任研究 [J]. 现代法学，2003（1）.

德、日未施行严格的结果责任或无过错责任的明证。① 王成教授把《民法通则》第124条的规定视为关于环境侵权行为的过错责任原则的规定，并认为排放行为违反国家防止污染保护环境的规定作为侵权行为的构成要件之一，"国家防止污染保护环境的规定"是对过失认定的客观化标准，因此，环境侵权行为是过失责任。在没有国家保护环境防止污染的相关规定的情况下，也应采取一般过失的认定方法，认定时可以借鉴忍受限度理论所参考的各项指标。② 根据这种观点，"忍受限度"也只是判断当事人的行为是否构成过失的一个标准，只不过与"国家防止污染保护环境的规定"相比较，这种标准需考虑更多的因素，从而具有更多的自由裁量属性。③ 同时，王成教授把《物权法》第90条的规定也解读为过失责任。他认为该条中的"不得违反国家规定"作为对不动产权利人的约束，是划分权利人自由及他人权利的界限。针对理论界与实践中把污染物排放标准视为仅仅是是否缴纳排污费和进行环境管理的依据，而非确定排污单位是否承担赔偿责任的界线这一观点，王成教授认为并无合理的依据。他认为，排污标准不仅仅是缴纳排污费的依据，也是民事主体应予容忍排放的依据，当排放在排污标准范围之内，即使对民事主体造成损害，对此损害也应当容忍。因此，有无超出排污标准是判断排污者是否有过错的客观标准。如果未超出标准，即使有损害，排污人也无需承担环境侵权责任。④ 他还认为，从生产经营的角度分析，企业依照相关规定在排污标准范围之内排放污染物，为合法行为，属于企业正常生产经营的一部分，若无法律的明确规定，即应以排污行为的行政合法阻却其民法上的违法性，也即当其排放符合行政管理标准，便视为无过错，既无过错，便无需承担侵权责任。⑤ 对此，另有学者指出，通常情况下，在污染致害案件中，我国大多数企业都存在超标排污的现象，所以以环境侵害诉讼中企业真正因行政合法而举证

---

① 王成．环境侵权行为构成的解释论及立法论之考察 [J]. 法学评论，2008（6）.
② 王成．环境侵权行为构成的解释论及立法论之考察 [J]. 法学评论，2008（6）.
③ 王成．环境侵权行为构成的解释论及立法论之考察 [J]. 法学评论，2008（6）.
④ 王成．环境侵权行为构成的解释论及立法论之考察 [J]. 法学评论，2008（6）.
⑤ 王成．环境侵权行为构成的解释论及立法论之考察 [J]. 法学评论，2008（6）.

的事例并不多见。在陆耀东案中，法官考察了《城市环境装饰照明规范》，并根据该规范中的"外溢光／杂散光""障害光"以及"光污染"的界定，依《民法通则》第124条及《环境保护法》第41条的规定，认定被告永达公司开启的涉案路灯属于《城市环境装饰照明规范》中的障害光，构成光污染，已对原告陆耀东的正常居住环境和健康生活造成了损害，构成环境侵权行为。王成教授认为，该判决书坚持了《民法通则》要求构成环境侵权行为需要违反国家保护环境防止污染的规定，这种思维及推理过程值得肯定。① 王成教授指出，在侵权法上，有损害才有救济，但并非所有的损害一定要得到救济。在环境侵权领域，环境污染为不可避免，若采无过错责任，只要环境污染造成损害，即应承担民事责任，这样的制度安排过分强调了权利救济，过分忽视了行为自由，这样的世界也并非我们想要的世界。② 最终，王成教授得出结论，在立法论的立场上，应当坚持《民法通则》第124条的规定，坚持环境侵权行为的过错责任，过失认定应当客观化，只有在行为违反国家防止污染保护环境的规定的情况下，才有侵权行为的构成。③ 按王成教授观点，《侵权责任法》第65条所采取的处理方式难称适当。除王成教授之外，杨振山教授也将《民法通则》第124条中所规定的"违反国家保护环境防治污染的规定"如超标排污等，视为对"过失"条件的规定，并认为只有当事人排污超标，才构成"过失"，才承担民事责任。④ 王卫国教授主张在侵权法所有领域均应采纳过错责任原则，基于这种观点，环境污染侵权中的归责原则也应为过错责任原则。⑤

（二）无过错责任说

对无过错责任原则（No-fault liability，liability without fault）存在不

---

① 王成．环境侵权行为构成的解释论及立法论之考察 [J]. 法学评论，2008（6）.

② 王成．环境侵权行为构成的解释论及立法论之考察 [J]. 法学评论，2008（6）.

③ 王成．环境侵权行为构成的解释论及立法论之考察 [J]. 法学评论，2008（6）.

④ 杨振山．民商法实务研究（侵权行为卷）[M]. 太原：山西经济出版社，1998：158.

⑤ 王卫国．过错责任原则——第三次勃兴 [M]. 北京：中国法制出版社，2000：185.

同理解，分"不问过错说""不考虑双方过错说""没有过错说"三种。[2]"不问过错说"认为过错与否所针对的是行为人，只要行为人的行为使他人受害，即应承担民事责任，而不问其是否有过错。也有人称其为"不问过失责任"。[3]"不考虑双方当事人过错说"认为其中的"过错"不仅针对行为人，也针对受害人。例如，王利明教授认为，无过错责任不仅不考虑加害人的过失，而且也不考虑受害人的过失，类似于"绝对责任"。无过失责任不考虑双方法事人的过错，不能推定加害人有过错，以因果关系为决定责任的基本要件，且适用范围必须依据法律的特别规定。[4]"没有过错说"认为"无过错"并非是不问过错，一体对待，而是仅仅针对行为人在其行为不存在过错时，如果法律特别规定其在此种情况下应承担责任时，行为人即应承担责任的一种归责原则。如果加害人能够被证明行为有过错，此时其所承担的是过错责任。并且在适用范围上，无过错责任主要适用于危险责任。[5]三种学说中，以"不问过错说"为通说。[6]不管其区别为何，三种学说均承认，在无过错责任之下，如果行为人所为的某种行为没有过错，致人损害，他应当承担民事责任。

无论是环境法学界，还是民法学界，对环境侵权应采无过错责任说为目前通说。"关于污染环境致害责任的性质，除少数学者主张过错责任外，

---

① 在英美法上，无过错责任与严格责任（strict liability）二者可以通用。之所以在不同著作有不同的表述，可能是因为个人习惯不同。使用无过错责任一词的文章，参见：Rufus C.Harris, Liability without Fault, Tualne Law Review, Vol.VI 1932; Francis E.Lucey, Liability without Fault and Natural Law, 24 Tenn.L.Rev.952（1955–1957）.

② 高圣平. 中华人民共和国侵权责任法——立法争点、立法例及经典案例 [M]. 北京：北京大学出版社，2010：102.

③ 张新宝. 侵权责任法原理 [M]. 北京：中国人民大学出版社，2005：35. 杨立新. 侵权法论 [M]. 北京：人民法院出版社，2005：143. 张俊浩. 民法学原理 [M]. 北京：中国政法大学出版社，2000：905.

④ 王利明. 侵权行为法研究：上卷 [M]. 北京：中国人民大学出版社，2004：316–319.

⑤ 王成.侵权法归责原则的理念及配置[J].政治与法律,2009(1)；王成.侵权法的基本范畴[J].法学家，2009（4）.

⑥ 我国影响较大的几部民法教材中采此学说。魏振瀛. 民法 [M]. 北京：北京大学出版社，高等教育出版社，2007：680.马俊驹，余延满.民法原论[M].北京：法律出版社，2007：993.汪渊智. 侵权责任法学 [M]. 北京：法律出版社，2008：40.

绝大多数学者都主张污染环境致害责任是一种无过错责任，应适用无过错责任原则。"① 这在很大程度上是因为，在很多发达国家的环境侵权立法中，确立了无过错责任原则的普适地位。在德国，确立环境侵害实行无过失责任的民事特别法规范首见于1974年《联邦环境污染防治法》。该法针对原告在联邦普通法院裁判中就损害之因果关举证之困难，采用了当排污者排放空气污染物超过排放标准时规定由排污者举证的措施，以及即使未超标但具体事实足以证明导致损害之结果，法院就推定因果关系存在。② 瑞典于1986年制定《环境损害法》，该法对环境侵害的归责形式采取了严格责任。此外，据该法第66条规定，瑞典还设立了环境损害保险制度，主要适用于"当受害应当得到补偿而未得到或其已经丧失赔偿请求权时"以及"当不能确定谁是伤害和损失的责任者时"这两种环境侵害的场合。③

在我国环境立法上，修订前的《环境保护法》第41条一直被视为环保法采取无过失责任原则的立法表现。在民事立法上，《侵权责任法》出台前后，几个学者建议稿以及各草案均采无过错责任原则说。例如，王利明教授主持的民法典草案建议稿第1930条第1款规定："造成环境污染损害的，污染者应当承担侵权责任。"④ 杨立新教授主持的民法草案建议稿第118条第1款规定："因污染环境直接或间接造成他人损害的，排污者应当承担侵权责任。"⑤ 梁慧星教授主持的民法典草案建议稿第1697条（污染环境致人损害）规定："污染环境造成他人损害的，由污染者承担民事责任。排污者不得以排污符合有关标准而主张免责"。⑥ 徐国栋教授主持的《绿色民法典》草案第1602条规定："破坏某一地区的环境要素，包括空气、水、土壤、植物群或动物群的，行为人应对受破坏地区的居民承担赔偿责任。法

① 房绍坤.民商法问题研究与适用[M].北京：北京大学出版社，2002：410.
② 朱武献.西德环境法概述.辅仁法学：总第7期，1994：156–159.
③ 笔者认为，这些立法证据能够证明这些国家在环境侵权领域中采取了无过错责任原则，也能够证明在环境侵权领域中采取无过错责任原则的合理性，但不能证明无过错责任原则普遍适用于环境侵权的全部领域。
④ 王利明.中国民法典草案建议稿及说明[M].北京：中国法制出版社，2004：250.
⑤ 杨立新.中华人民共和国侵权责任法草案建议稿及说明[M].北京：法律出版社，2007：29.
⑥ 梁慧星.中国民法典草案建议稿[M].北京：法律出版社，2013：351.

律没有规定相应的标准，而损害确因环境污染造成的，制造污染源的人应承担损害赔偿责任。符合国家规定的污染标准排污，仍然污染环境造成他人人身、财产损害的，环境污染人应首先向受害人承担损害赔偿责任。国家承担最终责任。"① 侯国跃博士起草的《中国侵权法立法建议稿》第86条第1款规定："污染环境造成他人损害的，由排污者承担民事责任"。② 于海涌教授编著的民法典草案立法建议稿第1789条（环境污染责任的归责原则）规定："因污染环境造成损害的，污染者应当承担侵权责任。"③

《民法草案》（2002年）第8篇侵权责任法部分第31条规定："因污染环境侵害他人人身、财产的，有关单位或者个人应当承担侵权责任，但法律规定有免责情形的，依照其规定。"第32条规定"排污符合规定的标准，但给他人造成明显损害的，有关单位或者个人应当承担侵权责任。"④《侵权责任法草案》第二次审议稿第67条规定："因环境污染造成他人损害的，排污者应当承担侵权责任，但法律规定免责事由的，依照其规定。"第68条规定"排污符合规定标准，但给他人造成损害的，排污者应当承担相应的赔偿责任。"⑤《侵权责任法草案》第三次与第四次审议稿均未单独规定排污

---

① 徐国栋.绿色民法典草案[M].北京：社会科学文献出版社，2004：720.
② 侯国跃.中国侵权法立法建议稿及理由[M].北京：法律出版社，2009：69.
③ 于海涌.中国民法典草案立法建议（提交稿）[M].北京：法律出版社，2016：331.
④ 该条规定的"明显损害"，是承担环境侵权责任的一个必要条件。然而学者们担心，很多环境污染尤其是一些化工污染，大多具有潜伏性、长期性，其对人的损害在外观上看起来并不明显甚至难以察觉。若采取"明显损害"说，并不利于对受害人的保护。笔者也赞同这一主张。然而，环境污染情况复杂，一些化工污染会导致类似的侵害，但也存在一些污染，并不具有潜伏性和长期性，例如噪声污染、光污染，只要类似的污染一停止，安宁立即恢复，当事人的不利益状态也将立即恢复。因此，"明显损害"在一定程度上仍有其适用的范围，这种适用范围主要适用于因生活活动而非生产活动对生活环境而非生态环境或生存环境的污染。《德国民法典》第906条第1款实际上也变相的采取了"明显损害"的要件，因为它规定，法律或法规命令确定的极限值或标准值可被用来判断干扰所致损害是否轻微的依据。"明显损害"在某种程度上也是对受害人"容忍义务"的规定，即在某些特定情形之下，若损害不明显，受害人即应对此承担容忍义务。
⑤ 与《侵权责任法》第一次审议稿相比，这一条文有三个变化：一是在损害程度上，改"明显损害"为"损害"，无限扩大了该条的适用范围；二是在侵害对象上，改"人身、财产损害"为"损害"；三是在责任承担方式上，改"侵权责任"为"赔偿责任"，将因未超标排放导致的侵害责任限制在"赔偿责任"范围之内。

未超标造成损害时的民事责任，仅在其第65条中规定："因污染生活、生态环境造成损害的，污染者应当承担侵权责任。法律规定不承担责任或者减轻责任的，依照其规定。"①《侵权责任法》第65条最终规定："因污染环境造成损害的，污染者应当承担侵权责任。"②《侵权责任法》第65条的出台似乎为环境侵权民事责任归责原则的争论画上了一个句号，然而这个句号仅仅体现在立法上，在理论上的争议仍将继续下去。

在理论上，针对无过错责任原则在环保法中的地位，有环境法学者认为，环境民事责任在构成要件上表现出特殊性，主观上的过错和行为的违法性不再是环境民事责任的构成要件，而更加强调致害行为、损害结果和行为与结果之间的因果关系。在整个民法领域，过错责任是一个普遍原则，无过错责任原则是例外，而在环境保护法中，无过错责任原则却是普遍原则。③有学者认为，无过错责任原则之所以应当成为环保法的普遍原则，其理由在于"环境污染一般由生产者制造，而且作用过程较复杂，再加上受害人一般为普通民众，与污染企业相比实力悬殊，且环境侵权行业又多是间接侵权，加害人过错无法证明，因此法律对于环境侵权也设定无过错责任原则，主要目的在于强化污染者的责任，保护受害者的利益"④。还有学者认为无过错责任原则有利于遏制环境污染，减轻受害人的举证负担，解决过错归属证明问题。⑤

王明远教授认为，环境污染侵权损害赔偿责任以"被告违反国家保护环境防止污染的规定"为其构成要件之一，或"只有进行生产活动所排放的污染物违反国家所规定的排放标准才承担责任""污染环境而未违反国家

---

① 与第二次审议稿相比，其变化体现在，区分了生活环境和生态环境，虽然未针对这种区分规定不同的处理方式。同时也未单独强调排污未超标时的侵权责任。

② 与第四次审议稿相比，该条文化繁为简，采取了绝对的无过错责任原则。未强调生活环境与生态环境的区分，未强调排污未超标时的侵权责任，未明确指明环境侵权责任的承担方式。这在使该条的意义范围无限扩大的同时，实际上弱化了其实践意义和可操作性。前几个建议稿均察觉到了环境侵权的复杂性，试图对纷繁复杂的环境侵权中的诸多要素加以类型化，然而由于理论准备的不足，在最终出台的侵权责任法中，回避了很多重要的问题。

③ 金瑞林. 环境法学 [M]. 北京：北京大学出版社，2007：135.

④ 蔡守秋. 新编环境资源法学 [M]. 北京：北京师范大学出版社，2009：330.

⑤ 胡安潮. 特殊侵权归责原则研究 [M]. 北京：知识产权出版社，2009：136-137.

有关规定者不负民事责任"等观点，是将公法标准置于私法保护之上，这与日本、德国、法国、美国等有关的通说、判例和法规所持的污染源遵守公法标准和要求并不免除其民事责任的立场和规定完全相反，而且与我国环境立法中的有关规定相矛盾。① 从环境侵权构成要件的发展来看，基于无过失责任原则的确立、合法侵权行为或适法侵权行为理论的兴起、加害人符合环境公法上的标准和要求的事实并不免除其环境侵权民事责任、我国和其他某些国家民法不以行为违法性作为侵权行为构成要件等状况，环境侵权行为的构成要件实际上仅应包括危害事实以及加害行为和危害事实之间的因果关系两个方面。我国《民法通则》在规定环境污染致人损害的侵权行为实行无过失责任原则的同时，又明定以"违反国家保护环境防止污染的规定"作为加害人承担民事赔偿责任的前提，不利于保护环境侵权受害人，而且与环境立法中的有关规定相矛盾。因为《环境保护法》等众多的环保部门法大多规定环境污染侵权行为仅以危害事实以及加害行为与危害事实之间的因果关系为构成要件，而与是否"违反国家保护环境防止污染的规定"无关。②

环境侵权归责的无过错性，最强烈地体现在排污未超标但造成他人损害的情况中。国家环保局于1991年10月10日对湖北省环保局做出的《关于确定环境污染赔偿责任问题的复函》称："承担污染赔偿责任的法定条件，就是排污单位造成环境污染危害，并使其他单位或者个人遭受损失。现有法律法规并未将有无过错以及污染物的排放是否超过标准，作为确定排污单位是否承担赔偿责任的条件。至于国家或者地方规定的污染物排放标准，只是环保部门决定排污单位是否需要缴纳超标排污费和进行环境管

---

① 王明远. 中国环境侵权救济法律制度的现状及其完善 [J]. 环境导报，2000（3）.

② 王明远. 中国环境侵权救济法律制度的现状及其完善 [J]. 环境导报，2000（3）. 但需注意的是，该文在数处强调无过错责任原则所适用的范围是损害赔偿或损害填补，而非适用于各种形式的环境侵权责任。例如该文某处指出"在环境损害的填补方面，应当对环境污染、生态破坏所引起的环境侵权均实行无过错责任原则，明定实行因果关系推定原则，举证责任倒置或转移原则。"但在排除侵害部分，作者未做这样的强调。

理的依据，而不是确定排污单位是否承担赔偿责任的界限。"①该复函对司法实践产生了重大影响。最高人民法院于 2015 年出台的《关于审理环境侵权责任纠纷案件适用法律若干问题的解释》第 1 条重申了该复函的基本精神。在贾某诉南京某建筑装饰工程公司案中，南京市玄武区法院认为，国家或者地方规定的污染物排放标准，只是环保部门决定排污单位是否需要缴纳超标排污费和进行环境管理的依据，而非确定排污单位是否承担赔偿责任的前提或界限。②民法学界有学者指出，"行政法律、法规规定的排污标准，并不能否定排污者的损害赔偿责任。符合排污标准，只说明达到了生产的标准，造成损害必须依据侵权责任法的规定，仍然应当承担侵权责任"③。另有学者认为："即使不可称量的污染排放符合法律确定的标准时，物权人、占有人仍然可以行使物权请求权，要求责任人排除妨害或者停止损害。原因在于这些排放实际地侵害物权人、占有人的合法利益；而且一般情况下也确实存在着'合法污染'仍然构成侵害的事实。故依法限制权利人对排除这些妨害的请求权的做法是不可取的。《德国民法典》在 20 世纪初生效时，立法者为了促进工业的发展，在这一问题上过多地规定了权利人的'忍耐义务'，但是在今天，这种义务实际上已名存实亡。法律的立场，已经从当初要求权利人承担义务，转化为如何保护权利人利益。从今天的标准来看，人们对环境质量的要求越来越高，对环境侵害的责任，已经普遍采取无过错责任来处理。这是法律发展的潮流，我国物权法当然应该追随之。"④另有学者指出，法律没有规定不违反现行环境保护法规的污染行为造成损害不承担责任，因此排污即使未超标也不具有阻

①　对这一复函的内容，有学者从立法法的角度和复函内容适用范围的角度对其提出质疑。认为侵权责任的构成要件，涉及民事主体基本的自由及权利保障，只应当由全国人大来制定。该复函因其出台机关层次较低，其内容并不具有普适性，而且复函内明确表明，该复函所针对的仅仅适用于"各级环保部门在处理赔偿纠纷、确定赔偿责任时"，并不适用于法院系统。参见王成 . 环境侵权行为构成的解释论及立法论之考察 [J]. 法学评论,2008（6）.
②　张梓太,于宇飞 . 从江苏首例家装污染案看环境侵权特殊规则的司法适用 [J]. 科技与法律,2004（1）.
③　杨立新 . 侵权责任法立法最新讨论的 50 个问题 [J]. 河北法学，2009（12）.
④　孙宪忠 . 中国物权法原理 [M]. 北京：法律出版社，2004：326.

却违法性。法律允许在规范范围或限度内的污染环境行为，是适应当时的科学技术水平，为促进社会经济的发展不得不为，但法律绝不允许损害他人的合法权益。污染环境行为的合法性，以不致损害他人的合法权益为必要前提。法律规定的各种防治污染的规则、标准受特定时期对特定污染的认识水平和技术水平所限，若某项法律允许的污染环境行为造成了污染损害，只是说明该项法律所规定的排污标准已不能适应现实的需要，应该基于新的认识水平和技术标准对之加以修正，而不能据以认定该种污染环境的行为就不具有社会危害性。若排污者对其非超标排污造成的损害不承担责任，结果将是由受害者自行承担损失，这有违公平正义。①

（三）综合责任说

不少学者注意到，环境侵权领域中，事实上既存在无过错责任原则，也存在过错责任原则的适用，甚至还有学者认为在环境侵权领域中存在着公平责任原则适用的空间。相对于过错责任说、无过错责任说等"一元责任说"，这种学说可名之为"综合责任说"。"综合责任说"中，又存在以下几种学说：过错责任为主、无过错责任为辅说；过错责任和无过错责任区分说；无过错责任为主、公平责任为辅说；无过错责任为主，公平责任、风险责任、过错责任为辅说。

过错责任为主、无过错责任为辅说以《水污染防治法》（1984年）的规定为据，认为我国环境保护法律的无过错责任原则，并不是完全以结果论赔偿，在很大程度上仍承认过错责任原则的作用，即在有过错因素存在的情况下，仍然按照"谁有过错，谁负责任"的过错原则处理，并进而认为，我国环境保护法律的无过错责任原则是过错责任原则的补充，而非排斥。②

过错责任和无过错责任区分说将环境侵权民事责任分为环境破坏者的民事责任和环境污染者的民事责任两类，并主张环境破坏者的民事责任与一般侵权民事责任大致相同，采用过错责任归责原则；而污染环境民事责

① 张明新，张梓太．论环境侵权民事责任适用无过错责任的法理基础．南京大学法律评论：2000年春季号，103-112.
② 罗典荣，等．略论环境保护法律制度中的损害赔偿责任 [J]．法学研究，1986（2）．

任采取无过错责任的归责原则。该说的理论基础，源于对环境法调整范围的理解，即认为环境法的调整范围已由污染防治法拓展到生态环境资源和人文环境资源的保护，因此，环境侵权民事责任包括了污染环境者的民事责任和破坏环境者的民事责任。根据这一主张，过错责任原则主要适用于对生态环境资源和人文环境资源的保护，而无过错责任原则主要适用于各种环境污染行为，如大气污染、水污染、噪声污染等。①

无过错责任为主、公平责任为辅说认为，公平责任作为一项归责原则，②其适用范围不仅不限于法律规定的情况，而且可以作为一项确定责任范围的普通原则而普遍适用。从主观方面来说，其主要适用于当事人没有过错的情况，即指加害人和受害人对损害的发生均无过错，而环境污染侵权行为的构成要件显然不包括主观过错，这就排除了过错责任的适用性。从客观效果来说，在环境污染侵权领域，若仅以有损害后果以及其和污染行为之间有因果关系，不论其排污行为是否合法而笼统适用严格责任原则，往往对一方或双方当事人极为不利，也体现不出法律的平等和公平。因此公平责任介入其中，对那一部分不具有违法性的环境污染侵权行为进行规制，就可以有效地弥补严格责任原则在保护上的单方性和惩罚上的绝对性之不足，使两者能够在该体系中实现互补与协调统一。③

无过错责任为主，公平责任、风险责任、过错责任为辅说认为，基于环境侵权的特殊性，过错责任原则无法担当调整环境侵权责任的重任，而无过错责任原则的优越性自不待言。环境侵权的归责原则必须由无过错责任原则替代过错责任，但这并不表明无过错责任原则能够完全适应变化多

---

① 金瑞林．环境法学 [M]．北京：北京大学出版社，1999：350；周珂．环境与资源法学 [M]．北京：法律出版社，2009：105–107.

② 需要指出的是，"公平责任原则"这一术语源自1986年《民法通则》第132条的规定："当事人对造成损害都没有过错的，可以根据实际情况，由当事人分担民事责任。"该原则被视为与过错责任原则、无过错责任原则并列的一种归责原则。2009年颁布的《侵权责任法》第24条规定"受害人和行为人对损害的发生都没有过错的，可以根据实际情况，由双方分担损失。"根据此条规定，双方公平分担的不是"责任"，而是"损失"，此条文便通常被称为"公平分担损失规则"，而非"公平责任原则"。

③ 苗延波．论环境污染侵权责任的归责原则及其具体类型 [J]．甘肃政法学院学报，2006（11）.

端的环境侵权类型，基于环境侵权类型的多样性和复杂性，环境侵权的归责原则必须建立起以无过错责任为主，"公平责任""风险责任""过错责任"为辅的结构体系，方能适应现实生活需要。[①] 该说重视到了环境侵权的复杂性，这对环境侵权归责原则的研究具有非常重要的意义。

另有学者将污染侵权区分为实质型污染侵权与拟制型污染侵权，并认为对实质型污染侵权适用无过错责任原则，对拟制型污染侵权适用过错（推定）责任与公平责任原则。[②]

二、环境侵权的多样性决定了其归责原则的多样性

尽管国内环境法学者多数认为环境民事责任的归责原则为无过错责任原则，并认为这是环境法发展的国际趋势。然而上述讨论已足以表明，至少在当下，统一的无过错原则既未为理论界所普遍接受，也未能令人信服地体现在相关立法中，在实践中，无过错责任原则也并非完全有利于受害人的利益保护。实际上，环境侵权是一个非常广阔的领域，其所涉范围之广，各种具体情况之多样，任何一种归责原则都不能单独胜任统御环境侵权责任全局的大任，因此笔者认为在环境侵权责任中，并无统一的归责原则。在这个广泛的领域之内，存在着各种归责原则适用的空间。从这个意义上，上述"综合责任说"与环境侵权的复杂现实更相符合。当然，综合责任说中，各具体学说又存在较大差异。笔者对上述各综合责任说并不完全赞同，因为在环境侵权领域中，各归责原则相互之间并不存在主、辅关系；另外，将环境侵权分为环境破坏和环境污染，对环境破坏适用过错责任原则，对环境污染适用无过错责任原则的观点，虽然比大一统的归责原则观有所进步，然而无论是环境破坏还是环境污染，它们本身内部也存在复杂性和多样性，这种二分法的方式仍然显得过于简单和大而化之。

笔者认为，环境侵权领域中广泛适用到各种不同类型的归责原则，任何一种归责原则都有其适用范围，而且各归责原则相互之间呈分散状态，并不存在有机的联系。环境侵权领域中归责原则的多样性，取决于环境侵权

① 宋宗宇，孙红梅，刘树利.环境侵权的归责原则 [J].河北法学，2005（5）.
② 张宝.环境侵权的解释论 [M].北京：中国政法大学出版社，2015：129-140.

的多样性。对环境侵权的多样性，可从以下几个方面得以管窥。

第一，环境类型的多样性。《环境保护法》第1条区分了"生活环境"和"生态环境"，①第2条区分了"自然环境"和"人为环境"。有学者从其它角度对其做进一步划分。认为按照环境范围的大小，可以把环境分为居室环境、车间环境、村镇环境、城市环境、区域环境、全球环境和宇宙环境等。按照环境的不同要素，可以把环境分为大气环境、水环境、土壤环境、生物环境、地质环境等。②有学者把法律上的环境分为"自然环境"和"人文社会环境"，前者指自然生态、环境媒介、资源、气候、地形景观、其他值得保护之物与资产，以及彼此间之交互关联性整体。后者是由人类所创设，且经时代演变，已与人类生存环境相互结合之生活空间与物。③我国《侵权责任法》第8章"环境污染责任"并未考虑到生态环境与生活环境的区分，但在其后的最高人民法院《关于审理环境侵权责任纠纷案件适用法律若干问题的解释》中，已经隐然有了区分不同类型的"环境"适用不同类型的归责原则的思路。该解释第18条规定："本解释适用于审理因污染环境、破坏生态造成损害的民事案件，但法律和司法解释对环境民事公益诉讼案件另有规定的除外。相邻污染侵害纠纷、劳动者在职业活动中因受污染损害发生的纠纷，不适用本解释"。在2018年12月提交全国人大常委会审议的民法典各分编草案中，更是明确区分了生活环境和生态环境。该草案第六编"侵权责任"第7章的标题即为"生态环境损害责任"，其第1004条规定："损害生态环境的，侵权人应当承担侵权责任。"④其立法指导思想与条文表述均大不同于我国现行《侵权责任法》第7章。该草案合同法部分第720条第1款规定："物业服务合同是物业服务人在物业服务区域内，为业主持续提供建筑物及其附属设施的维修养护、环境卫生和相

---

① 我国现行《宪法》第26条也做出了这样的区分，该条规定"国家保护和改善生活环境和生态环境，防治污染和其他公害"。

② 金瑞林.环境法学 [M].北京：北京大学出版社,2007:2.

③ 陈慈阳.环境法总论 [M].北京：中国政法大学出版社,2003:11.

④ 根据该草案，无过错责任原则只针对生态环境侵权，对生活环境的侵害采取何种归责原则，草案未明确规定。依解释，若法律无特别规定，当采侵权法一般条款中的归责原则即一般过错责任原则。

关秩序的维护等物业服务，业主支付报酬的合同。"该条中的"环境"当为生活环境。

第二，侵害物质的多样性。能够对环境构成污染的物质被称为"污染物"。我国《环境保护法》（2014年修订）第42条列举的污染物种类包括废气、废水、废渣、粉尘、恶臭气体、放射性物质以及噪声、振动、电磁波辐射等；[①]《物权法》第90条列举的污染物种类包括固体废物、大气污染物、水污染物、噪声、光、电磁波辐射等。除上述列举之外，在理论上另有多种对污染物的分类方法。如按污染物的来源可分为自然来源的污染物和人为来源的污染物，有些污染物（如二氧化硫）既有自然来源的又有人为来源的。按受污染物影响的环境要素可分为大气污染物、水体污染物、土壤污染物等。按污染物的形态可分为气体污染物、液体污染物和固体废物。按污染物的性质可分为化学污染物、物理污染物和生物污染物；化学污染物又可分为无机污染物和有机污染物；物理污染物又可分为噪声、微波辐射、放射性污染物等；生物污染物又可分为病原体、变应原污染物等。按污染物在环境中物理、化学性状的变化可分为一次污染物和二次污染物。此外，为了强调污染物对人体的某些有害作用，还可划分出致畸物、致突变物和致癌物、可吸入的颗粒物以及恶臭物质等。上述物质对环境的污染方式、损害程度、损害后果等均有所不同。

第三，侵害主体的多样性。在主体类型上，侵害环境的主体，既可能是经营性的主体如工业企业，也可能是非经营性的主体如自然人住户。在数量上，既可能是单独侵害，也可能是共同侵害。在相互关系上，有的侵害主体与受害主体处于实质平等的社会地位，有的处于实质不平等的社会地位。

第四，侵害行为的多样性。有些环境侵害行为出于故意或过失，例如，很多企业明知其排污超标，仍然大量排污；有的出于非故意或过失，

[①]　修订后的《环境保护法》（2014年）第42条规定："排放污染物的企业事业单位和其他生产经营者，应当采取措施，防治在生产建设或者其他活动中产生的废气、废水、废渣、医疗废物、粉尘、恶臭气体、放射性物质以及噪声、振动、光辐射、电磁辐射等对环境的污染和危害。"与修订前的《环境保护法》（1989年）第24条相比，该条所列污染物的种类增加了医疗废物、光辐射两种，并改"电磁波辐射"为"电磁辐射"。

如企业非超标排污。有的环境侵害行为在带给他人损害时，又带来极大的社会价值；有的环境侵害行为在带给他人损害时，其社会价值并不高。有的环境侵害行为，其侵害程度可以有效的控制，有的不可以控制或者如果控制，将会花费不合理数量的社会成本。

第五，侵害后果和侵害程度的多样性。有的环境侵害，其后果严重，有的后果轻微。有的需长期观察始能发现损害，有的损害具有即时可见性。有的具有潜伏性、长期性如化工污染，辐射污染；有的具有表面性，即时性，如光污染、噪声污染。有的导致人身体受伤害，有的导致财产受损害。有的侵害可为人感官所感知，如噪声、强光、臭气等，有的侵害不能为人的感官所感知，如甲醛，辐射等。

第六，受害主体的多样性。受害主体有时为单个主体，如楼上住户夜间跳踢踏舞；有时为多个主体。有时为特定的多个主体，如某工厂排放噪声损及与其相邻的住宅小区；有时为不特定的多个主体，如向河流湖泊等水域中超额排放工业污水。有时受害主体无可避免地受到侵害，有时受害主体本来可以避免受到侵害（如自找妨害）。

第七，受害主体救济需求的多样性。针对不同的侵害行为和受害类型，受害主体可能会提出不同的受害要求。例如，对某些不可逆的损害，当事人可能更多的会选择赔偿损失；对于噪声、强光、震动、臭气等侵害，对当事人意义更为重大的救济方式则是排除侵害。

以上七项列举仅仅是环境侵权多样性非常微小的一部分，现实生活中的环境侵权，远比这更加复杂多样。"复杂多样"就意味着，如果采用统一的归责原则，将会漠视各种具体的环境侵权之间的差异。各种环境侵权之间到底有多大程度的共性，多大程度的差异性，有待于进一步的、更为细致的类型化研究。事实上，环境侵权的多样性已为人所共知，然而在处理态度上，更多人却更愿意采取消极回避的态度，以简单化的方式来对待这一极其复杂的问题。

环境侵权的复杂多样，不得不使我们重新思考下述问题：第一，是否所有可归入"环境侵权"者，均属特殊侵权，并进而适用特殊的归责原则？第二，是否无过错责任原则在所有环境侵权的情况下都最有利于受害人利益的保护和社会整体利益的增进？第三，是否所有情形下的环境侵权都应当得到救济？若严格按照《侵权责任法》第65条的字面意义，对上述问题的回答都是肯定的。然而现实生活却是，至少在相邻不动产权人之间，如果造成轻微环境侵害，当事人负有一定容忍义务。例如《德国环境赔偿责任法》第1条规定：因环境侵害而致人死亡，侵害其身体或者健康，或者使一个物发生毁损的，以此项环境侵害是由附件一中所列举的设备引起的为限，对于由此发生的损害，设备的持有人负有向受害人给付赔偿的义务。按此条规定，损害的程度达到了"致人死亡""侵害其身体或健康""或使一个物发生毁损"的程度，并且这些侵害是由某些特定的设备造成的，侵权人才负无过错责任。若污染物的排放仅仅是在一定程度上干扰了其安宁，对其身体或健康未带来明显不利的影响，则受害人应对此容忍。这便对上述第三个问题做出了否定性回答。在很多情况之下，无过错责任原则会使行为人的自由受到过多的限制，并不利于社会的发展，许多发达国家是通过扩大对违法性的解释，将违法性从主观向客观方面发展以扩张过错责任的适用范围，而收到良好的社会整体效果。[①]这便对上述第二个问题做出了否定性回答。另外，关于无过错责任的几个学说中的"没有"过错说，对上述第一个问题做出了否定的回答。

我国某些立法已体现了重视环境侵权要素的类型化问题。《水污染法防治法》《大气污染防治法》《噪声污染防治法》《放射性污染防治法》等分别针对不同的污染物立法，在宏观上展现了立法上对环境侵权类型化的关注。在微观上，我国立法在某些条文中已经隐含着对环境侵权复杂性的关注，并基于这种关注，在某些条文中对环境侵权中的某些要素做出了类型化的处理。但很多学者并未重视到这些细节。例如，在责任形式（救济手段）上，我国《环境保护法》（修订前）第41条第1款明确指明，无过错责任原则所适用的责任形式是"排除危害""赔偿损失"这两种。其中

[①] 胡丹缨. 环境侵权民事责任归责原则研究 [J]. 中山大学学报（社会科学版），2005(2). 该文指出，环境侵权民事责任的归责原则为单一的无过错责任原则这一观点，并不符合侵权法的内在要求和环境侵权的司法实践。从侵权法的理论和世界各国的立法、判例和学说来看，在环境侵权领域应是同时适用无过错责任原则和过错责任原则。

排除危害，在当时的《民法通则》和《侵权责任法》中未有与之完全相对应的责任形式，它大致相当于《民法通则》第134条和《侵权责任法》第15条中所规定的"停止侵害、排除妨碍、消除危险、恢复原状"的综合体。与《环境保护法》相比，《侵权责任法》第65条只笼统地规定"应当承担侵权责任"或"应当承担民事责任"，而未明确指明应承担何种形式的侵权责任或民事责任。由于民事责任承担方式类型众多，是否一旦污染环境导致损害，就可以不问过错而要求其承担各种可能的民事责任类型呢？对此，我国法律有必要进一步做出明确的区分。

三、非常态下的相邻不可量物排放——两种归责原则均有适用空间

依目前的主流理论，非常态下的相邻不可量物排放有害于他人，由此所产生的责任可被纳入环境侵权责任范畴。由此可能得出的推论是：因为环境侵权责任为适用无过错归责原则的民事责任，非常态下的相邻不可量物排放侵权属环境侵权，因此因非常态的相邻不可量物排放所致责任即为无过错责任。从立法角度上看，如果严格按照《物权法》第90条和《侵权责任法》第65条，相邻不可量物排放侵权也属于无过错责任，由此导致的推论是：第一，受干扰人对相邻不可量物的排放所致损害，无分轻重，均不负容忍义务；第二，对排放人的身份无分家庭住户还是工商业经营者；对所排放的不可量物，无分其类型差别一体对待。然而现实生活告诉我们，邻人是家庭住户还是工商业经营者；其所排放的是生活不可量物，还是生产不可量物；其排放与侵害同时发生（如噪声、强光）的不可量物，还是其排放与损害并非同时发生，而是具有长期潜伏特征的不可量物；如此种种，它们相互之间存在巨大的差别。邻居养猪、养鸽子或其他动物或积肥所产生的臭气、日常噪音，虽给人带来不适，但不会对人的生命健康带来重大的影响。但如果邻居排放的是毒气，所影响的是人的生命健康安全，对这二者便显然不能适用同样的标准。对于后者，甚至还有适用高度危险责任规则的可能性。因此，上文中提到的环境侵权的复杂性在相邻不可量物侵害中也广泛存在，这些复杂的因素和现实的生活提醒我们，即使

是在相邻不可量物排放侵害这一环境侵权领域中非常微小的子领域中，任何一刀切式的处理均难以合理的应对各种复杂的情况。因此我们有必要进一步深入思考，相邻不可量物排放侵害是不是完全可被归入到环境侵权领域之中。

已有学者注意到了上述困境。王利明教授曾意识到相邻不可量物侵害与通常所称的环境侵权之间的区别，因为他把这两类侵害作为不同的侵权类型。他认为，侵权法应当对市场经济发展带来的一些新的纠纷提供解决方案。这些新的纠纷之一，即涉及环境污染方面的侵权。他说："环境污染不能简单地等同于民法上的侵权行为，因为排放污染物常常不是导致某个人或某几个人受害，不属于'私害'，而常常表现为对公众的损害，就是所谓的'公害'。……我国也应对环境污染的民事责任引起高度重视。"[1] 同时，他又指出，"侵权法适应社会生活发展的需要，应当规定滥用权利、妨碍邻居等涉及社会生活的一些新的侵权形式。"[2] 总结起来，王利明教授关于二者的关系的观点是：第一，环境侵权与妨碍邻居属于不同的侵权类型；第二，对环境侵权与妨碍邻居均应作为特殊侵权行为，对其构成要件和抗辩事由分别加以规定。陈华彬教授也很早就注意到了相邻不可量物侵害的独立性（他称其为"近邻妨害"），他认为相邻不可量物侵害既独立于一般的相邻关系，也独立于环境污染侵害。如果将近邻妨害责任作为所有权的物上请求权加以构成，责任形式仅限于妨害防止与预防，而不得要求金钱赔偿。如果把相邻不可量物侵害视为环境污染侵害，对二者不予区别，其结果将使很多不可量物侵害中的受害人得不到保护。因为依反面解释和依司法现状，对不可量物排放未超标所造成的邻人侵害，如低分贝但经久持续的噪音，受害人无法依环保法得到救济。[3] 屈茂辉教授也认为相邻不可量物侵害（他称之为"有害物质的侵害"）与环境污染侵权之间存在区别。他认为虽然有害物质侵害属于环境污染的一种形式，但二者仍然在救

---

① 王利明 . 我国民法典重大疑难问题之研究 [M]. 北京：法律出版社 ,2006:585.

② 王利明 . 我国民法典重大疑难问题之研究 [M]. 北京：法律出版社 ,2006:585–586.

③ 陈华彬 . 法国近邻妨害问题研究——兼论中国的近邻妨害制度及其完善 [M]// 梁慧星 . 民商法论丛：第5卷 . 北京：法律出版社，1996:351.

济请求权的依据、举证责任的分配等方面存在差异。①彭诚信教授区别了不可称量物质侵害与环境污染的不同之处，认为对不可称量物质排放所带来的损害，既可以基于环境权、人格权请求救济，也可基于相邻权请求救济。②陈华彬教授指出了他所称的"近邻妨害"与环境污染的区别。概括起来，包括六点。第一，外延不同，环境污染外延比近邻妨害外延广的多。第二，主体间是否具有可置换性不同。近邻妨害中，各主体间具有平等性和可置换性。而环境污染侵害中，加害主体通常为实际力量更强大的工业企业，其与受害人之间不具有实际上的平等性和地位上的可置换性。第三，在发生侵害的基础上，近邻妨害以相邻为基础，环境污染不以相邻为基础。第四，在危害范围上，环境污染危害范围更广，近邻妨害危害范围较窄。第五，环境污染中，加害主体的排放行为通常具有适法性，近邻妨害行为一般不具有适法性。第六，在适用法域上，环境污染主要受公法规制，近邻妨害主要受私法规制。③然而，随着《物权法》和《侵权责任法》的出台，我们发现陈华彬教授所提到的那些区分，不仅仅没有得到立法上的肯定，反而更进一步把相邻不可量物排放侵害或者他所称的"近邻妨害"与环境污染侵害相融合。而且这种融合是以环境侵权吸收相邻不可量物排放侵害（"近邻妨害"）的方式来实现的。通过这种吸收，陈华彬教授指出的那些相邻不可量物侵害的诸多特性如物理位置上的相邻近、当事人地位的可置换性等被大一统的环境侵权所掩盖了。这可从《物权法》第90条和《侵权责任法》第8章的规定中清楚地看到。

即使我们承认以环境侵权吸收相邻不可量物侵害或近邻妨害具有某种程度上的合理性，那也并不意味着无过错责任原则统一适用于环境侵权具

① 杨震.物权法[M].北京：中国人民大学出版社,2009:134.该书"相邻关系"一章为屈茂辉教授撰写。
② 彭诚信.不可称量物质的近邻妨害问题研究[J].法制与社会发展,2005(5).
③ 陈华彬.法国近邻妨害问题研究——兼论中国的近邻妨害制度及其完善[M]//梁慧星.民商法论丛：第5卷.北京：法律出版社,1996:355–356.在另一篇文章中，陈华彬教授主张，我国应规定不可量物侵害制度。其适用范围为：一般生活活动所生的不可量物侵害及无庸经许可而从事营业活动所生之不可量物侵害。参见陈华彬.德国相邻关系制度研究——以不可量物侵害制度为中心[M]//梁慧星.民商法论丛：第4卷.北京：法律出版社,1996:326.

有同样的合理性。在整个环境侵权法领域，归责原则的问题并不会因为吸收了相邻不可量物侵害这一领域而变得更加复杂。

事实上，对复杂社会生活进行类型化的工作是立法活动的重要基础。"立法过程与人类对其他事物的认知具有类似的运作机制，分类就是这一过程的关键和核心步骤"。[①] 然而在环境法领域中，对某些重要概念以及重要的社会现象的类型化工作仍然欠缺。在民法领域，《侵权责任法》第1条规定了其保护的对象为民事主体的合法"权益"，针对"权益"中所包含的"权"即权利和"益"即法益，诞生了众多的讨论成果。《侵权责任法》第2条所列举的诸项具体的受侵权责任法保护的民事权利，如生命权、健康权、姓名权、名誉权、荣誉权、肖像权、隐私权、婚姻自主权、监护权、所有权、用益物权、担保物权、著作权、专利权、商标专用权、发现权、股权、继承权等，对其中的每一项具体权利的学术研讨，其相关的论文和专著何止是汗牛充栋。当我们认为非常态下的相邻不可量物排放将适用到环境法从而向环境法寻求问题的处理规则时，我们所发现的却是"草色遥看近却无"的窘境。环境法对相邻不可量物的非常态排放，与民法相关规则一样的粗疏，而且更有过之而无不及。至少，在民法理论研究领域，如上所列，对各项基本的概念具有较为深入的研究，这些研究很重要的一个方面体现在类型化上。然而在环境法领域中，很多最基本但可能却极其重要的概念被忽略了，其中一个重要的表现就是对"生活环境"和"生态环境"概念的忽略。我国《宪法》第26条、《环境保护法》第1条、《环境噪声污染防治法》第1条、[②]《大气污染防治法》第1条，[③] 均明确做出了"生活环境"和"生态环境"的区分。从法律层级上看，这几个法律文件既有根本法，也有基本法，均处于很高的立法层级。一般而言，处于如此高层级的法律文本，其中的概念、类型化思路均可能建立在深厚的理论研

---

① 魏治勋. 禁止性法律规范的概念 [M]. 济南：山东人民出版社，2008:400.

② 该条规定："为防治环境噪声污染，保护和改善生活环境，保障人体健康，促进经济和社会发展，制定本法。"该条明确表明，其所以保护和改善的对象是"生活环境"，不包括"生态环境"。

③ 该条规定："为防治大气污染，保护和改善生活环境和生态环境，保障人体健康，促进经济和社会的可持续发展，制定本法。"

究基础之上，并启发更为深入的理论研究。然而我们不得而知的是，在上述几个立法文件中均被强调的生活环境和生态环境，似乎被理论研究所忽略了。一般的著作、教材基本上只是在讲到"环境"的概念和分类时才以寥寥数语提及二者。例如，有著作提到"生活环境的保护和改善意在提高人民生活的质量"；"生态环境的保护和改善，注重的是对自然环境的合理利用和可持续性利"。①另有著作提到"按照环境对人类生存的意义，可分为生活环境和生态环境，这是我国宪法规定的环境分类方法，这对于环境资源保护的权利和职能设置具有重要意义"②。还有学者这样来界定生活环境与生态环境，"生活环境是指与人类生活密切关系的各种天然的和经过人工改造过的自然因素，如房屋周围的空气、河流、水塘、花草树木、风景名胜、城镇、乡村等。生态环境则是指影响生态系统发展的各种生态因素，即环境条件，是气候条件、土壤条件、生物条件、地理条件、人为条件等的综合体"③。但对这种环境类型区分在法律上的意义，目前少有关注，与此相关的期刊论文为数不多。

实际上，这种对环境类型化的方式非常值得理论深究，但限于讨论范围，此处只拟讨论其中的"生活环境"。"生活环境"四字中，"生活"为一大词，"环境"也为一大词，二者组成词组，其含义也广泛丰富，在日常用语中经常被赋予多种文化和精神色彩。但在环境法层面，笔者认为生活环境强调的是那些与人的日常生活密切相关，对其破坏将会直接影响人的正常、舒适、健康、安全的生活的那部分环境。对生态环境的破坏可能也会给人带来影响，但在很多时候这种侵害未必具有直接性，而具有间接性、渐进性、长期性、广泛性。相邻不可量物排放所侵害的，主要是生活环境，而非生态环境。

如果把上述生活环境作进一步的区分，可以发现，其中某些部分与人的根本利益或者生存利益更加密切相关；有些部分无关人的生死存亡，而

---

① 回沪明，孙秀君 . 环境保护法及配套规定新释新解 [M]. 北京：人民法院出版社 ,2003:2.

② 周珂 . 环境法 [M]. 北京：中国人民大学出版社科 ,2008:4.

③ 陈泉生，等 . 环境法学基本理论 [M]. 北京：中国环境科学出版社 ,2004:5；陈泉生 . 论环境的定义 [J]. 法学杂志 ,2001(2).

只关乎人的安定舒适。对前一部分，可名之为生存环境，对后一部分，可名之为日常生活环境。或者说，根据对人的环境利益侵害程度不同可以区分为对日常生活环境利益的侵害和对生存利益的侵害。非常态下的相邻不可量物排放在更多时候表现为对日常生活利益的侵害，上文提到的王利明教授关于把"妨害邻居"作为一种独立的侵权类型的构想，其妨害的利益亦应为此处所称的"日常生活利益"而非生存利益。

日常生活环境和生存环境各自所包含的法益即"日常生活利益"（安宁舒适，也有学者名之为"安宁权"或"安居权"）与"生存利益"，并不相同，对二者的侵害也在多个层面展现出差异性。可将二者作简要比较如表9：

表9　侵害日常生活环境与侵害生存环境之比较

	对日常生活环境的侵害	对生存环境的侵害
侵害程度	侵害程度较轻	侵害程度深重
与侵害人关系	双方多处于相邻关系中	不以相邻为必要
侵害对象	侵害生活安宁舒适的利益	侵害生命、健康、财产安全
可感知程度	易为人的感官所感知	既有易感知者又有不易感知者
侵害是否可恢复	可恢复性强	有的可恢复性强，有的可恢复性弱
受害主体范围	常为单个或小范围多数（私害）	常为不特定范围多数（公害）
救济手段	以停止侵害为核心	以损害赔偿为核心
与公、私法的联系	与私法联系更紧密	与公法联系更紧密

如果对侵害生活环境的不可量物做进一步的区分，通过经验观察可以将其划分为以下两种类型。一种类型是生活不可量物的排放，日常生活中经常见到的基于养殖动物发出臭气（如养猪、养狐狸），邻居空调外机声音过响，油烟直接排入他人住户等，均属此类。生活不可量物排放的主体，主要是家庭住户，或其他小规模的非工业经营业者，如饭店、卡拉OK厅等。另一种类型是工商经营不可量物的排放，如各种工厂在生产加工时所为的排放，环境法上所谓"公害"大都由此种类型的排放所导致。二者之间的最大区别，除了产生主体的不同之外，更重要的表现为：生活

不可量物一般控制成本低且危害程度较轻，大多不会侵害到生存环境和生态环境；而控制成本高且对人类危害程度较重，经常会侵害到生存环境和生态环境的不可量物，均存在于工商经营不可量物中。前文提及，我国既有立法中在某些方面隐含着对不可量物类型化的思路。例如，在《噪声污染防治法》中便有"生活噪声""工业、建筑施工、交通运输噪声"等概念。但这些立法上的区分仅仅针对某些具体的不可量物类型，如噪声、光等，未形成更高层次的抽象。对生活不可量物和工商经营不可量物之间的区别如表10。

表 10　生活不可量物与工商经营不可量物的区别

	生活不可量物	工商经营不可量物
对人类危害程度	低	有的低，有的高
排放标准	多无统一标准	多具有统一标准
可感知程度	易为人的感官所感知	既有易感知者又有不易感知者
可控制程度	易控制，且控制成本低	控制成本高
产生主体	一般居民	工商业经营者
侵害环境类型	日常生活环境	日常生活环境或生存环境

如果把上述关于不可量物的分类和关于对生活环境的分类加以交叉组合，我们将会得到以下几组可能的情况：

a. 生活不可量物排放 + 侵害日常生活环境；

b. 生活不可量物排放 + 侵害生存环境；

c. 工商经营不可量物 + 侵害日常生活环境；

d. 工商经营不可量物 + 侵害生存环境。

其中情况 a 最常发生于一般的住户和住户之间，因小区"居改非"而产生的经营性侵害也比较多，如一楼住房改为饭店经营，所产生的油烟、各种生活噪声等。情况 b 极其少见。情况 c 多发生于工商业经营者尤其是工业企业与居民住户之间，前述杨寒秋案即属此类。情况 d 在很多情况下是情况 c 的升级，即工商经营不可量物既侵害了日常生活环境，也侵害了生存环境。

无过错责任在很多学者那里被称为危险责任。有学者认为，严格责任、无过错责任、危险责任，三者之间常可通用。但三者中，无论严格责任还是无过错责任都没有解释出真正的归责事由，而危险责任就很明确的表明归责事由在于"危险"。① 在历史起源上，其功能也是在于解决因工业化的飞速发展而对人类生命和财产带来严重的危害这一社会问题。对很多此类侵权事故，如果继续实行过错责任原则，将会使受害人承担巨大的举证责任，而且很多时候因为举证不能而不能获得救济。1838年《普鲁士帝国铁路法》第25条针对火车事故首先规定了无过错责任原则，19世纪末20世纪初，美国、法国等西方发达国家相继以特别立法或判例的方式承认了这一原则。因此，从这一归责原则目的上看，其所针对案件常常发生于事故而非日常，高危而非安全，难以举证而非易于举证，损害重大而非损害轻微。与无过错责任原则不同，过错责任原则适用范围更广，且以加害人存在过错为责任构成的必要条件。其中"过错"的认定，逐渐从主观标准扩展到客观标准。有学者把二种不同的归责原则的差异总结为如下几个方面：第一，无过错责任以行为与损害结果之间的因果关系为决定责任的基本要件，过错责任原则以过错为决定责任成立的基本要件；第二，无过错责任原则的立法思想并非制裁反社会性行为，而是分担不幸损失。过错责任的立法思想在于对加害人的非难；第三，无过错责任原则的适用范围依赖法律的特别规定，过错责任原则的适用范围无须法律特别规定；第四，在适用无过错责任原则时，受害人无须举证证明行为人主观上存在过错，行为人也无法通过证明自己没有过错而免责，免责条件由法律严格规定。在适用过错责任原则时，行为人可以通过举证证明自己没有过错而免责；第五，与无错责任原则不同，无过错责任原则一般都设有最高赔偿的限额。②

以此来检视前述a、b、c、d四种情况。对于情况a，举证较易，当事人过错较易认定，不存在重大危险，因此应适用过错责任原则。对于情况

---

① 程啸.侵权责任法总论[M].北京：中国人民大学出版社,2007:121.

② 张新宝.侵权责任法原理[M].北京：中国人民大学出版社,2005:37；马俊驹,余延满.民法原论[M].北京：法律出版社,2007:994.

b，极为少见，即使存在，也可通过过错责任原则来处理。对于情况 c，由于所侵害利益并非重大利益，不具有危险性，而且现实中也很容易获取证明对方存在过错的证据，因此仍应适用过错责任原则。对于情况 d，由于所侵害利益重大，而且现实中确存在举证困难的情况，因此无过错责任原则主要适用于该情况中，但这也并不是说在这一情况下，均适用无过错责任原则。通过此种分析可得出这样的结论：无过错责任原则仅部分的适用于上述情况 d 中，其他三种情况下仍然适用过错责任原则。

不可否认，这种简要的类型化方式及其推理后果仍然忽略了很多应予考虑的因素，例如，具体不可量物的不同，针对不同方式的侵害所欲求的救济手段的不同，不可量物排放所处地理位置的不同，排放时间段及长短的不同，等等。上述类型化分析以及由此得出的推论，当然是粗糙的，它只是笔者在环境侵权领域进行类型化分析以用于解释和解决相邻不可量物排放侵权的归责原则问题所做出的一种初步尝试。值得注意的是，我国已有少数学者意识到了对环境侵权统一适用无过错责任的不合理性以及对环境侵权展开类型化研究的重要性。例如，有学者基于上述意识，把环境污染侵权划分为突发性环境污染和渐进性环境污染，并分别讨论了两种情况之下的侵权归责原则。① 也有学者从其他角度对之做出类型化研究。② 但整体而言，对环境侵权类型化及其法律意义的研究，仍然处于起步阶段。

考夫曼曾指出，法律规范的目的在于使相同事物得到相同处理，他把其中的"相同"解释为"相类似"，即对相类似的事物做相同的处理。③ 通过上述类型化分析，我们发现即使是在环境侵权中非常小的领域，即"相邻""不可量物"侵权这一领域，④ 也存在着大量的"不相类似"性，因此

---

① 刘长兴. 环境污染侵权的类型化及责任规则探析 [J]. 宁夏大学学报（人文社会科学版）,2010.

② 陈开梓. 环境侵权类型化探析 [J]. 行政与法 ,2008(5). 童光法. 环境侵害的归责原则 [J]. 东方法学 ,2015(3). 刘先辉."环境侵权"法律术语及其归责原则分析——杜增申与中铁二十局等环境噪声污染侵权案评释 [J]. 江苏大学学报（社会科学版）,2016(3).

③ [德] 亚图 . 考夫曼 . 类推与事物本质 [M]. 吴从周 ,译 . 台北：学林文化事业有限公司出版 ,1999:25.

④ "相邻"和"不可量物"这两个限制语使得它的范围与整个环境侵权这一大范围相比，非常的小。

对如此庞大的环境侵权领域均适用统一的"无过错责任"这一归责原则，便包含着巨大的不合理性。

　　考察其他发达诸国，会发现这样的事实，尽管它们在环境侵权领域确实确立了无过错责任原则，但这一原则并未取得统一的地位。更具体而言，它们兼采过错责任原则和无过错责任原则。与上述类型化思维相似，德国法对于环境侵害区分为两类：（1）由人们的日常活动或者企业无需政府许可的营业活动所引起的环境侵害，这被称为一般性的环境侵害；（2）经政府许可的营业活动，也即企业的产业活动所引起的环境侵害，这被称为特殊类型的环境侵害。对此，德国环境侵权方面的法律主要涉及两个层面。（1）《德国民法典》第906条解决的是常态下的排放（第906条第1款）和部分非常态排放（第906条第2款）的情形。针对常态下的排放（以不超过容忍限度为准，容忍限度的判断综合各种因素来确定，这些因素如国家标准、当地人通行的一般观念等），邻人负有容忍义务。《德国民法典》第906条第2款所针对的非常态排放，同时具备几个条件。第一，排放已超过容忍限度，构成重大妨害；第二，排放基于当地通常的使用而引起；第三，不能采取经济合理的措施阻止排放；第四，该侵害妨害了邻人对其土地做当地通常的使用或降低其土地收益。该款给出的处理方式是：第一，对该种排放行为本身，其邻人应予容忍，不享有停止排放请求权；第二，对该种排放行为所造成的经济利益的损失，其邻人有补偿请求权。该款未明确规定的情形是：如果排放已超过容忍限度，构成重大妨害，但不具备上述第三个条件。对这一情形，可适用《德国民法典》第823条、条826条、条1004条第1款。第823条为侵权行为的一般条款，第826条规定的是违反善风俗的故意侵害，第1004条第1款规定的是当所有权被以侵夺或扣留占有以外的方式侵害时，所有权所享有的除去妨害请求权。上述条文中所包含的归责原则，均为过错责任原则。（2）涉及环境侵权的专门性法律，如《联邦环境污染防治法》《环境赔偿责任法》等，主要解决特殊类型的环境侵权问题。德国将其纳入危险责任，在民法典之外通过特别法加以规范。前文已述，按德国《环境赔偿责任法》第1条规定，即使是针对特殊类型的环境侵权，无过错责任原则也仅仅在非常有限的范围之内适用。

在本书第一章中我们曾提到，美国侵权法上，针对私人侵扰，甚至把"故意"作为认定侵权的要件之一。在美国的私人侵扰制度中，过错责任原则为其一般原则。在英国，侵权法按照责任基础划分为故意侵权、过失侵权和严格责任三种，而私人妨害侵权的责任基础，既有基于故意的，也有基于过失的，甚至还有基于严格责任的，并无统一的归责原则。[①] 在丹麦《环境损害赔偿法》中，仅就营利及公共作业中的环境污染规定了严格责任，其他主体进行的不可量物侵害则适用过错责任。[②] 在法国，《法国民法典》第1382条和1383条关于侵权行为的规定，即"任何行为使他人受损害时，因自己的过失而致行为发生之人对该他人负赔偿的责任"和"任何人不仅对其行为所致的损害，而且为其过失或懈怠所致的损害，负赔偿的责任"，是环境侵权损害赔偿的一般性法律依据，实行过失责任原则，受害人须对加害人的过失负举证责任。[③] 同时，法国以特别立法形式确立了特殊活动所生环境污染损害的危险责任，即客观责任、无过失责任。如其《民用航空法》第L142-2条规定：航空公司对因飞机噪声造成的地面上人身、财产的损害应负无过失赔偿责任，且无法定最高赔偿限额的规定；另外，《核损害赔偿法》和经法国批准的海上油污民事责任公约也都实行无过失责任原则。[④] 在日本，针对救济手段和致害污染物的不同各采取不同归责原则。其污染防治立法仅对部分公害致人体健康损害规定实行无过失责任，而对公害致财产损害者则实行无过错责任。其主要背景在于20世纪60年代日本先后发生的四大公害事件诉讼案，其共同特点就是均以人体生命与健康损害为侵害结局。因此日本政府在公害赔偿责任立法问题上采取了仅以人身伤害实行无过失责任的做法，其目的之一是向国民表示政府重视国民生命健康权利的保护，其二是迎合企业不愿在无过失责任的条件下承担巨额财产赔偿责任的心态。[⑤] 另外，无过错责任的适用，并非适用于全部公害，

①　李旭彬．论英国侵权法中的私人妨害制度 [M]// 王军．侵权行为法比较研究 [M]．北京：法律出版社,2006:652.

②　[日] 原田尚彦．环境法 [M]．于敏，译．北京：法律出版社，1999:21.

③　王明远．法国环境侵权救济法研究 [J]．清华大学学报（哲学社会科学版）,2000(1).

④　王明远．法国环境侵权救济法研究 [J]．清华大学学报（哲学社会科学版）,2000(1).

⑤　汪劲．环境法学 [M]．北京：北京大学出版社,2006:566.

而仅适用于《矿业法》（1939年）、《关于水洗炭业的法律》（1958年）、《关于原子能损害赔偿的法律》（1961年）、《油渍损害赔偿保障法》（1976年）、《大气污染防止法》（1972年）、《水质污染防止法》（1972年）等。对因其他污染物所致侵害，仍奉行过错责任原则。[①]

由上观之，在我们关注这些国家立法例中采纳了无过错责任原则的同时，也应当注意，无过错责任原则仅仅是环境侵权归责原则中的一种，而非全部，过错责任原则也有着广阔的适用空间。这些国家对环境侵权行为所采取的类型化区分及对不同类型采取差别对待的立法思维，更是值得我们重视。通过类型化的区分可知，在相邻不可量物侵害案件中，过错责任原则发挥着最为重要的作用，但这并非绝对排除无过错责任原则的适用，这需要依所排放的不可量物的危险性或排放手段的危险性来确定。最高人民法院在2015年做出的《关于审理环境侵权责任纠纷案件适用法律若干问题的解释》第1条将相邻污染侵害纠纷排除出该解释的适用范围，是在上述背景下的一个进步。

第三节　救济请求权的行使与责任的承担

相邻不可量物侵害在法律上的后果，从受害人角度而言，即产生救济请求权；从加害人角度而言，即产生民事责任的承担。

一、救济请求权的行使

在相邻不可量物非常态排放侵害他人的情况下，虽然当事人双方仍然存在物理意义上的相邻关系，但他们是否仍然处于法律意义上的"相邻关系"，此时相邻关系规则乃至物权法规则是否象常态排放时那样仍然适用于他们。受害人可主张的救济请求权，其基础性权利来自物权还是来自债权或人格权，若依物权请求权，人格权请求权，债权请求权向加害人提出主张，将会给受害人带来何种不同的影响。对上述问题，存在着各种不同

---

① 马俊驹，罗丽．日本环境侵权民事责任研究[J]．现代法学，2003(1)．

的学说。其中最为广泛者，为绝对权请求权说和侵权责任说，其中绝对权请求权说中又分物权请求权说和人格权请求权说。

物权请求权说认为，他方排放不可量物将使其物权受到侵害，基于物权的效力，他享有物上请求权。我国《物权法》第3章规定了物权确认请求权（第33条），原物返还请求权（第34条），排除妨害请求权（第35条），消除危险请求权（第35条），修理、重做、更换请求权（第36条），恢复原状请求权（第36条），损害赔偿请求权（第37条）。上述请求权在不可量物侵害中应用最广泛的是排除妨害请求权、损害赔偿请求权。人格权请求权说认为，不可量物侵害的是其人格权。随着民法总则第9条把绿色原则规定为民法基本原则，民法典的绿色化渐成新的发展趋势。[①] 在此趋势之下，《物权法》第90条的环保色彩便更加浓厚，环保法学者发展出"环境人格权"的概念，[②] 具体到不可量物排放所侵害的对象，又有安居权、安宁权、休息权、相邻安宁权、安宁生活权、环境安宁权等诸种称谓，[③] 但都不脱人格权这个大的权利类型。人格权作为一种绝对权，当其受到侵害时，基于该权利的效力，受害人可以享有赔偿损失、赔礼道歉、消除影响、恢复名誉等请求权。在不可量物侵害案件中，被最广泛运用的是"赔偿损失"请求权。上述二类绝对权请求权说，都坚持这样一个理论前提，即绝对权请求权与债权责任是相区分的。

在侵权责任说中，有学者认为所有绝对权受到侵害，都将进入侵权责任法领域。因此上述物权请求权、人格权请求权均无独立存在的价值，相应的请求权仅基于侵权责任法产生，在法律制度上，不必设立绝对权请求权制度，而以侵权请求权吸收绝对权请求权。[④] 也有学者认为侵权请求权应包括绝对权请求权，但二者可以重复规定在民法的不同部分。[⑤] 依侵权责任说，当受到不可量物侵害时，不必考虑所受利益为何种类型，仅基于

---

① 吕忠梅课题组．"绿色原则"在民法典中的贯彻论纲 [J]．中国法学,2018(1).

② 吴卫星．环境权理论的新展开 [M]．北京：北京大学出版社,2018:235.

③ 刘宝玉，周玉辉．论安宁生活权 [J]．当代法学,2013(2).

④ 魏振瀛．制定侵权责任法的学理分析——侵权行为之债立法模式的借鉴与变革 [J]．法学家,2009(1).

⑤ 郭明瑞．侵权立法若干问题思考 [J]．中国法学,2008(4).

利益受到损害这个客观现实，即可依侵权责任法行使停止侵害、排除妨害、赔偿损失等请求权。

在绝对权请求权与侵权责任之间的关系上，有学者持"区分说"，主张侵权责任承担方式仅限于"损害赔偿"，其他诸种如停止侵害、排除妨碍、消除危险、赔礼道歉等请求权应认定为绝对权请求权，不应把这些请求权纳入侵权责任之中，并列举了将其作为侵权责任方式的若干弊端。[①] 依此种学说，当发生不可量物侵害之后，受害人既可能享有绝对权请求权，又可能享有侵权请求权。

然而无论是主张绝对权请求权与侵权责任相区分还是侵权责任吸收绝对权请求权，二者在价值上都具有对民事主体合法权益提供最佳保护的价值关怀，在实践效果上二者也差别甚微，所区别者仅在于立法技术的不同。有学者认为，前者与我国法学教育背景具有较高的适应性，后者与我国立法传统和司法传统具有相对较高的适用性。[②] 从《侵权责任法》第21条和《物权法》第3章的规定来看，我国立法似乎选择了后者，即侵权责任吸收绝对权请求权说。除此之外，修订前的《环境保护法》第41条第1款，《大气污染防治法》第62条第1款，均规定了"排除危害""赔偿损失"这两项责任形式。修订（正）后的《环境保护法》第64条与《大气污染防治法》第125条取消了上述两种责任形式，将环境污染责任的承担转接到《侵权责任法》。最新修订的《环境噪声污染防治法》第61条第1款，保留了上述两种责任形式。如此一来，相邻不可量物侵害中的受害方可以行使救济请求权的法律依据便至少包括《侵权责任法》《物权法》《环境保护法》《大气污染防治法》《噪声污染防治法》《放射性污染防治法》等。其责任形式也主要包括排除危害、赔偿损失这两种，一般认为，"排除危害"相当于"停止侵害、排除妨碍、消除危险"等责任形式。只是用语表达不同而

① 崔建远.绝对权请求权抑或侵权责任方式[J].法学,2002(11)；崔建远.债法总则与中国民法典的制定——兼论赔礼道歉、恢复名誉、消除影响的定位[J].清华大学学报（哲学社会科学版）,2003(4)；崔建远.关于恢复原状、返还财产的辨析[J].当代法学,2005(1)；崔建远.论物权救济模式的选择及其依据[J].清华大学学报（哲学社会科学版）,2007(3).
② 王轶.论侵权责任承担方式[J].中国人民大学学报,2009(3).

已，在实际解释和操作过程中，这几类表达均互有覆盖交叉之处。但除了《物权法》第3章明确表明其所列各种请求权均基于物权保护的目的而设之外，其他几部法律均未明确表明所受损害者为何种类型的权利或利益，或许这种处理方式更具有开放性，适用范围也更广泛。

如果一定要更好地解释救济请求权的理论基础，其途径并不在于概念先行、原则先行、理论先行、法条先行，而在于从现实生活中入手，考察受害人的利益状态及利益要求。

当一个人的利益被"侵害"，该人便受有"不利益"。与"损害"相比，"不利益"的范围更为广阔，"损害"仅仅是"不利益"的表现之一。法律上的"损害"是受到各种法律技术和客观因素如举证不能所过滤的"不利益"，对其救济形式，以给付一定数量的金钱为核心。众多时候，受害人的救济请求权基于其所受侵害的利益类型来确定。例如，当其合同利益受侵害时，可能产生违约损害赔偿请求，当其人身利益受到损害时，可能产生人身损害赔偿请求权。对物的侵害所产生的不利益，未必被法律上的"损害"所涵盖。例如，拒绝返还某物，仅使物的所有权人不能占有、使用该物，但未必使物本身的价值降低，而且也并不使其丧失对该物的所有权，此时的侵害并无救济法意义上的"损害"，受害人的救济要求仅表现为对方返还该物，对应于此，法律特设置原物返还请求权等物上请求权。

各种救济欲求的类型决定于受到侵害的利益类型，法律所设各种救济请求权，也应如实反映这种社会现实，赋予当事人各种与其所受侵害利益类型相对应的救济请求权。救济请求权的类型特性经常决定其在法律上的某些功能，不同的救济请求权内容并不相同，由此所导致的法律后果也不相同。理论上解释某种救济请求权的类型特性时，应遵循受害利益类型决定救济请求权类型这一准则。

在相邻不可量物侵害中，在回答受害人享有何种救济请求权这一问题时，也应考察其所受利益的类型。然而基于不同的解说角度，却可能得出不同的结论。以前述"杨寒秋诉第三航务工程局第六工程公司施工噪声污染致精神损害赔偿纠纷案"一案为例，受害人杨寒秋因三航六公司的工业噪声所受的不利益有哪些呢？

　　第一种解释，把这种不利益总结为："对原告安宁权、健康权的人身侵害，对原告的休息、生活造成了严重影响"（见该案一审判决）。根据这种解释，杨寒秋所行使的救济请求权与物权无关，因为他的物权利益并未受到影响，他所住房屋价值并未因此降低。现代社会中，相邻关系的构成不再绝对的以物理空间上的紧密相连为必要条件，而应结合损害后果判断双方可否构成相邻关系。[①] 有学者认为这将从救济的角度拓宽了相邻关系法的适用，使相邻关系法从注重物与物之间的和谐转为注重对具体的人与人之间关系的调整。[②]

　　第二种解释，把这种利益解释为对不动产的使用和享受。美国《侵权法重述》第821D节（私人侵扰）规定："私人侵扰是指一种对他人私人使用和享受土地这一利益的非侵入性的侵害。"我国有不少学者把此种情况下的不利益也解释为"对不动产利用"的侵害。其大意是，因为不可量物的排放使得与其相邻的不动产可利用性下降，从而使不动产权利人对物的"使用权（如居住在被干扰的房屋之内不得安宁）"甚至是"收益权"（如房租价格降低）受到损害。《德国物权法》第906条也从物权受损害的角度解释此时受害人所遭受的不利益，因为该条规定"侵害对其土地作当地通常的使用或侵害其土地的收益的，土地所有人可以向另一块土地的使用人请求适当的金钱补偿。"英国法上，在 Bone v.Seal 案中，上诉法院提议，对于因噪声、气味等造成的无形损害赔偿，可以比照人身伤害进行。但霍夫曼勋爵在 Hunter v.Canary Wharf 一案中，[③] 明确不同意该方法。他主张，私人妨害本质上是对土地的侵权，而非对人的侵权，因此不应通过参考人身伤害来计算损害赔偿。

　　这两种解释均有道理。然而相比之下，第一种解释更符合人们的日常生活认知。据该种解释，不可量物所直接侵害的便是安宁权或安居权、休息权等人格权，中间并不存在其他推理环节，受害人所身处的"不动产"

---

①　[德]曼弗雷德·沃尔夫.物权法[M].吴越，李大雪，译.北京：法律出版社，2002:171.

②　张平华.不可量物侵害的私法救济[J].法学杂志,2006(6).

③　李旭彬.论英国侵权法中的私人妨害制度[M]// 王军.侵权行为法比较研究.北京：法律出版社，2006:650.

不被考虑在这一侵害过程之列。此种对"不利益"的描述与当事人的联系更为直接。在此种解释之下，侵害及由此导致的救济权发生过程是：不可量物排放 → 人格权受侵害 → 排除危害、赔偿损失请求权。第二种解释符合物权法理论（大陆法）或财产法理论（英美法）的推演，不得安宁、无法休息等均为侵害物权所导致的后果。但其对"不利益"的描述与当事人的实际利益之间似乎并不象第一种解释那样直接。在此种解释之下，侵害及由此导致的救济权发生过程是：不可量物排放 → 不动产效用下降（人格权受害仅为其表现之一）→ 物权受害 → 物权请求权。由于这种认知推理上的差异，物权法的推理方式，因其不直接与当事人受到的实际损害相贴近，所以给人以隔靴搔痒的感觉。

这种解释上的差异由于人格权理论的发展而产生，更因人格权理论的发展，第一种解释角度逐步取得支配性地位。

在日本，因噪声、振动、煤烟或日照被遮挡等情况而使拥有附近土地、建筑物所有权或其他物权的人，在其物权被侵害或有侵害危险时，将物权请求权作为行使权利的法律依据。但这是人格权、环境权、日照权等未被法律承认时的情况，是上述权利获得承认之前物权请求权所具有的功能。现在依日本禁止公害的法理，上述情况已脱离物权请求权，直接以人格权为根据构建，形成了稳定的理论。该理论始创于大阪高等法院1975年11月27日判决。判决写道"个人的生命、身体、精神及生活利益是个人的人格本质，其总体构成人格权，此人格权任何人也不得随意侵害，为此必须承认人格权有排除侵害的功能。即人对于可带来疾病等侵害身体的行为理所当然可请求禁止，而对于带来显著的精神痛苦或生活妨害的行为，也可请求排除侵害，即使该侵害尚未成为现实，但有侵害的危险时，也得请求预先禁止该行为，由此基于人格权的排除妨害及妨害预防请求权，得成为私法上请求停止侵害的根据"①。

在我国司法实践中，已广泛采纳了人格权说。前述陆耀东诉永达公司环境污染损害赔偿纠纷案件中，法院认定被告构成环境污染侵权，其客观

---

① [日]近江·幸治.民法讲义Ⅱ·物权法[M].王茵,译,渠涛,审校.北京:北京大学出版社, 2006:23-24.

依据即为：永达公司设置的路灯发出的为障害光，依日常生活经验法则，该障害光侵害了陆耀东的身体健康。在杨寒秋诉三航六公司案中，一审和二审法院均认定原告所受到侵害的权利是"安宁权、健康权"。

人格权说除了在理论解释上贴近生活现实之外，在实践中也更加有利于受害人，例如，举证方便。在陆耀东案中，法官依日常生活经验法则认定陆耀东健康权受到侵害，而要求被告承担陆耀东健康未受危害的证据。如果主张物权受到侵害，尤其是主张受干扰的不动产价值降低将会异常困难。又如，通过主张人格权受到侵害可以获得精神损害赔偿。在杨寒秋诉三航六公司案中，杨寒秋即因"安宁权、健康权"受到侵害而获得7000元的精神损害赔偿费。可见，人格权说无论在理论解释力上还是在实践上，都比连其存废都值得斟酌的物权请求权更加优越。①

某些环境法学者主张不可量物排放所侵害的是"环境权"，同时又在理论上创造出环境私权、环境人格权等概念，以此来解释不可量物侵害对象的问题。然而在民法领域中，环境权目前仍然主要属于理论上的应然权利，而非被法律化了的独立的权利类型，在《侵权责任法》《民法总则》所列举的各类民事权利中，并未明确规定"环境权"，同时也未对上述利益的侵害设置独立的损害救济体系。因此，以环境权来解释相邻不可量物排放的对象，即使有理论上的自洽性与合理性，然而面对现实的民事主体的利益救济需求，这种解释并不能给出理想的解决方案。因此，有学者也明确指出，在权利构造与内容不明确的状态之下，就无原则、无边界地承认其为权利，这样以后就会被简单地否定掉，有搅乱法的安定性之危险；而且也正是因为其内容的不明确，还会有不适当地侵害其他权利或者他人权利之虞。②另有学者指出，尽管环境权与环境利益具有根本一致性，正朝着法律权利的方向快速发展，但就环境损害赔偿立法而言环境权暂时还无

---

① 孟勤国，张里安．物权法 [M]．长沙：湖南大学出版社，2006:83．作者称，"物权请求权理论的存废，可以再仔细斟酌"。对物权请求权理论的质疑，另可参见孟勤国．物权二元结构论—中国物权制度的理论重构 [M]．北京：人民法院出版社，2009:91-94．

② [日] 大须贺明．环境权的法理 [J]．林浩，译．西北大学学报（哲学社会科学版），1999(1)．

法成为环境利益法律化的权利外衣。环境权只是一种理念，而非权利。[①]

事实上，由于《侵权责任法》在实质上把绝对权请求权吸收了进来，并在其第2条以概括加列举式的规定，广泛收入了各种权利和法益，当事人完全可以以《侵权责任法》第2条为其请求权的法条基础，以有利于自己的方式自行选择某种基础权利以主张其救济请求权。如此以来，便会产生这样的状况：如果当事人仅仅是安宁受到了侵扰，这也是最通常的情况，那么其救济请求权的基础性权利便是人格权。如果当事人的财产因为不可量物排放而致损坏，例如，因为排放人排放的火花溅射到受害人的不动产上，导致火灾；因为排放人排出的酸性煤烟致受害人不动产外墙受害；建筑物因为近邻的机器震动而受损；等等。那么他此时的救济请求权的基础性权利并非人格权，而是财产权。因此，由于相邻不可量物排放可能导致不同类型的权利或利益受到损害，其救济请求权的基础权利也将由此而有所不同。在这种背景之下，追寻不可量物受害者救济请求权的统一基础，既不可能，也不必要。

二、责任的承担

（一）术语的选择

在不可量物侵害责任方式上，我国《民法通则》《物权法》《侵权责任法》《环境保护法》《大气污染防治法》《环境噪声污染防治法》等，均曾有所规定，但有一定差别。差别最主要的表现为在上列各环境部门法条文中所规定的责任形式为"排除危害、赔偿损失"，而综合各民法部门法，可能与其相对应的责任方式包括：停止侵害、排除妨碍、消除危险、恢复原状、赔偿损失。在这几种方式中，"排除妨碍"一般应用于有形障碍物带来的侵害，消除危险一般适用于侵害尚未发生但有发生之虞的情况，恢复原状主要适用于有形物受到有形的侵害时的情况。在相邻不可量物侵害案件中，最经常适用到的是"停止侵害"和"赔偿损失"。至于赔礼道歉这一责任形式，实践中鲜见适用，前述陆耀东诉永达公司案中，法院即以"永达公

---

① 周晨. 环境损害赔偿立法研究 [D]. 北京：中国海洋大学，2007.

司的侵权行为没有给陆耀东造成不良的社会影响”为由驳回了陆耀东提出的永达公司向其公开赔礼道歉的诉讼请求。

　　不论是《民法通则》第134条、《民法总则》179条还是《侵权责任法》第15条，其所列各责任承担方式中，均未有“排除危害”这一表达。那么环保法上的“排除危害”与《侵权责任法》和《民法总则》中的相关术语存在何种关系？对此，存在种种不同解释。^①有学者认为，《环境保护法》及其它各环保部门法中所称的“排除危害”，实际上是一种综合性的民事责任形式。根据环境污染所带来的危害后果的不同，排除危害分别是指停止侵害、排除妨碍、消除危险等民事责任形式。^②笔者较为赞同这种说法。实际上，种种学说和解释可能忽略了一个很有可能的状况，即《环境保护法》及其相关部门和《民法通则》《民法总则》《侵权责任法》由不同部门法研究者所立，或许在立法时由于欠缺交流而致用语不同，并无其它立法深意。在司法实践中，无论采取何种术语，都可以根据具体案件对其做出适合当事人诉求的解释，在判决书中采取符合案件实际情况的文字表达，对当事人最终诉求的实现，了无大碍。例如，在前述陆耀东诉永达公司案中，法院最终所用表达为“排除对原告陆耀东造成的光污染侵害”。在杨寒秋诉三航六公司案中，法院判决所采表达方式为“整改消除噪声污染，停止对原告的噪声侵害。”前者用语为“排除……侵害”，后者用语为“停止……侵害”。受害人不会因为这些用语的不同，而影响其权利救济。所以，此处的问题更可能是如何更为科学的对此类救济措施用统一的术语表达出来，而非刻意寻求各术语如“排除危害”“停止侵害”“排除侵害”“除去侵害”等的意义和范围。由于在立法时间上，《侵权责任法》较《环境保护法》及其他相关环保部门法更为晚近，在部门法上其为民法部门法，因此，此处采用《侵权责任法》的语言表达方式，即“停止侵害”而非《环境保护法》中的“排除危害”，另外学理上以及国外相关立法中，存在“排除侵害”这一用语。本书中笔者将其作为“停止侵害”

①　李慧玲.排除危害环境民事责任类型化探析[J].时代法学,2010(2)；罗丽.环境侵权侵害排除责任研究[J].河北法学,2007(6).
②　张梓太.环境法律责任研究[M].北京：商务印书馆,2004:121.

的通用语来处理。

（二）停止侵害

停止侵害这一责任方式，所针对的是侵害人正在进行的侵害行为。其功能在于及时制止正在进行的不可量物侵权行为，结束受害人因被侵害而产生的痛苦状态。由于实践中的不可量物侵害大多可以被人们的感觉器官所感知，所以排放行为的继续即意味着当事人身心痛苦的继续。因此，停止侵害在不可量物侵害中属于最为受害人所欲求的、最核心的救济方式。

在日本，对于侵权行为造成的损害赔偿，以前的做法是用金钱予以赔偿。20世纪60年代以后，随着大量公害事件的发生，受害者已不再满足于用金钱赔偿来解决公害纠纷，而特别要求有损于自身健康的工业企业停止生产或停止施工，以彻底解决纠纷，因此，请求停止侵害的诉讼便应运而生。请求停止侵害的诉讼主要包括以下内容：第一，设置公害防治措施；第二，请求停止生产或者缩短工作时间；第三，暂时停止施工建设；等等。关于请求停止侵害的法律依据，日本民法没有对此做出明文规定。但是原告在提起诉讼时，大都是利用以下三个方面的内容作为法律依据。第一，以所有权上的物权作为请求权；第二，人格权；第三，基于侵权行为的请求权；等等。实践中，不管采用哪一种作为法律依据，都存在争议，但是，以人格权作为依据略显得有力一些。[①] 考虑到停止侵害诉讼不仅对于工业企业的活动是一个较大打击，而且还会波及社会的公共事业活动，因此，法院在审判的时候大都采取了损害赔偿时所适用的"受忍限度论"，只不过对于停止侵害诉讼的受忍限度要求更加严格，确切地说近乎苛刻。日本最高法院在审理国道四三号线上告审中，坚持认为在停止侵害诉讼和损害赔偿诉讼之间，关于"受忍限度"的参考要素应该有所不同，即使在这两种请求中有关加害行为违法性的判断产生了差异，也不能说判断不合理。[②] 这种承认认定停止侵害场合的违法性和认定损害赔偿场合的违法性之间具有差异，并且前者须违法性更强的理论，被称为"违法性的两

---

① 冷罗生. 日本公害诉讼理论与案例评析 [M]. 北京：商务印书馆 ,2005:52.

② 冷罗生. 日本公害诉讼理论与案例评析 [M]. 北京：商务印书馆 ,2005:52.

阶段论"。^①

在现代社会中若不可量物排放者为工商业经营者，在适用停止侵害这一救济措施时，经常会用到利益衡量的方法。利益衡量方法的运用，重在兼顾行为人行为自由也即工商业的发展和对不动产的最佳利用，与他人生活安宁、人身健康、财产安全之利益保护，试图在二者之间寻求一个平衡的中点。为了达到这一目标，有些国家和地区对其相邻制度进行修正、调整，以建立调和性的环境侵害排除制度。最终所采取的措施往往并非绝对的使排放人完全停止任何排放活动，而有可能是采用其他替代性方案。这些替代性方案如限制污染性工厂、设施的营运时间或排污时间，限制扰民机场的飞机起降时间，限制扰民的建设施工时间，责令安装或改善污染防治设施等。^② 或者通过赋予受害人"衡量补偿请求权"^③ "损害补偿请求权""代替排除侵害的损害赔偿请求权"的方式，在不停止排放的前提下，使不可量物排放人对受害人做出金钱赔偿或补偿，以此平衡受害人因对排放行为的容忍义务被扩大所受到的不利益。

在英美法上，与我国停止侵害大体相对应的是禁令制度。在实践中，禁令大都应用于侵扰持续的情况下，在原告能证明侵扰程度足够大时，法院很少会允许其他原因来影响禁令的授予，这源自尊重私有财产权以及反对强行购买原告的权利的理念。然而禁令也面临某些限制。例如，在 Shelter v. City of London Electric Lighting Co. 一案中，A.L.Smith 大法官认为在以下几种情况下损害赔偿能够代替禁令：1. 如果对原告的法律权利

---

① [日] 圆谷峻.判例形成的日本新侵权行为法 [M]. 赵莉，译.北京：法律出版社，2008:268.

② 例如在日本"卡拉 OK 诉讼案"中，被告经营卡拉 OK 厅，歌唱声，汽车声给邻近居民带来侵扰，居民提出停止侵害的诉讼请求。法院最终判决，被告在凌晨零时至四时之间不得自行使用或由第三人使用卡拉 OK，但未禁止在其他时间使用。另在著名的大阪国际机场噪音诉讼案件中，鉴于大阪国际机场的运营具有重大的社会公共利益，法院判决其"除非十分紧急的情况，禁止大阪国际机场的飞机在每日的晚 9 时至第二日的 7 时内起降"。冷罗生.日本公害诉讼理论与案例评析 [M]. 北京：商务印书馆,2005:185-195,70-91.这些都属于停止侵害的变通形式。

③ 如依《德国民法典》第 906 条第 2 款，在某些条件下，即使不可量物排放造成重大妨害，但由于此种排为为当地通行，且不可以经济合理的方式使其降低，则受害人只能请求财产补偿，而不能请求停止不可量物的排放。

损害轻微；2.如果损失能用金钱来估价；3.如果损害能通过少量金钱支付来适当赔偿；4.如果在案件中对被告颁发禁令将会令被告感到难以忍受。另外，在决定是否颁发禁令时，法院也会运用到利益衡量的方法。例如，在 Miller v. Jackson 案中，上诉法院的大多数法官拒绝授予禁令，理由是面对发展趋势，保留娱乐活动场地的公众利益胜过了原告的房屋和花园不被板球击打的私人利益。但对该案采取的公共利益胜私人利益的立场，在后来的案件中遭到了上诉法院的批判。例如，在 Kennaway v. Tyhompson 一案中，以及在 Elliott v. London Borough of Islington 一案中，上诉法院认为，为了对普通公众产生无限的好处而否认某些私人权利并不总是适当的。如果这样做适当的话，那么法院立法剥夺人民的权利就是适当的了。但这种判决意见只是说不能在所有公众利益大于私人利益的场合都优先保护公众利益牺牲私人利益，而并未完全否定利益衡量方法的运用。①

有鉴于此，我国有学者指出，"全有"或"全无"式的停止侵害方式，无法实现双方当事人利益的均衡妥当性，其救济功能相当有限。②并进而建议，就我国停止侵害这种救济措施而言，除了完全停止侵害外，还应通过立法确立部分排除侵害、中间排除侵害以及代替性赔偿等更具调和性的制度，以便法院通过对有关利益的比较衡量而对各种侵害排除方式加以灵活运用，从而更好地兼顾受害人的保护、社会的公平正义和经济的健康发展。③

（三）赔偿损失

赔偿损失所针对的是因不可量物侵害所造成的损害后果，而非侵害行为本身。此为该责任方式与停止侵害之间的最大区别。在术语运用上，我国《民法总则》《侵权责任法》《环境保护法》等均使用"赔偿损失"一词，但也有不少人使用"赔偿损害"或"损害赔偿"等词语。侵权法上的损害可有广义与狭义两种解释。广义的损害是指因他人的侵害行为所造成的不

---

① 李旭彬. 论英国侵权法中的私人妨害制度 [D]. 北京：对外经济贸易大学，2004.

② 王明远. 相邻关系制度的调整与环境侵权的救济 [J]. 法学研究 ,1999(3).

③ 王明远. 中国环境侵权救济法律制度的现状及其完善 [J]. 环境导报 ,2003(3).

利益状态，包括对各种权利和利益的侵害所造成的后果。狭义的损害，专指财产损害。财产损害在汉语语境之下，也常常称为"财产损失"。①在英美法上，损害称为 damage，损失称为 loss。后者仅指经济上的损害。综合《民法总则》《侵权责任法》及其各种司法解释以及司法实践来看，我国在法律上采取的是广义损害论。

与停止侵害相比，赔偿损失这一责任形式，具有财产性、补偿性、事后性等特征。一般情况下，赔偿损失只面向过去，而不面向未来。然而，即使是过去已经发生的损害，也并非全部都能得到赔偿，其赔偿范围要受到诸种因素的限制，其余部分便由受害人容忍了。当事人可获得赔偿的那部分损害，被有的学者称为"可救济的损害"。这种可救济的损害是通过各种法律技术所筛选出来的，被过滤掉的那些损害，由当事人承担容忍义务。张新宝教授认为事实上的损害是否在法律上具有可救济性，应当考虑如下因素。第一，法律是否将这一损害事实列入可以补救的范围。例如，男女同居后分居，给女方带来的"青春损失"，即未被法律列入救济范围。第二，补偿方法的可能性。对不同的损害后果，需要采取不同的救济方法，受害人只能在法律提供的补救方法范围内寻求赔偿或其他救济措施。第三，从法律的价值观上看，是否有必要对该损害进行补救。对于某些少量财产损害或极轻微的人身、精神损害，法律不认为有必要进行补救。②具体而言，现代各国通常以如下方式对损害的"可救济性"在"质"和"量"两个方面加以限定。第一，以加害行为的不法性限定损害。依此，凡合法行为造成的不利后果，不属于侵权责任法上"可救济的损害"。第二，以结果的不法性限定损害。依此，凡是合法的不利后果，不属于侵权责任法上"可救济的损害"。第三，以受到侵害的权利和利益之性质限定损害。如果受害人所受侵害的并非民事权益，而是其他利益（如政治利益），也并不能得到侵权法上的救济。第四，规定损害具有法律上的相关性，只有具有"法律上的相关性"（legally relevant damage）的"损害"，才可被"救济"。第五，直接规定人身损害或者"人格关系"的损害，以法律

---

① 张新宝. 侵权责任构成要件研究 [M]. 北京：法律出版社,2007:120.

② 张新宝. 侵权责任构成要件研究 [M]. 北京：法律出版社,2007:123.

有明确规定者为限。如果法律未对某种情形的精神损害或非财产损害予以认可，即使受害人一方在事实上确实受到此等损害，也不认为存在"可救济的损害"。① 第六，从数额上对财产损害予以限定。法律明确规定只有达到一定程度或者数额的财产损失，才属于"可救济"的损害。② 第七，以严重程度来限制损害。例如，《德国民法典》第906条规定对来自相邻土地的轻微不可量物侵害，受干涉者应当予以容忍。上述七种，一至五种为"质"的方面的要求，第六、七种为"量"的方面的要求。③ 筛选标准随着社会发展目标的变化而有所变化，但无论在何种时代，在整体上，受害人所得到的弥补永远低于实际的损害，这既有现实的社会资源具有稀缺性的客观因素，也有人的欲望永无止境——在某些情况下，某些受害人会认为无论如何赔偿自己永远是吃亏的——的因素。然而社会需要综合平衡人们之间的利益关系，因此，对可救济性损害的筛选以及由此施加给受害人容忍义务便成为必要。

在我国，在相邻不可量物侵害中，多以安宁权、健康权等受到损害作为请求权基础，因此精神损害赔偿占据重要的位置。在前述杨寒秋诉三航六公司案中，原告虽未能举出其身体健康受到损害的实际证据，但一审法院认为"原告安宁权、健康权的人身侵害，对原告的休息、生活造成了严重影响，而遭受的这种侵害，受侵害人在现实生活中是无法以数字和程度说明的，因此，原告请求被告停止侵害，符合法律规定，应予支持"。二审法院也指出"由于上诉人的噪声污染本质上是不可计量的一种无形损害，无法从量的角度来衡量损害结果，只能根据上诉人造成污染的事实、情节及程度等方面来考量，从被上诉人数十次向有关部门投诉举报的情况来看，上诉人的铁件加工厂在较长的时间内排放噪声，持续干扰被上诉人及家人的正常生活、工作，有关部门虽曾责令其整改，但噪声污染仍未得到

---

① 例如，在交通事故案件中，受害人只有在构成伤残时，其精神损害才有可能得到救济。笔者注。

② 法定的概括性损害赔偿数额，可以看做是法律对"可救济的损害"进行的数量方面的限定。

③ 张新宝. 侵权责任构成要件研究 [M]. 北京：法律出版社 ,2007:123–126. 虽然这七种因素之间有些可能存在重合交叉之处，但仍不失为非常精妙的总结。

解决，因此，上诉人的噪声污染的事实，应视为一种较严重的后果。原判确定上诉人以金钱的方式承担责任，体现对被损害者的精神抚慰，是适当的（见本章第一节该案二审判决书）"。最终原告获得7000元精神损害赔偿费。又如，在段某诉某房地产公司电梯噪声污染损害赔偿案件中，原告购买被告房屋一套，入住后发现房屋卧室和客厅与该楼电梯仅一墙之隔，被告未对墙壁进行任何隔音处理，使电梯噪音对其产生重大影响。法院在审理过程中，以《城市区域环境噪声标准》和《城市区域环境噪声标准测量办法》规定的标准值作为判断违法性的标准，后经测量，电梯噪音超标，原告因此无需负容忍义务，被告则应对噪音进行治理并赔偿原告精神抚慰金3000元。① 再如，万洪祥、张茂春诉涟水县广林冰棒厂案中，被告噪声排放超标，二原告各获得500元精神损失费。② 若当事人能够证明其身体受到了有形的伤害，并因此而产生相应费用如医药费、鉴定费、误工费、交通费、护理费等，对这些损失，当然亦应获得赔偿。

除了上述赔偿之外，受害人还有可能获得其他赔偿。例如，受害人为了阻止不可量物的侵害而采取各种措施所花费用，如安装降噪音设施所花合理费用，因不堪忍受干扰而另租房屋所花的合理费用。又如，受害人若有证据证明其不动产因为不可量物的排放而价值降低，对降低的部分，他也有权获得赔偿。

（四）免责与抗辩事由

在相邻不可量物侵害中，被告最为通常的抗辩是其排放行为并不构成侵权，尤其是主张其排放行为获得行政许可、未超过国家标准，排放行为为当地通行或当地习惯不认为此种排放构成侵权等。如果被告通过这些抗辩而被认定不构成侵权，不承担责任，则无须进一步的抗辩事由与免责事由的运用。对此，前文已通过归责原则的讨论有所论及，此处不赘。此处所讨论者，主要在于假定排放行为造成他人侵害，且无前述阻却其侵权构成的事由的情形。

我国《侵权责任法》第3章规定了侵权者不承担责任和减轻责任的情

---

① 孙佑海. 侵权责任法适用与案例解读 [M]. 北京：法律出版社 ,2010:336.

② 江苏省涟水县人民法院（2000）涟民初字第1117号判决。

形。主要包括以下几种：第一，与有过失（第26条）；第二，受害人故意（第27条）；第三，损害因第三人造成（第28条）；第四，正当防卫（第30条）；第五，紧急避险（第31条）。各环境部门法如《环境保护法》《大气污染防治法》《放射性污染防治法》等也规定了各种免责和减责事由，这些事由如战争行为、不可抗拒的自然灾害、第三人的过错[①]、受害人本身的过错等。除此之外，《民法总则》《环境保护法》还规定了诉讼时效制度，诉讼时效的经过经常被被告用以抗辩原告的诉讼请求。在美国，私人侵扰案件的辩护理由相当多。这些理由如：原告曾同意或者默许实施侵扰行为；衡平法救济延迟；被告的侵扰行为持续了很长时间而足以为争议中的行为取得时效地役权（prescriptive easement）；诉讼时效；主动接近侵扰；"种植权"法令（"right-to-farm" statute）；等等。[②]但也有学者指出，公共利益（public benefit），主动接近侵扰，第三方行为（contribution of others）等，这些虽然可能被被告方作为辩护理由，但经常遭到法院拒绝。[③]

以下着重讨论不可抗力、诉讼时效、主动接近侵扰。

第一，不可抗力。对于不可抗力，我国《民法总则》与《侵权责任法》均采用了"不可抗力"这一术语。但也有环保法部门法采用了"不可抗拒的自然灾害"这种表达方式。相形之下，"不可抗拒的自然灾害"比"不可抗力"范围更加狭窄。然而这些部门法所针对的主要是"公害"而非"私害"，为了更有助于公共利益的保护，"不可抗拒的自然灾害"实质上比"不

---

① 根据《侵权责任法》第68条，环境污染侵权中，第三人过错不再是免责事由之一，因为该条规定："因第三人的过错污染环境造成损害的，被侵权人可以向污染者请求赔偿，也可以向第三人请求赔偿。污染者赔偿后，有权向第三人追偿。"

② 美国有大约三分之二的州《种植权法》为侵扰责任设立了特别的抗辩理由。虽然各州规定的实际内容有所不同，但是，这些法令的一般原则是相同的：如果引起权利主张的事实的存在时间已满一定期限，则种植和其他农业活动不受侵扰责任的约束。这些制定法的目的是保护郊区的农业活动不受侵扰主张的影响。从一定意义上而言，这些制定法在农业侵扰的特殊情形下复活了"主动接近侵扰"的抗辩理由。例如，假设F在某农业地区拥有一大型农场。他安装了灌溉系统并使用了25年。C为逃避都市生活的压力，购买了与之相邻的农场。不久C发现，F的灌溉用的水泵在早上发出非常大的噪音。C投诉时，F告诉她水泵发出这样的噪音已有25年。该案所在州的种植权法会阻止C以私人侵扰为由成功胜诉。[美]约翰·G.斯普兰克林.美国财产法精解[M].钟书峰，译.北京：北京大学出版社，2009:475.

③ Michael A. Jones, Textbook on Torts (fifth edition), Blackstone Press Limited, 1996. pp286–287.

可抗力"使环境污染侵权人的免责条件更加苛刻。而对于相邻不可量物侵害，选择哪一种术语更为可取呢？本书认为需要区分不同情况。假如不可量物排放人为从事某种工业经营者，且其所排放的不可量物具有高度危险性如公共危害性（如核辐射），此时，对因该种不可量物排放所致侵权的免责，应适用环保法中的"不可抗拒的自然灾害"。如果致害的不可量物仅为日常不可量物，则适用《民法总则》和《侵权责任法》所规定的"不可抗力"这一相对宽泛的免责事由。

第二，诉讼时效。相邻不可量物侵害案件中对诉讼时效的适用也需区分不同情况。如果受害人因财产损害主张损害赔偿请求权，其诉讼时效有两个法条基础，一为《民法总则》第188条的规定，即一般时效——3年；二为《环境保护法》第66条的规定，亦为3年。如果受害人所主张的是请求停止侵害、排除妨碍、消除危险等，依《民法总则》第66条的规定，并不受诉讼时效限制。

第三，主动接近侵扰。前文已述，如果被告先处于某地，并长期从事某种排放大量不可量物的行业，而原告明知此种情形，仍然入住于与被告相邻之地，此种情形，即被称为主动接近侵扰或"自己进入侵扰"（coming to the nuisance）。前述夏秋东与贾明成等相邻污染侵害纠纷便存在"自己进入侵扰"的情形。假如原告由于不堪其扰而提起诉讼，其所产生的问题之一便是，被告可否以原告"主动接近侵扰"为由而免责。对主动接近侵扰是否能够免责，英美法上产生了三种论点，分别是否定论、肯定论、折衷论。[①]

否定论的判例可追溯至1838年英国的 Bliss v. Hall 一案。该案中，被告在毗邻原告房屋的自家房屋中开办制蜡业。原告诉称，由被告房屋中飘散出的难闻蒸汽和气体弥漫于自己房屋的上空，造成了妨害；被告辩称，在原告搬来居住之前，他已经在此从事制蜡业三年。法院判决认为，原告入住其现在居住的房屋，在居住期间其理应保有普通法所赋予的所有权利，其中包括拥有适宜的空气的权利，因此，如果被告不能证明其经由取得时效已经取得在特定的地点从事制蜡业的权利，那么原告就有权获得救

---

① 王洪平.“自找妨害”之诉的救济——以利益平衡基础上的英美判例法为视角 [J]. 烟台大学学报（哲学社会科学版），2009(3).

济。在 1879 年的 Sturges v. Bridgman 案中，英国判例坚持了上述态度。该案中，被告是一位甜食制造商，其从事加工的车间一端是厨房，厨房里安放了两台马达用于加工馅料，而且这两台马达已经在此工作了达 20 年之久。原告是一位医生，在其居所的后面开辟了一所花园，该花园的界墙恰与被告厨房的后墙是伙墙。其后，原告在自家花园里开办了一家诊所，而该诊所用房的一面墙壁正好是上面提及的伙墙。原告诉称，被告厨房的马达所制造的噪音，给其诊所房屋的使用造成了严重不便，已经构成妨害；而被告辩称，他使用该马达已达 20 年之久，在此期间并没有妨害原告对其土地的享用，现在原告之所以受到侵扰，是因为他自己将诊所用房建于厨房隔壁所致。法院认为，"不能因为一方首先开始了对土地的特定使用就任由他单方决定相邻土地的用途"，遂支持原告的诉讼请求。该案所确立的"不能因为一方首先开始了对土地的特定使用就任由他单方决定相邻土地的用途"，后被称为"Sturges 规则"。 Sturges 规则的正当性在于："因为邻居滥用其权利而期待别人不去买这块地是不合理的。"然而这条规则因为有时会导致太严厉的后果而受到了批评。在 Miller v. Jackson 案中，板球场在相邻土地上建造房屋之前已经在那里存在 70 余年。丹宁勋爵认为，根据原告知道板球会砸到其房子上但还选择购买这幢房子的事实足以认定被告不负妨害责任。

肯定论的判例产生于 20 世纪中叶。在美国 Dill v. Excel Packing 案中，法院判决认为："原告自己选择了远离城区，居住于不受规划法和限制性役权控制的地区。在这样的地区，原告无权抱怨在其附近存在合法的农业经营，其也无权抱怨此种农业经营降低了其居住价值。原告在购买此种居住用地时，该地区先前即为农业区的事实必须被考虑在内。"上述判决理由蕴含的法理基础在于"自甘风险"（self-risk）理论、"与有过失"（contributory negligence）或者"利益之所在，风险之所在"规则。①

折衷论者认为，不论是持完全的否定态度还是持完全的肯定态度，上述判例在最终的案件处理结果上可能都有失偏颇。这是因为，在"主动接近侵扰"诉讼中，毕竟原、被告双方的行为都是合法的，都不存在侵权法

---

① [美]约翰·G.斯普兰克林.美国财产法精解[M].钟书峰，译.北京：北京大学出版社，2009:475.

上严格的可责之处。或许是基于此种考虑，美国《侵权法重述》（第2次）第840D条规定："原告在一项侵扰土地之妨害已经存在后才取得或改进该土地的事实，其本身并不足以阻止他提起诉讼；但该事实在决定妨害是否可诉时，却是必须考虑的一个因素。"这是一种折衷的规定，根据该规定，原告"主动接近侵扰"这一事实，既非被告免责的绝对抗辩事由，也非其绝对不能据以抗辩的事由；该事由可得抗辩的程度及效力，须结合具体案个人件的其他事实而定。在美国，如今有不少法院把原告"主动接近侵扰"的行为作为判断是否合理的一个因素。

若按大陆法系法律解释，"当地通行"或"当地通常的使用"（《德国民法典》第906条）或者"当事人自身过错"或可成为被告作为对抗"主动接近侵扰"情形下原告诉讼请求的理由。但如英美法系目前通行的折衷说一样，该因素在各大陆法系国家，也只是作为判断不可量物排放者是否具有违法性的考虑要素之一，而不能单独作为一种免责抗辩事由。

参考文献

一、中文文献

1. 中文著作

[1] 蔡耀忠. 物权法报告 [M]. 北京：中信出版社，2005.

[2] 蔡永民，等. 物权法新论 [M]. 北京：中国社会科学出版社，2008.

[3] 蔡守秋. 新编环境资源法学 [M]. 北京：北京师范大学出版社，2009.

[4] 曹杰. 中国民法物权论 [M]. 北京：中国方正出版社，2004.

[5] 曾世雄. 损害赔偿法原理 [M]. 北京：中国政法大学出版社，2001.

[6] 陈慈阳. 环境法总论 [M]. 北京：中国政法大学出版社，2003.

[7] 陈华彬. 民法物权论 [M]. 北京：中国法制出版社，2010.

[8] 陈华彬. 物权法 [M]. 北京：法律出版社，2004.

[9] 陈泉生，等. 环境法学基本理论 [M]. 北京：中国环境科学出版社，2004.

[10] 陈卫佐. 德国民法典 [M]. 4 版. 北京：法律出版社，2015.

[11] 程啸. 侵权责任法总论 [M]. 北京：中国人民大学出版社，2007.

[12] 崔吉子译. 韩国最新民法典 [M]. 北京：北京大学出版社，2010.

[13] 崔建远，等. 物权法 [M]. 北京：清华大学出版社，2008.

[14] 戴永盛译. 奥地利普通民法典 [M]. 北京：中国政法大学出版社，2016.

[15] 房绍坤. 民商法问题研究与适用 [M]. 北京：北京大学出版社，2002.

[16] 费安玲译. 意大利民法典 [M]. 北京：中国政法大学出版社，2004.

[17] 费安玲.罗马私法学 [M].北京：中国政法大学出版社，2009.

[18] 费孝通.乡土中国·生育制度 [M].北京：北京大学出版社，1998.

[19] 高富平.物权法专论 [M].北京：北京大学出版社，2007.

[20] 高圣平.中华人民共和国侵权责任法——立法争点、立法例及经典案例 [M].北京：北京大学出版社，2010.

[21] 郭明瑞.物权法 [M].北京：中国法制出版社，2009.

[22] 韩松，姜战军，张翔.物权法所有权编 [M].北京：中国人民大学出版社，2007.

[23] 何勤华.新中国民法典草案总览：下卷 [M].北京：法律出版社，2003.

[24] 侯国跃.中国侵权法立法建议稿及理由 [M].北京：法律出版社，2009.

[25] 胡安潮.特殊侵权归责原则研究 [M].北京：知识产权出版社，2009.

[26] 黄文煌译.埃及民法典 [M].厦门：厦门大学出版社，2008.

[27] 回沪明，孙秀君.环境保护法及配套规定新释新解 [M].北京：人民法院出版社，2003.

[28] 金启洲.民法相邻关系制度 [M].北京：法律出版社，2009.

[29] 金瑞林.环境法学 [M].北京：北京大学出版社，2007.

[30] 冷罗生.日本公害诉讼理论与案例评析 [M].北京：商务印书馆，2005.

[31] 李世刚.法国侵权责任法改革——基调与方向 [M].北京：人民日报出版社，2017.

[32] 梁慧星，陈华彬.物权法 [M].北京：法律出版社，2010.

[33] 梁慧星.中国民法典草案建议稿 [M].北京：法律出版社，2013.

[34] 林纪东，郑玉波.新编六法全书 [M].台中：五南图书出版公司，1986.

[35] 刘保玉.物权法学 [M].北京：中国法制出版社，2007.

[36] 刘家安.物权法 [M].北京：中国政法大学出版社，2009.

[37] 刘士国.现代侵权损害赔偿研究 [M].北京：法律出版社，1998.

[38] 马俊驹，陈本寒.物权法 [M].上海：复旦大学出版社，2007.

[39] 马俊驹，余延满.民法原论 [M].北京：法律出版社，2007.

[40] 梅夏英.物权法·所有权 [M].北京：中国法制出版社，2005.

[41] 梅仲协. 民法要义 [M]. 北京：中国政法大学出版社，1998.

[42] 孟勤国，张里安. 物权法 [M]. 长沙：湖南大学出版社，2006.

[43] 孟勤国. 物权二元结构论——中国物权制度的理论重构 [M]. 北京：人民法院出版社，2004.

[44] 齐云译. 巴西新民法典 [M]. 北京：中国法制出版社，2009：193.

[45] 前南京国民政府司法行政部编. 民事习惯调查报告录 [M]. 北京：中国政法大学出版社，2005.

[46] 钱大军. 法律义务研究论纲 [M]. 北京：科学出版社，2008.

[47] 全国人大常委会法制工作委员会民法室. 物权法立法背景与观点全集 [M]. 北京：法律出版社，2007.

[48] 全国人大常委会法制工作委员会民法室. 中华人民共和国物权法条文说明、立法理由及相关规定 [M]. 北京：北京大学出版社，2017.

[49] 申卫星. 物权法原理 [M]. 北京：中国人民大学出版社，2008.

[50] 沈德咏. 最高人民法院公报案例大全：上卷 [M]. 北京：人民法院出版社，2009.

[51] 苏永钦. 民法物权争议问题研究 [M]. 北京：清华大学出版社，2004.

[52] 隋彭生. 合同法要义 [M]. 北京：中国政法大学出版社，2003.

[53] 孙宪忠. 中国物权法原理 [M]. 北京：法律出版社，2004.

[54] 孙佑海. 侵权责任法适用与案例解读 [M]. 北京：法律出版社，2010.

[55] 台湾大学法律学院，台大法学基金会编译. 德国民法典 [M]. 北京：北京大学出版社，2017.

[56] 汤建国，高其才. 习惯在民事审判中的运用——江苏省姜堰市人民法院的实践 [M]. 北京：人民法院出版社，2008.

[57] 唐晓晴，等译. 葡萄牙民法典 [M]. 北京：北京大学出版社，2009.

[58] 汪劲. 环境法学 [M]. 北京：北京大学出版社，2006.

[59] 汪渊智. 侵权责任法学 [M]. 北京：法律出版社，2008.

[60] 王利明. 侵权行为法归责原则研究 [M]. 北京：中国政法大学出版社，1993.

[61] 王利明. 侵权行为法研究：上卷 [M]. 北京：中国人民大学出版社，

2004.

[62] 王利明 . 物权法研究：上卷 [M]. 北京：中国人民大学出版社，2007.

[63] 王利明 . 我国民法典重大疑难问题之研究 [M]. 北京：法律出版社，2006.

[64] 王利明 . 中国民法典草案建议稿及说明 [M]. 北京：中国法制出版社，2004.

[65] 王利明 . 中国民法典学者建议稿及立法理由：物权编 [M]. 北京：法律出版社，2005.

[66] 王胜明 . 中华人民共和国物权法解读 [M]. 北京：中国法制出版社，2007.

[67] 王卫国 . 过错责任原则——第三次勃兴 [M]. 北京：中国法制出版社，2000.

[68] 王卫国主译 . 荷兰民法典 [M]. 北京：中国政法大学出版社，2006.

[69] 王轶 . 民法原理与民法学方法 [M]. 北京：法律出版社，2009.

[70] 王永宝译 . 奥斯曼帝国民法典 [M]. 北京：商务印书馆，2018.

[71] 王泽鉴 . 民法物权 [M]. 北京：北京大学出版社，2009.

[72] 王竹，刘召成 . 中华人民共和国物权法配套规定（注解版）[M]. 北京：法律出版社，2009.

[73] 魏磊杰，等译 . 土库曼斯坦民法典 [M]. 厦门：厦门大学出版社，2016.

[74] 魏振瀛 . 民法 [M]. 北京：北京大学出版社，高等教育出版社，2007.

[75] 魏治勋 . 禁止性法律规范的概念 [M]. 济南：山东人民出版社，2008.

[76] 温世扬 . 物权法教程 [M]. 北京：法律出版社，2009.

[77] 吴卫星 . 环境权理论的新展开 [M]. 北京：北京大学出版社，2018.

[78] 伍光红，黄氏惠译 . 越南民法典 [M]. 北京：商务印书馆2018.

[79] 夏勇 . 走向权利的时代 [M]. 北京：中国政法大学出版社，2000.

[80] 徐涤宇译 . 秘鲁共和国新民法典 [M]. 北京：北京大学出版社，2017.

[81] 徐涤宇译 . 智利共和国民法典 [M]. 北京：北京大学出版社，2014.

[82] 徐国栋 . 绿色民法典草案 [M]. 北京：社会科学文献出版社，2004.

[83] 薛波 . 元照英美法词典 [M]. 北京：法律出版社，2003.

[84] 薛军译 . 埃塞俄比亚民法典 [M]. 厦门：厦门大学出版社，2013.

[85] 杨立新 . 从契约到身份回归 [M]. 北京：法律出版社，2007.

[86] 杨立新 . 侵权法论 [M]. 北京：人民法院出版社，2005.

[87] 杨立新 . 物权法 [M]. 北京：高等教育出版社，2007.

[38] 杨立新 . 中华人民共和国侵权责任法草案建议稿及说明 [M]. 北京：法律出版社，2007.

[89] 杨振山 . 民商法实务研究（侵权行为卷）[M]. 太原：山西经济出版社，1998.

[90] 杨震 . 物权法 [M]. 北京：中国人民大学出版社，2009.

[91] 叶本度 . 朗氏德汉双解大词典 [M]. 北京：外语教学与研究出版社，2000.

[92] 尹田译 . 阿尔及利亚民法典 [M]. 厦门：厦门大学出版社，2013.

[93] 于海涌、赵希璇译 . 瑞士民法典 [M]. 北京：法律出版社，2016.

[94] 于海涌 . 中国民法典草案立法建议（提交稿）[M]. 北京：法律出版社，2016.

[95] 于雪锋 . 英美法私人侵扰规则的反思与借鉴——以美国法为中心 [J]. 判解研究，2011（1）.

[96] 张宝 . 环境侵权的解释论 [M]. 北京：中国政法大学出版社，2015.

[97] 张恒山 . 义务先定论 [M]. 济南：山东人民出版社，1999.

[98] 张晋藩，怀效锋 . 中国法制通史·第七卷·明 [M]. 北京：法律出版社，1999.

[99] 张晋藩 . 中国民法通史 [M]. 福州：福建人民出版社，2003.

[100] 张俊浩 . 民法学原理 [M]. 北京：中国政法大学出版社，2000.

[101] 张新宝 . 侵权责任法原理 [M]. 北京：中国人民大学出版社，2005.

[102] 张新宝 . 侵权责任构成要件研究 [M]. 北京：法律出版社，2007.

[103] 张梓太 . 环境法律责任研究 [M]. 北京：商务印书馆，2004：121.

[104] 郑玉波 . 法谚：一 [M]. 北京：法律出版社，2007.

[105] 中国政法大学澳门研究中心，澳门政府法律翻译办公室编 . 澳门民法典 [M]. 北京：中国政法大学出版社，1999.

[106] 周珂.环境法 [M].北京：中国人民大学出版社，2008.

[107] 周珂.环境与资源法学 [M].北京：法律出版社，2009.

[108] 周枏.罗马法原论：上册 [M].北京：商务印书馆，1994：303.

[109] 朱泉鹰，张如曦.侵权行为法案例精解 [M].厦门：厦门大学出版社，2004.

[110] 最高人民法院物权法研究小组.《中华人民共和国物权法》条文理解与适用 [M].北京：人民法院出版社，2007.

[111] 最高人民法院中国应用法学研究所编.人民法院案例选·2004年民事专辑总第48辑 [M].北京：人民法院出版社，2005.

2. 中文译著

[112] [德] 鲍尔·施蒂尔纳.德国物权法：上册 [M].张双根，译.北京：法律出版社，2004.

[113] [德] 卡尔·拉伦茨.德国民法通论：上册 [M].王晓晔，邵建东，等译.北京：法律出版社，2003.

[114] [德] 克雷斯蒂安·冯·巴尔.欧洲比较侵权行为法：下卷 [M].焦美华，译.北京：法律出版社，2004.

[115] [德] 马克斯·卡泽尔，罗尔夫·克努特尔.罗马私法 [M].田士永，译.北京：法律出版社，2018.

[116] [德] 曼弗雷德·沃尔夫.物权法 [M].吴越，李大雪，译.北京：法律出版社，2002：172.

[117] [德] 亚图·考夫曼.类推与事物本质 [M].吴从周，译，颜厥安，校.台北：学林文化事业出版社，1999.

[118] [韩] 梁彰洙.关于韩国民法典的最近修改 [M]// 崔吉子，译.韩国民法典.北京：北京大学出版社，2010.

[119] [罗] 规范性文件草案的制定和系统化的立法技术总方法 [J].吴大英，任允正，译.法学译丛，1984（3）.

[120] [美] 约翰·G.斯普兰克林.美国财产法精解 [M].钟书峰，译.北京：北京大学出版社，2009.

[121] [美] 罗伯特·诺齐克.无政府、国家与乌托邦 [M].何怀宏，等译.北

京：中国社会科学出版社，1991.

[122][美]玛蒂尔德.柯恩.作为理由之治的法治.杨贝，译.中外法学，2010（3）.

[123][美]詹姆斯·戈德雷.私法的基础——财产、侵权、合同和不当得利[M].张家勇，译.北京：法律出版社，2007.

[124][葡]Carlos Alberto da Mota Pinto.民法总论[M].林炳辉，等译.澳门法律翻译办公室，澳门大学法学院，1999.

[125][日]我妻荣.我妻荣民法讲义Ⅰ·新订民法总则[M].于敏，译.北京：中国法制出版社，2009.

[126][日]我妻荣.我妻荣民法讲义Ⅱ·新订物权法[M].罗丽，译.北京：中国法制出版社，2008：294.

[127][日]大须贺明.环境权的法理[J].林浩，译.西北大学学报（哲学社会科学版），1999（1）.

[128][日]近江·幸治.民法讲义Ⅱ·物权法[M].王茵，译，渠涛，审校.北京：北京大学出版社，2006.

[129][日]原田尚彦.环境法[M].于敏，译.北京：法律出版社，1999.

[130][日]圆谷峻.判例形成的日本新侵权行为法[M].赵莉，译.北京：法律出版社，2008.

[131][意]彼德罗·彭梵得.罗马法教科书[M].北京：中国政法大学出版社，1992.

[132][意]桑德罗·斯契巴尼选编.物与物权[M].范怀俊，译.北京：中国政法大学出版社，1999.

[133][英]赫伯物·斯宾塞.社会静力学[M].张雄武，译.北京：商务印书馆，1996.

3.中文文章

[134] Nancy J·Knauer.私人妨害原则与相邻权、地役权[J].葛英姿，译.清华大学学报（哲学社会科学版），2003（1）.

[135]陈聪富.环境污染责任之违法性判断[J].中国法学，2006（5）.

[136]陈华彬.德国相邻关系制度研究——以不可量物侵害制度为中心

[M]// 梁慧星. 民商法论丛：第4卷. 北京：法律出版社，1996.

[137] 陈华彬. 法国近邻妨害问题研究——兼论中国的近邻妨害制度及其完善[M]// 梁慧星. 民商法论丛：第5卷. 北京：法律出版社，1996.

[138] 陈开梓. 环境侵权类型化探析[J]. 行政与法，2008（5）.

[139] 陈泉生. 论环境的定义[J]. 法学杂志，2001（2）.

[140] 陈鑫. 论美国侵权法中的公共侵扰[J]. 江苏行政学院学报，2006（4）.

[141] 陈忠，杨泽. 论不可量物侵害之容忍义务制度的构建——对我国《物权法》第90条的反思[J]. 法律适用，2011（5）.

[142] 崔建远. 关于恢复原状、返还财产的辨析[J]. 当代法学，2005（1）.

[143] 崔建远. 论物权救济模式的选择及其依据[J]. 清华大学学报（哲学社会科学版），2007（3）.

[144] 崔建远. 绝对权请求权抑或侵权责任方式[J]. 法学，2002（11）.

[145] 崔建远. 债法总则与中国民法典的制定——兼论赔礼道歉、恢复名誉、消除影响的定位[J]. 清华大学学报（哲学社会科学版），2003（4）.

[146] 崔兰琴. 从被动阻止侵扰到主动增进福祉——美国法中土地区划理念的变迁[J]. 环球法律评论，2015（1）.

[147] 邓建云，顾乐永. 不可量物侵害补偿制度适用问题探讨[J]. 法律适用，2013（2）.

[148] 冯珏. 论妨害排除请求权[J]. 比较法研究，2008（4）.

[149] 郭明瑞. 侵权立法若干问题思考[J]. 中国法学，2008（4）.

[150] 胡丹缨. 环境侵权民事责任归责原则研究[J]. 中山大学学报（社会科学版），2005（2）.

[151] 姜战军. 损害赔偿范围确定中的法律政策研究[J]. 法学研究，2009（6）.

[152] 焦富民. 容忍义务：相邻权扩张与限制的基点——以不可量物侵扰制度为中心[J]. 政法论坛，2013（4）.

[153] 金启洲. 德国公法相邻关系制度初论[J]. 环球法律评论，2006（1）.

[154] 李慧玲. 排除危害环境民事责任类型化探析[J]. 时代法学，2010（2）.

[155] 罗丽. 环境侵权侵害排除责任研究[J]. 河北法学，2007（6）.

[156] 李旭彬.论英国侵权法中的私人妨害制度 [M]// 王军.侵权行为法比较研究.北京：法律出版社，2006.

[157] 李永军.非财产性损害的契约性救济及其正当性 [J].比较法研究，2003（6）.

[158] 李友根.容忍合理损害义务的法理——基于案例的整理与学说的梳理 [J].法学，2007（7）.

[159] 梁治平.法辨 [J].中国社会科学，1986（4）.

[160] 刘宝玉，周玉辉.论安宁生活权 [J].当代法学，2013（2）.

[161] 刘波.英美法妨害与德国法不可量物侵害比较与借鉴——兼评〈物权法〉第89条和第90条 [J].广西政法管理干部学院学报，2012（3）.

[162] 刘旺洪.权利本位的理论逻辑——与童之伟教授商榷 [J].中国法学，2001（2）.

[163] 刘先辉."环境侵权"法律术语及其归责原则分析——杜增申与中铁二十局等环境噪声污染侵权案评释 [J].江苏大学学报（社会科学版），2016（3）.

[164] 刘长兴.环境污染侵权的类型化及责任规则探析 [J].宁夏大学学报（人文社会科学版），2010-05.

[165] 刘作翔.信息公开、知情权与公民隐私权的保护——以新闻采访中的"暗拍"为案例而展开分析 [J].学习与探索，2004（4）.

[166] 陆青.从日本公害判例看忍受限度论 [J].国外法学，1982（3）.

[167] 罗典荣，等.略论环境保护法律制度中的损害赔偿责任 [J].法学研究，1986（2）.

[168] 吕忠梅."绿色"民法典的制定——21世纪环境资源法展望 [J].郑州大学学报（哲学社会科学版），2002（2）.

[169] 吕忠梅."绿色民法典制定"与环境法学的创新 [J].法学论坛，2003（2）.

[170] 吕忠梅.如何"绿化"民法典 [J].法学，2003（9）.

[171] 吕忠梅.物权立法的"绿色"理性选择 [J].法学，2004（12）.

[172] 吕忠梅课题组."绿色原则"在民法典中的贯彻论纲 [J].中国法学，2018（1）.

[173] 马俊驹，罗丽.日本环境侵权民事责任研究 [J].现代法学,2003（1）.

[174] 马新彦，郑天娇.妨害及其救济制度比较研究 [J].社会科学战线，2008（8）.

[175] 马勇.环境保护视野下的不可量物侵害——评赵文欣诉上海商城等相邻关系纠纷案 [J].中国不动产法研究，2015（1）.

[176] 苗延波.论环境污染侵权责任的归责原则及其具体类型 [J].甘肃政法学院学报，2006（11）.

[177] 苗壮.美国财产法妨害制度的经济分析 [J].环球法律评论,2006(1).

[178] 彭诚信.不可称量物质的近邻妨害问题研究 [J].法制与社会发展，2005（5）.

[179] 钱大军.法律义务的逻辑分析 [J].法制与社会发展，2003（2）.

[180] 秦伟.英美侵扰制度中容忍义务判断标准考 [J].政法论丛,2015(4).

[181] 阙占文.不可量物侵害之诉的法律适用 [J].新形势下环境法的发展与完善——2016年全国环境资源法学研讨会（年会）论文集.

[182] 申卫星.形成权基本理论研究 [M]//梁慧星.民商法论丛：第30卷.北京：法律出版社，2004.

[183] 石珍.不可量物侵入之补偿请求权的法律构建——以相邻关系视域下〈物权法〉第90条的修正为视角 [J].上海政法学院学报（法治论丛），2012（1）.

[184] 宋立辉.爬梯之讼 [J].方圆法治，2004（8）.

[185] 宋亚辉.环境管制标准在侵权法上的效力解释 [J].法学研究，2013（3）.

[186] 宋宗宇，孙红梅，刘树利.环境侵权的归责原则 [J].河北法学，2005（5）.

[187] 孙笑侠."权利本位说"的基点、方法与理念 [J].中国法学,1991(4).

[188] 张文显.从义务本位到权利本位是法的发展规律 [J].社会科学战线，1990（3）.

[189] 唐纳德·G.吉福德.公共侵扰与大规模侵权责任 [J].陈鑫译.北大法律评论，2006（2）.

[190] 童光法.环境侵害的归责原则 [J].东方法学，2015（3）.

[191] 王保林. 论容忍义务在审理相邻关系纠纷中的运用 [J]. 法律适用, 2009（7）.

[192] 王成. 环境侵权行为构成的解释论及立法论之考察 [J]. 法学评论, 2008（6）.

[193] 王成. 侵权法归责原则的理念及配置 [J]. 政治与法律, 2009（1）.

[194] 王成. 侵权法的基本范畴 [J]. 法学家, 2009（4）.

[195] 王洪平. "自找妨害"之诉的救济——以利益平衡基础上的英美判例法为视角 [J]. 烟台大学学报（哲学社会科学版）, 2009（3）.

[196] 王丽萍. 国外不可量物侵害制度及对我国物权立法的启示 [J]. 法学论坛, 2000（2）.

[197] 王利明. 足球坠井与请求权 [J]. 判解研究, 2006, 3.

[198] 王明远, 法国环境侵权救济法研究 [J]. 清华大学学报（哲学社会科学版）, 2000（1）.

[199] 王明远, 美国妨害法在环境侵权救济中的运用和发展 [J]. 政法论坛, 2003（5）.

[200] 王明远. 法国环境侵权救济法研究 [J]. 清华大学学报（哲学社会科学版）, 2000（1）.

[201] 王明远. 日本环境公害民事赔偿法研究 [J]. 北大法律评论：第4卷第1辑, 北京：法律出版社, 2001.

[202] 王明远. 相邻关系制度的调整与环境侵权的救济 [J]. 法学研究, 1999（3）.

[203] 王明远. 中国环境侵权救济法律制度的现状及其完善 [J]. 环境导报, 2003（3）.

[204] 王秀红. 论相邻环境侵权中停止侵害的适用 [J]. 湖北师范学院学报（哲学社会科学版）, 2005（4）.

[205] 王轶. 论侵权责任承担方式 [J]. 中国人民大学学报, 2009（3）.

[206] 王轶. 论物权法文本中"不得"的多重语境 [J]. 清华法学, 2017（2）.

[207] 魏振瀛. 制定侵权责任法的学理分析——侵权行为之债立法模式的借鉴与变革 [J]. 法学家, 2009（1）.

[208] 吴元元.信息能力与压力型立法 [J].中国社会科学，2010（1）.

[209] 肖俊.不可量物侵入的物权请求权研究——逻辑与实践中的〈物权法〉第90条.比较法研究，2016（2）.

[210] 徐爱国.英美法中"侵扰的侵权行为责任"[J].外国法译评,2000(4).

[211] 徐国栋.认真透析《绿色民法典》中的"绿"[J].法商研究,2003(6).

[212] 吕忠梅.关于物权法的绿色思考 [J].中国法学，2000（5）.

[213] 杨立新.侵权责任法立法最新讨论的50个问题 [J].河北法学，2009（12）.

[214] 张利春.日本公害侵权中的"容忍限度论"述评——兼论对我国民法学研究的启示 [J].法商研究，2010（3）.

[215] 张明新，张梓太.论环境侵权民事责任适用无过错责任的法理基础 [J].南京大学法律评论，2000年春季号.

[216] 张平华.不可量物侵害的私法救济 [J].法学杂志，2006（6）.

[217] 张平华.英美侵扰法的发展趋势 [J].东吴法学：2010年春季卷，北京：中国法制出版社，2010.

[218] 张文显，于宁.当代中国法哲学研究范式的转换——从阶级斗争范式到权利本位范式 [J].中国法学，2001（1）.

[219] 张梓太，于宇飞.从江苏首例家装污染案看环境侵权特殊规则的司法适用 [J].科技与法律，2004（1）.

[220] 章少辉.比利时2004年国际私法法典评介 [J].法学家，2005（5）.

[221] 郑成良.权利本位说 [J].政治与法律，1989（4）.

[222] 郑晓剑，邱鹭风.比较法视域下不可量物侵害制度 [J].长安大学学报（社会科学版），2009（4）.

[223] 郑晓剑.论建立开放的不可量物侵害救济体系 [J].东方法学，2011（3）.

[224] 周鹏.论美国侵权法中的侵扰制度 [J].环球法律评论，2006（2）.

[225] 周美华.大陆法相邻不可量物妨害制度的要素扩张——兼评我国相邻不可量物妨害制度 [J].集美大学学报（哲学社会科学版），2015（3）.

4. 中文报纸

[226] 公厕离家太近，臭气无法忍受——法院：对公益设施应有容忍义务[N].浙江法制报，2009-02-10.

[227] 新楼盘影响旧楼住户采光 法院判不违法但应补偿——旧楼业主应负有容忍义务[N].北京晚报，2009-01-05.

[228] 蔡文演.有多少义务需要"容忍"[N].厦门商报，2010-06-06.

[229] 顾书进，于晓东.相邻权和容忍义务[N].江苏法制报，2006-11-13.

[230] 江德斌.拒绝权利与容忍义务[N].三晋都市报，2010-05-24.

[231] 李克杰.谨防"容忍义务"被滥用[N].西安晚报，2010-05-23.

[232] 孙立梅.容忍义务[N].新闻晚报，2010-05-25.

[233] 孙思娅.不堪空调热气告上法庭，法院判原告尽容忍义务[N].京华时报，2005-02-02.

[234] 王殿学.居民告焚烧场臭味致病败诉[N].新京报，2010-05-22.

[235] 王殿学.诉环保局违法，居民被判无资格[N].新京报，2010-05-24.

[236] 张跃鹏，杜楠.为防高空坠物，楼下建遮篷；担心影响防盗，楼上递诉状——楼上住户要求将遮篷拆除，法院以相邻当事人负容忍义务为由未予支持[N].佛山日报，2007-04-21.

5. 博士论文

[237] 侯国跃.契约附随义务研究[D].重庆：西南政法大学，2006.

[238] 刘丽.侵权法上私人妨害制度比较研究[D].北京：对外经济贸易大学，2014.

[239] 孙磊.环境相邻权研究[D].哈尔滨：黑龙江大学，2014.

[240] 周晨.环境损害赔偿立法研究[D].青岛：中国海洋大学，2007.

二、外文文献

[241] Barlow Burke and Joseph A.Snoe, Propery, Aspen Publishers, Inc., 2003.

[242] Francis E.Lucey, Liability without Fault and Natural Law, 24 Tenn. L.Rev.952（1955-1957）.

[243] Jacqueline P.Hand, James C.Smith, Neighboring Property Owners, Shepard's / McGraw—Hill, Inc., 1988.

[244] John P.S.McLaren, Nuisance Law and the Industrial Revolution—— Some Lessons from Social History, Oxford Journal of Legal Studies, Vol.3, No.2（Summer, 1983）

[245] Joseph William Singer, Property Law: Rules, Policies, and Practices（3rd edition）, Aspen Publishers, Inc., 2009.

[246] Michael A.Jones, Textbook on Torts（5th edition）, Blackstone Press Limited, 1996.

[247] Rich Glofcheski, Tort Law In Hong Kong, Sweet& Maxwell Asia 2002.

[248] Richard A.Epstein, Cases and Materials on Torts, Aspen Publishers, Inc., 2003..Richard A.Epstein, Torts, Aspen Publishers, Inc., 1999.

[249] Roger Bernhardt, Property（2nd Edition）, West Publishing Co.1991.

[250] Rufus C.Harris, Liability without Fault, Tualne Law Review, Vol.VI 1932.

[251] Steven L.Emanuel, Torts, Aspen Publishers, Inc., 2003

[252] Vivienne Harpwood, Law of Tort, Cavendish Publishing Limited, 1993.

[253] Vivienne Harpwood, Principles of Tort Law, third edition, Cavendish Publishing Limited, 1997.p187.

后　记

　　本书在我的博士论文基础上修改而成，是我主持的教育部人文社会科学青年基金项目"不可量物排放的私法调整"（项目编号：14YJC820031）的最终成果。

　　人活天地间，当常怀感恩之心，每有所得，无论大小，皆应感念那些能让我们有所得的人。在此，向那些对本书的写作使我有所得的各位师友及家人，表达我的感谢乃至感恩。

　　感谢我的硕士生导师房绍坤教授以及我在本科和硕士期间的授业恩师郭明瑞教授，在他们的影响和引领下，我踏入民法学研究之门，并在烟台大学法学院度过了我最为宝贵的七年时光。感谢我的博士生导师——复旦大学法学院王全弟教授，用"良师益友"来形容王老师，是再恰当不过的。感谢复旦大学法学院刘士国教授、胡鸿高教授、段匡教授、季立刚教授，他们的批评和建议极大地帮助了我对文章的改进。感谢我的各位博士生同学，他们是李峰、王淑华、刘言浩、徐俊、王森波、张强、胡伟、张海晓、张梦珣、何佳馨、丁兴锋、阮友利、吕炳斌、卢春荣、陈莹莹、江涛、杜筠翙、刘丹、湛茜。这是一个温馨和谐的大家庭，同窗时间虽才三年，但我们结下的真挚而深厚的友谊将是终生的。在美丽的江湾草坪、在乌镇、在复旦周围的小饭馆里，都曾留下过我们快乐的回忆。

　　感谢扬州大学法学院的历任领导和诸位同事的鼓励与支持。感谢我的父母，他们的生活虽至艰至难，但一直激励我读书求学。感谢我的妻子王睿冰女士以及我的岳父岳母对我的包容和大力支持，读博及修改书稿期间，他们承担了所有的家务。感谢我的女儿北北小朋友，她才学会说话不久，便经常"教导"我"爸爸你要好好学习，好好写论文"，她给了我无尽的精神动力。

感谢光明日报出版社编辑们的努力工作，在他们的关心和支持之下，本书才得以面世。感谢我的工作单位扬州大学，本书的出版得到了扬州大学出版基金的资助。

由于民法学理论博大精神，而本人学识浅薄，资质驽钝，修改书稿时间仓促，本书内容难免存在诸多谬误之处，在此真诚地期待各位专家学者的批评指正。

李云波

2019年4月25日